髙橋洋一

JN179728

数字・データ・統計的に正しい日本の針路

講談社＋α新書
プラスアルファ

はじめに

私は、数字やデータや統計で、ほぼすべての物事の是非を判断している。数字やデータはウソをつかない。

この世の中には、間違いや意図的なウソがあふれかえっている。一部の連中が、その間違いやウソを、まるで真実であるかのようにまき散らしている。事実を確認することさえせず、自分の想像や願望をそのまま記事にするマスコミ。自分たちの理想を根拠もないまま固く信じ、時代から取り残されていく左派勢力。予算やおこぼれ欲しさに、中央官僚の話をそのまま垂れ流す権力好きのポチ学者。

私は彼らとは違う。信頼できるデータや統計の数値を見て、必要ならば自分で図表を作成し、納得ずくでロジックを組み立ててから、自分の意見として発表している。だから、自分の意見には必ずエビデンスがあるし、予測が大きく外れることもあまりない。

本書は、日本や世界で行われた、行われている、あるいはこれから進められようとしている政策について、何が「正しい政策」で、何が「誤った政策」なのかを、数字やデータや統計によってハッキリさせたものである。

私に言わせれば、政策とは、数字やデータを使って「コスト」（より安く目標を実現できるか）や「リスク」（より安全に目標を実現できるか）といった観点から評価されるべきものであり、数字やデータを見ればそれが一発でわかる。

本書を一読すれば、日本の新聞やテレビで当たり前のように主張されている政策評価が、いかにデタラメでインチキなものかがよくわかるだろう。

私のことを「安倍政権の応援団」などと評する方がいる。

とんでもない誤解である。

私は安倍晋三総理を好ましく思っているから彼の政策を推しているのではなく、たまたま安倍総理が採用している政策が数字・データ・統計的に見て国民のためになっていると判断するから、そう言っているだけにすぎない。

私のことを批判するのは結構だが、その場合には、ぜひ、その根拠となる数字やデータを挙げながら批判してほしい。

髙橋洋一

◉目次

本書は「現代ビジネス」連載「髙橋洋一『ニュースの深層』」のコラムのうち、
特に反響のあった回の内容に加筆修整したものです。

1 経済成長はあらゆる社会問題の特効薬だ（２０１４年10月13日）

クルーグマンは語る

『母をたずねて三千里』というアニメをご存じだろう。１３０年前、イタリアからアルゼンチンに出稼ぎに出た母を男の子が訪ねる物語だ。今ではアルゼンチンを先進国と考える人はいないだろうが、当時は出稼ぎを受け入れる立派な先進国だった。

筆者がプリンストン大学で学んでいたとき、しばしばポール・クルーグマン教授が、日本とアルゼンチンは〝病理学的見地〟から他に類を見ない、興味深い研究対象だと言っていた。

「（経済学者の）クズネッツの主張では、世界には先進国・途上国・日本・アルゼンチンの４種類の国しかない。先進国と途上国は固定メンバーだが、例外として日本は途上国から先進国に上がり、アルゼンチンは逆に先進国から途上国に下がった。その意味では、この２つの国は面白い」

日本の経済成長止めた消費増税の愚

人口が減少する中で、日本は成長よりも成熟を目指すべきだとする論者は多い。特に左翼系の知識人がよく言う。かつて日本が高度成長の時代、成長は揺るぎないものだったので、そのアンチテーゼとして「成長は要らない」という考え方が流行り、いまだに言っている。

また、筆者が名目4％の成長（実はこれでも控えめな数字なのだが）を提唱すると、すぐさま「日本はもうそんなに成長できない」と批判される。かつて、筆者は「上げ潮派（金融緩和などの経済成長によって税収も自然増となり、財政が再建されると主張する立場）」と言われたものだが、先進国の最低クラスである名目4％を政権内で主張しても、ことごとくはね返されてしまった。先進国でビリラインの名目3％成長ですら、楽観的という烙印が押されていた。

しかし、2014年4月の消費増税で再び景気が悪化するまでは、金融緩和の効果によってインフレ率2％＋実質2％成長で名目4％成長が手に届くところまで来ていた。まったくバカな増税をしたものである。

「日本はもはや成長できない」という主張の人々にとって、ここ20年間の日本はさぞかし居心地がよかっただろう。金融緩和のアベノミクスが登場してから14年4月までは成長したの

【1】各期実質GDP増加額（億円、2012年10－12月期比）とその内訳

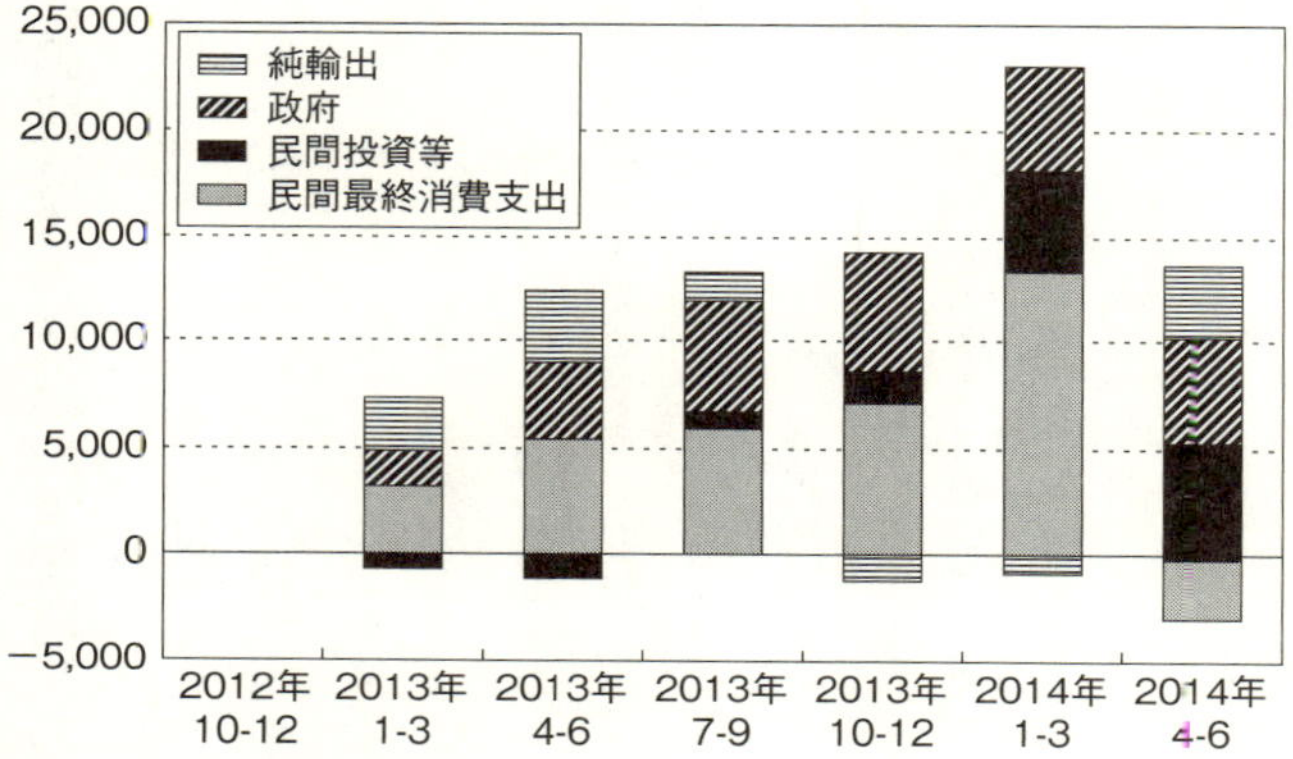

（資料）内閣府「国民経済計算」

で不愉快だったろうが、消費税増税後はまた気分がいいはずだ。

14年4月までは間違いなく好調だった。【1】は、12年10—12月期比で見た各期の実質GDPの増加額とその内訳だ。

14年1—3月期は消費増税による駆け込み需要、同4—6月期はその反動減とそれ以上に大きかった消費増税による需要減になっている。ここから、「消費増税がなかった場合」の金融緩和効果と財政政策効果をおおよそ推計できる。

14年1—3月期の民間消費と民間投資が13年10—12月期並みであったとしてみよう。その場合でも、13年1—3月期から14年1—3月期までの5四半期で実質GDPは15・4兆円増加している。そのうち、民間経済（民間

消費、民間投資等、純輸出）がその65％を占め、残り35％は政府支出になっている。これは、金融政策は民間経済に効くものなのでその効果が10兆円増となり、他方で財政政策の効果が５兆円程度であると考えられる。

２０５０年、日本は先進国ではない？

それ以前の、過去20年間は本当に酷《ひど》かった。なにしろ日本は、名目ＧＤＰ、実質ＧＤＰ、１人当たりＧＤＰのどれをとっても、世界の中でほぼビリの伸び率だった。先進国でビリではなく、世界の中でビリだったのだ。

もし、ここ20年間の伸びのまま２０５０年まで行ったらどうなっていただろうか。現在の日本の１人当たりＧＤＰは４万ドル程度で、世界で20位前後だ。先進国とは、基本的には１人当たりＧＤＰが１万ドル以上の国を言うので、今の日本は立派な先進国である。ところが、ここ20年間で日本のＧＤＰの平均伸び率は０・８％と、世界でほぼビリ。そのまま２０５０年になると、日本の１人当たりＧＤＰは５万ドル程度にとどまる。

一方で他国の伸びはずっと大きい。アメリカは３・６％の伸びなので、１人当たりＧＤＰは今の５万ドルから19万ドルになる。ユーロでは３・８％の伸びなので、今の４万ドルが15万ドルになる。

世界の平均の伸び率は４・３％程度である。となると、今の1万ドルは２０５０年には５万ドルになる。

つまり今のままであれば、日本は２０５０年には先進国とは言いづらくなっているのである。

経済成長は、ボウリングのセンターピンのようなものだ。センターピンを第一投で倒せばスペアも容易だし、ストライクの可能性も広がる。センターピンを第一投で倒さないと、スペアを取ることも格段に難しくなる。これと同様に、経済成長もすべてとは言わないが、多くの経済・社会問題の解決に有効である。

例えば、経済成長によって、経済的理由の自殺はかなり救えるし、強盗のような犯罪も減る。また、所得再分配問題・格差問題でも、経済成長によって全体のパイを大きくしたほうがより対応が容易になる。成長なしの分配問題は、小さなパイを切り分けるように難しいものだ。だが、もう一枚パイがあれば分配はずっと簡単になる。

そこで、「どうすれば確実に経済成長できるのか？」という経済学における最重要問題が浮上する。この問題が解決すれば、経済学はなくなるとも言われている最難問だけに、すっきりとした解はない。ただし、部分的な答えらしきものはだいたいわかる。

【2】世界各国のマネー伸び率（横）と1人当たりGDP成長率（縦）（1994－2013年）

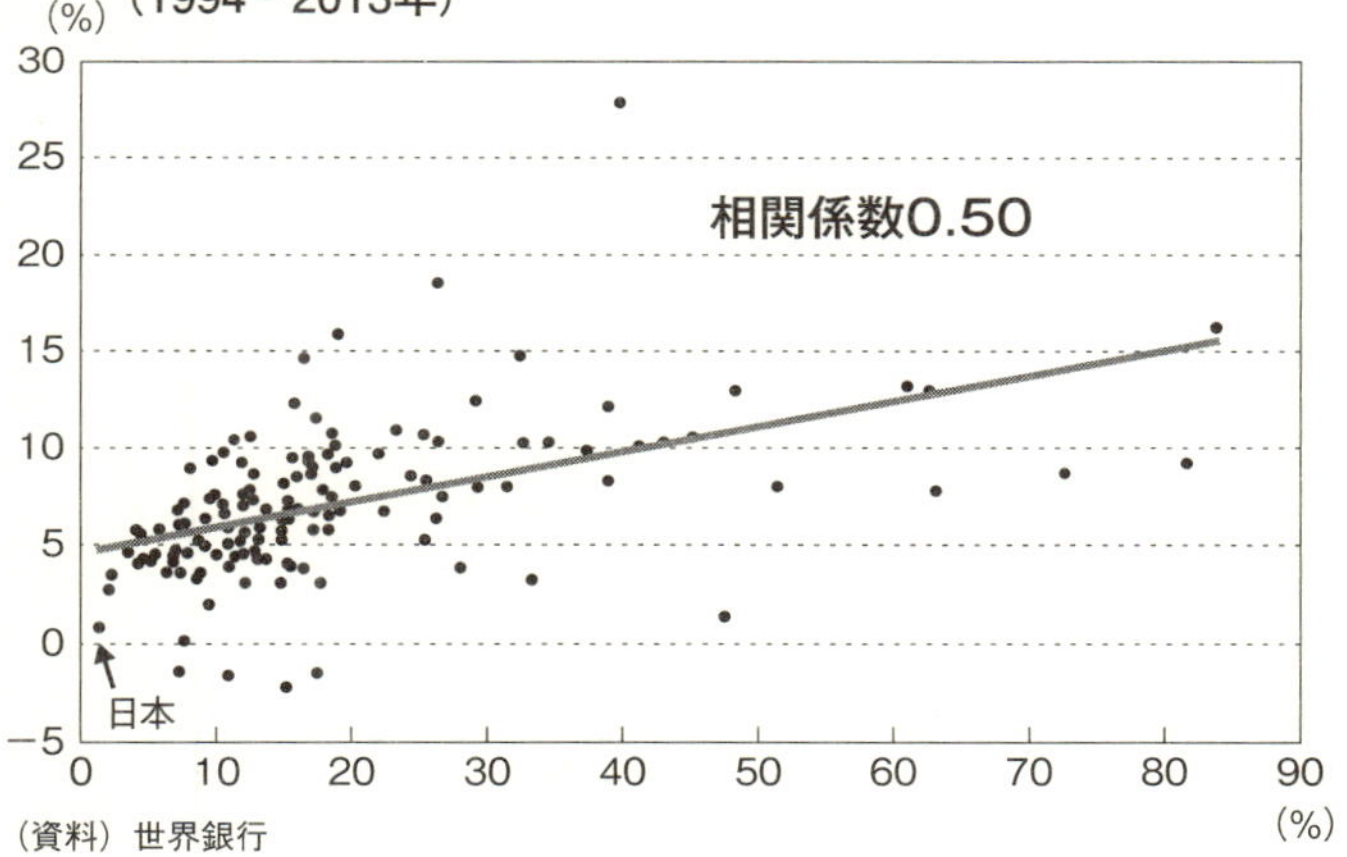

（資料）世界銀行

人口減少と経済収縮は相関性に乏しい

人によっていろいろだと思うが、筆者はマネーの力、言い換えれば金融政策を挙げておきたい。14年4月の消費増税までは金融緩和が効いていた。もちろん、そうした短期的な結果から、長期の答えを出すわけではないが、ヒントにはなる。

過去20年の、世界各国の1人当たりGDPの成長率とマネー伸び率を見てみよう【2】。

両者は相関関係になっている。相関係数0・50という数字は決して強い相関とは言えないが、こうした関係は他にまずないから、経済成長を説明しうるものだ。もちろん、相関関係は因果関係を意味してはいないが、各国のデータを個別に調べると、マネー

【3】世界各国の人口増加率（横）と1人当たりGDP成長率（縦）（1994－2013年）

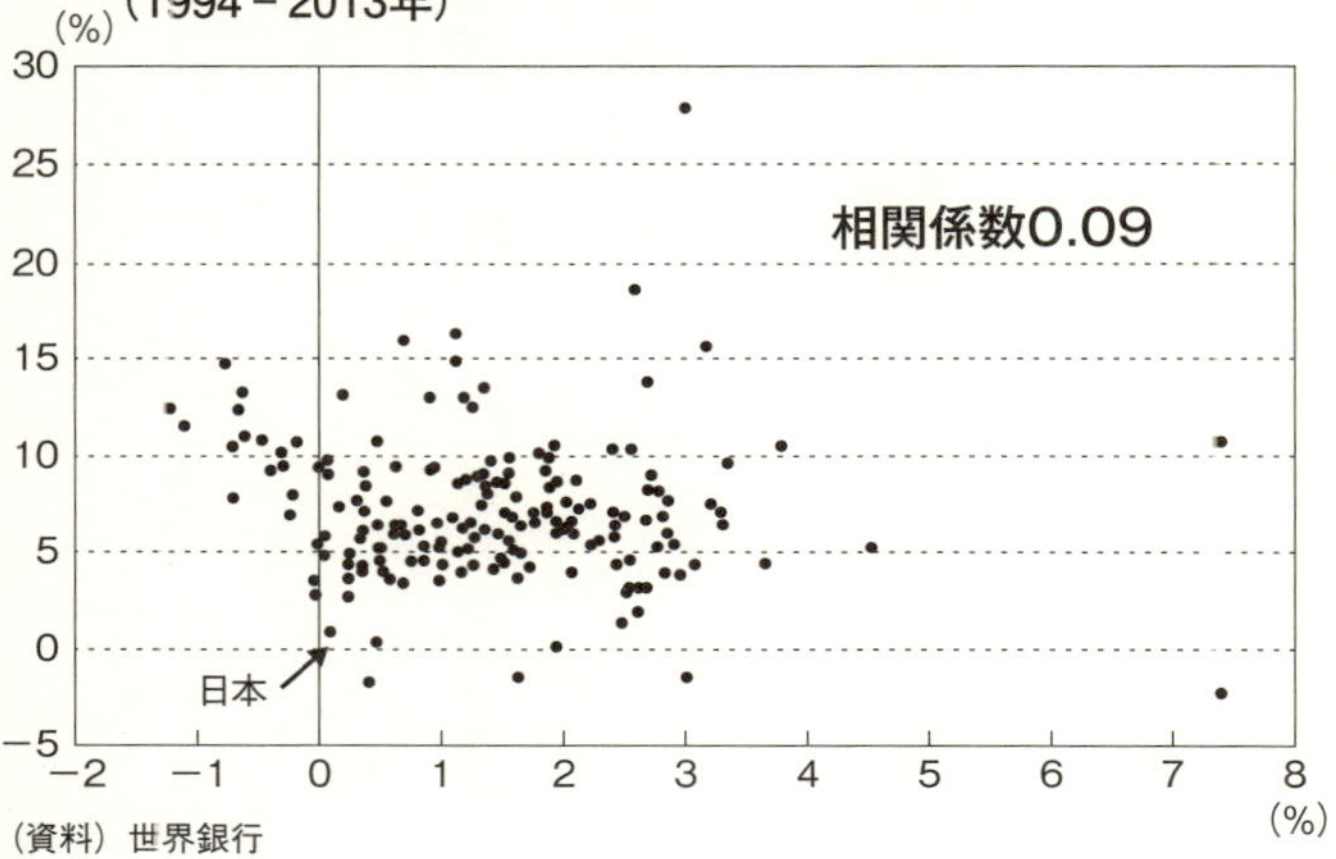

（資料）世界銀行

伸び率は1～2年程度のラグで、経済成長に影響していることがわかる。

ということは、ある意味で因果律にはなっている。ちなみに、マネーを刷って増やしたり減らしたりは金融政策で簡単にできる。このように、人為的に操作できるものが原因となるのは自然な話である。マネー以外にこうした相関関係のものを探すのはかなり難しい。

日本で人気のある「人口減少が経済成長を妨げている」という説は、世界を見るかぎり、まったく説得力がない。【3】のグラフが示すように、人口減少でも成長している国は多いし、1人当たりGDPの成長率は人口増加率と相関はないのである。

2 「金融政策イコール雇用政策」である

（2014年12月8日）

野党が安倍自民党に大敗する真の理由

最近発表された新聞各紙の衆院選予測では、どれもこれも自民党が300議席を超える勢いである。また、ヤフージャパンが行っている、検索データから得票数を推定する選挙予測では、投票率50％台前半でも自民党300議席と予測されている（注記＝最終的に自民党は291議席獲得）。

筆者はこの1ヵ月前に「270議席程度」と予測していたが、その後、自民党に投票する人がさらに増えたようだ。

こうした時流、勝ち馬に乗るという有権者の行動を、政治学では「バンドワゴン効果」と呼ぶ。

バンドワゴン効果の反対の「アンダードッグ効果」というものもある。いわゆる判官びいきのことで、1996年の衆院選、2000年の衆院選がその典型と言われている。

アンダードッグ効果では、ある政党が大勝するとまずいから、お灸をすえようという有権者の意思が働く。ところが今回は党首の論戦を見るかぎり、野党党首は完全に論戦に負けてしまっている。判官びいきどころか、対抗馬として認知さえされていないようである。

金融政策について野党はみんな落第点

各党党首が安倍首相に敵《かな》わなかった理由はただひとつ。金融政策の理解度がまったく違うからだ。「金融政策イコール雇用政策である」という点について、野党党首は不勉強としか言いようがない。

難しい理論はわからなくてもいいのだ。政治家たるもの、「金融政策で失業をなくせる」とだけ覚えておけばいい。現に米国ＦＲＢ（連邦準備制度理事会）は、雇用者数を増やし、失業率を下げるために金融政策を行っている。これは米国だけではなく、どこの先進国でも同じである。

日本では日銀が雇用問題が苦手なので、マスコミにまともなレクチャーをしない。このためマスコミも、金融政策が雇用政策であることをまったく理解していない。政治家も同じレベルなのである。

安倍首相は、金融政策が雇用政策であることを初めて完璧に理解した首相だと思う。

【4】金融政策の各党比較

自民党	大胆な金融政策を引き続き推進し、物価安定目標2%を早期に達成
公明党	—
民主党	「国民生活に十分留意した柔軟な金融政策」を日本銀行に要求
維新の党	第一の矢は飛んだが失速気味
次世代の党	アベノミクス第一の矢の軌道修正 ・金融政策への過度の依存を是正 ・消費税率10%への引き上げを前提とした追加的金融緩和は、いったん白紙撤回して過度の円安を是正
共産党	バブルと格差を招いて破綻した「異次元の金融緩和」を止める
生活の党	金融財政政策を正常な形に戻す

筆者の見るところ安倍首相は、金融政策について、①多方面に大きな影響があること（マクロ経済政策の重要性）、②日銀人事をしっかりやった後は彼らに任せられること（日銀の手段の独立性）、③左派政策を取り込めること（政治的優位性）から、その重要性をしっかり理解していた。

だから安倍首相は、２０１２年の自民党総裁戦でも、劣勢と言われながらも勝利した。同年12月の総選挙では、本来は自民党よりも金融政策を理解して雇用政策をすべきなのに、いっこうに理解できない民主党を負かすのは簡単だった。

そして、今回は、14年4月からの消費増税の政策失敗はあったが、15年10月からのさらなる消費増税はすんでのところでとどまった。金融政策による雇用創出効果は、遅行指標でタイムラグがあり、今のところまだ14年4月からの消費増税の影響は少ない。おそらく、2016年春ごろになると、良かった雇用にも陰りが出てくるだろう。その前に、解散・総選挙を行ったのはまったく合理的である。

いかに各党が金融政策を理解していないかは、【4】の各党公約を読めばわかるが、自民党以外は全部落第である。特に、左派政党である民主党、共産党、生活の党は国際的な観点から見てちょっと酷すぎる。少なくとも、「日銀法を改正して雇用義務を盛り込む」といったような、左派政党らしい、まともな政策が言えないのだろうか。

安倍政権時代に雇用は100万人増えた

安倍政権がしてきた金融政策の実績は文句をつけようがない。一番重要な経済指標は就業者数である。これが民主党政権と安倍政権では雲泥の差がある【5】。

傾向線で言えば、民主党政権時代に50万人弱減少したが、安倍政権では逆に約100万人増えたのだ。これに対して、民主党などは、「増えたと言っても非正規じゃないか」というが、まったく反論になっていない。正規だろうと非正規だろうと職があるほうが無職よりいいのは自明だ。それに増加に転じる時にはまず非正規から増える。この意味で良い方向であ

【5】就業者数（万人）の推移

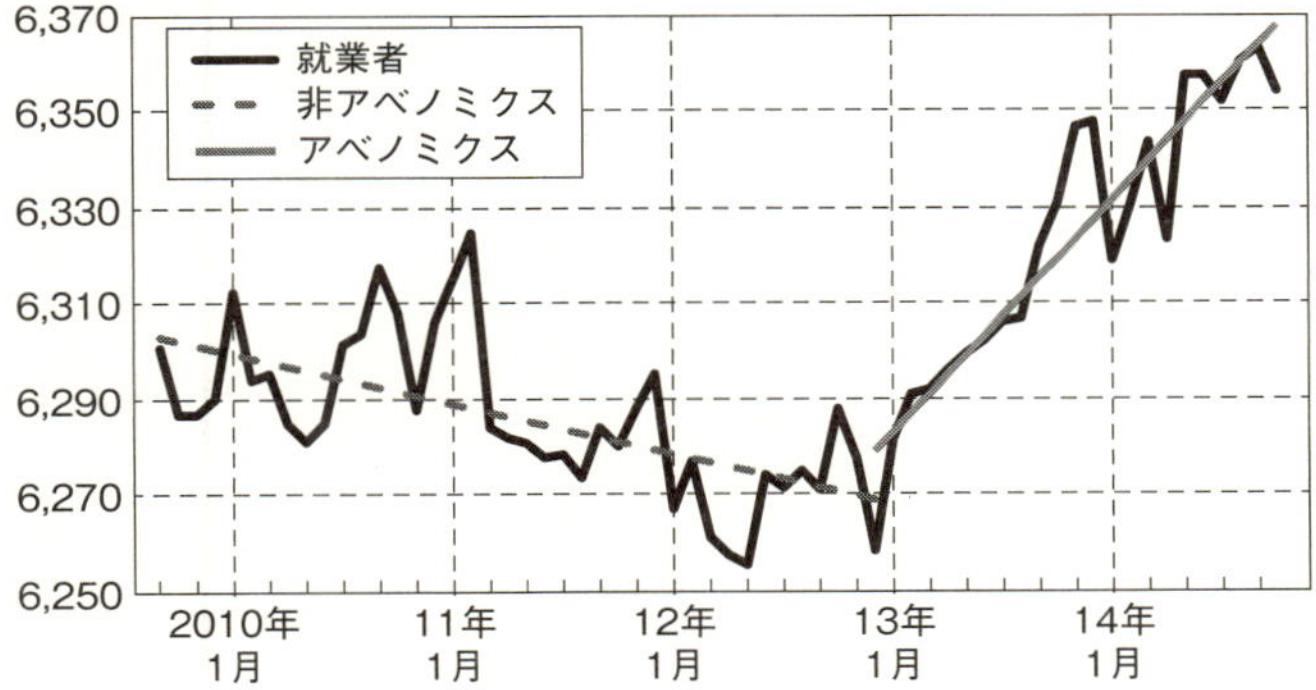

（資料）総務省「労働力調査」

ることは間違いない。

なかなか攻めきれない野党の自民党攻撃は、やや小ぶりの局所戦になっている。例えば、株価の上昇に着目して、「資産家だけがいい思いをしている」。円安などに着目して、「アベノミクスで潤《うるお》ったのは大企業だけで中小企業に恩恵は回っていない」。公務員給与はすぐに回復したが、「民間企業にはまだ回復していないところもある」……等々。これらは、「恩恵にあやかっているのは一部で、まだ効果が現れていないところもある」という反論だ。

たしかにそれは一面の事実だ。異次元金融緩和の後、2年くらいすれば本格的な景気回復をしただろうが、1年の道半ばのところで消費増税をしてしまったので、波及が遅れた。

また、雇用について見ても、就業できた人は、新卒者や解雇されていたパートが復職できたケースなどであって、正規の人には関係ない。賃金も非正規の人はかなりの急ピッチで上がるが、正規はまだら模様だ。とはいえ平均賃金を算出するときは、職を得ている全員を対象に計算するので、無職から有職になった人が増えていれば、すべての人の賃金を合算した額は大きくなっている。

目覚めよ、左派政党！

消費も、資産効果によって一部の金持ちは潤っているが、消費増税の影響を受けた低所得者層は苦しい。つまり「恩恵」に格差があるのは事実である。

とはいえ、ここに掲げたような反論は、自分が悪化しているわけでもないのに、他人が良くなることを妬《ねた》んだ、つまりは嫉妬の類いである。

「金持ちを貧乏な人にしてみたところで、それで貧乏な人たちがお金持ちになるわけでない」とはかつてのサッチャー元英首相の発言だが、どうも今回の選挙では、格差をダシにしての、やっかみ話が多い。「パイは拡大しているのに、自分のところはまだなのか？」という愚痴のようなものだ。

しかし最終的にはパイの拡大が多くの経済問題を解決するのである。

恩恵を受けている層は、新卒者などの雇用弱者・非正規雇用と金持ちであるが、これは当初の金融政策から予想されたことであり、政策が正しい方向であることを示しているにすぎない。政策波及経路が間違っていなければ、その政策を進めるだけになる。

金融政策による雇用の増加は、自殺率の低下、強盗率の低下、生活保護受給率の低下にもなる。こうした社会環境に大きな影響を与える金融政策について、左派政党は早く目覚めないと、左派の受け皿がなくなってしまう。

3 自民の対抗軸は「野党結集《リベラル》」しかない

（2014年12月15日）

金融緩和は弱者にも恩恵を与える

2014年の衆院選は、大方の予想どおり自民党が圧勝した。前回のコラムで筆者が書いたとおり、金融政策に関して自民党と他党ではまったく勝負にならないことが野党の敗因である。

基本的な経済政策にこれだけ差があると、アベノミクスと非アベノミクスではそのパフォーマンスに決定的な差が出てしまう。

前回は雇用の就業者数の差のグラフを出したが、企業倒産にも差がある【6】。

野党の金融政策オンチを物語るのが、金融政策を、株価を釣り上げる手段くらいにしか思っていないことだ。現に野党は、金融政策について「株を持っている金持ち優遇」という言い方で批判をする。

金融政策は広範な分野に効く、強力な政策手段である。金融緩和は、株価上昇も就業者増

【6】倒産数の推移

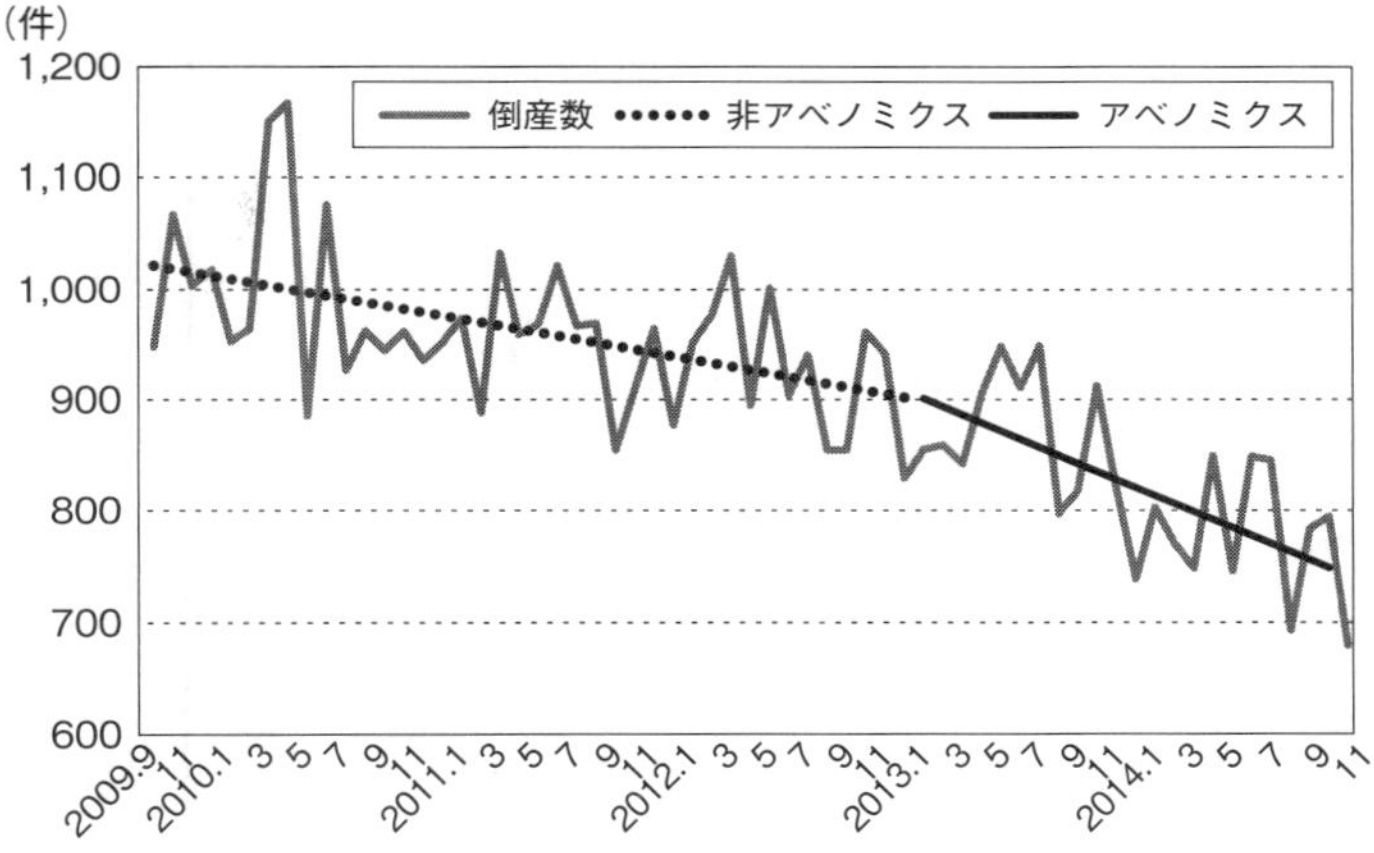

（資料）帝国データバンク

【7】日経平均株価（左軸、円）と6ヵ月先就業者数（右軸、万人）

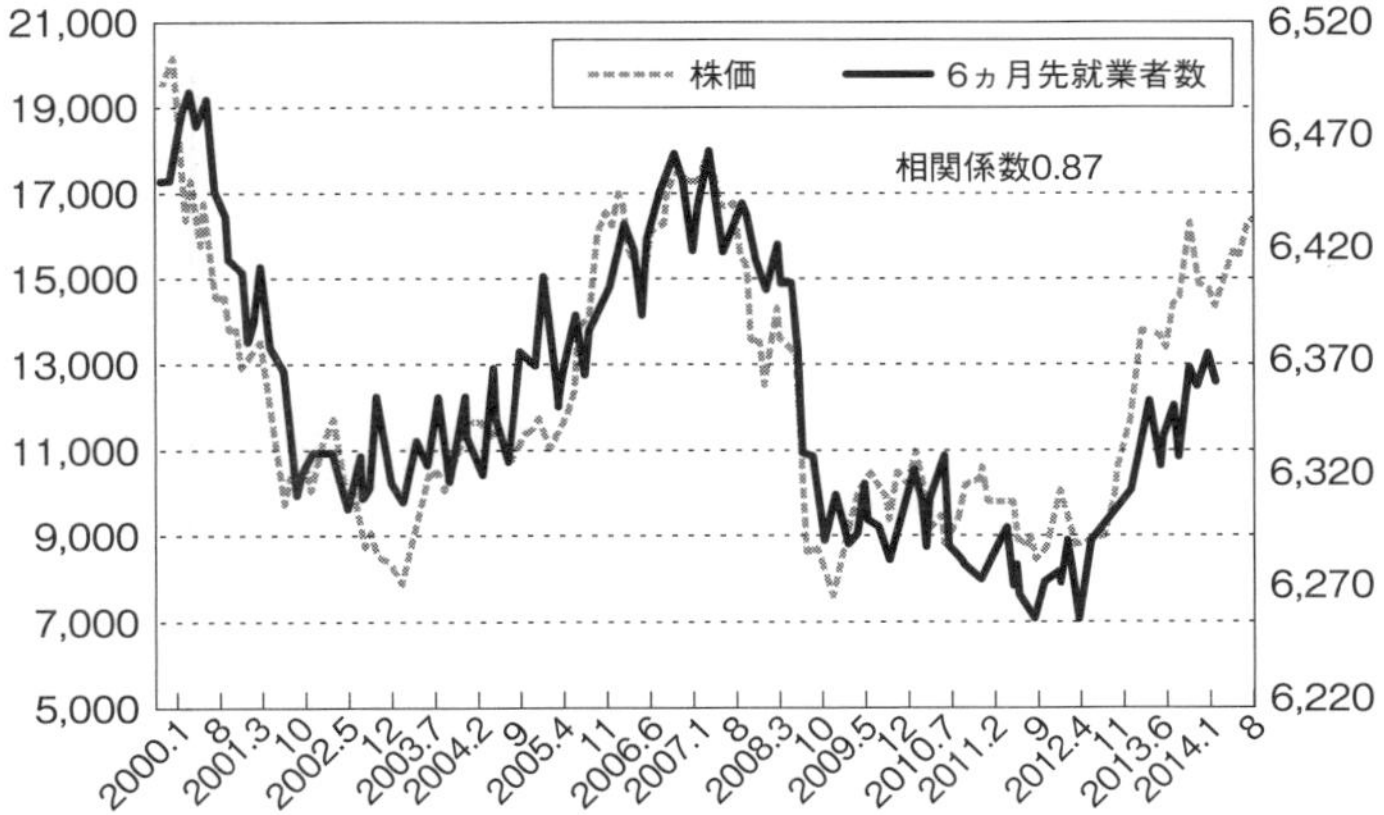

（資料）日本経済新聞社、総務省

加も同時に起こしてしまう。

その証拠が【7】だ。これは、日経平均株価と6ヵ月先の就業者数が連動していることを示している。金融緩和で、実質金利が下がると、一方で株価が上昇するとともに、半年後には実物経済が良くなって就業者数も増やす効果があるのだ。金融緩和は金持ちだけでなく、職のない弱者にも恩恵を与えているのである。

アベノミクス継続は日本経済にとって良いこと

今回の総選挙でアベノミクスの継続が決まったのは、日本経済にとって良いことだ。安倍首相の最大の功績は、金融政策という世界の標準ツールを日本にも導入した点だ。これまで、経済政策というと、財政政策や個別産業のミクロ政策しかなかった。

雇用にも関係する金融政策が重要だと気がつき、積極的に活用して雇用を生み出した日本の首相は安倍首相が初めてである。本来なら雇用確保のために金融政策を主張すべきである左派政党の党首がまったく金融政策を理解できないのだから、選挙の勝敗は、選挙を行う前からついていた。

それでは、衆院選後、民主党や維新の党など野党はどのように党勢を立て直し、存在意義を発揮することができるのだろうか。

【8】各総選挙における各党議席数

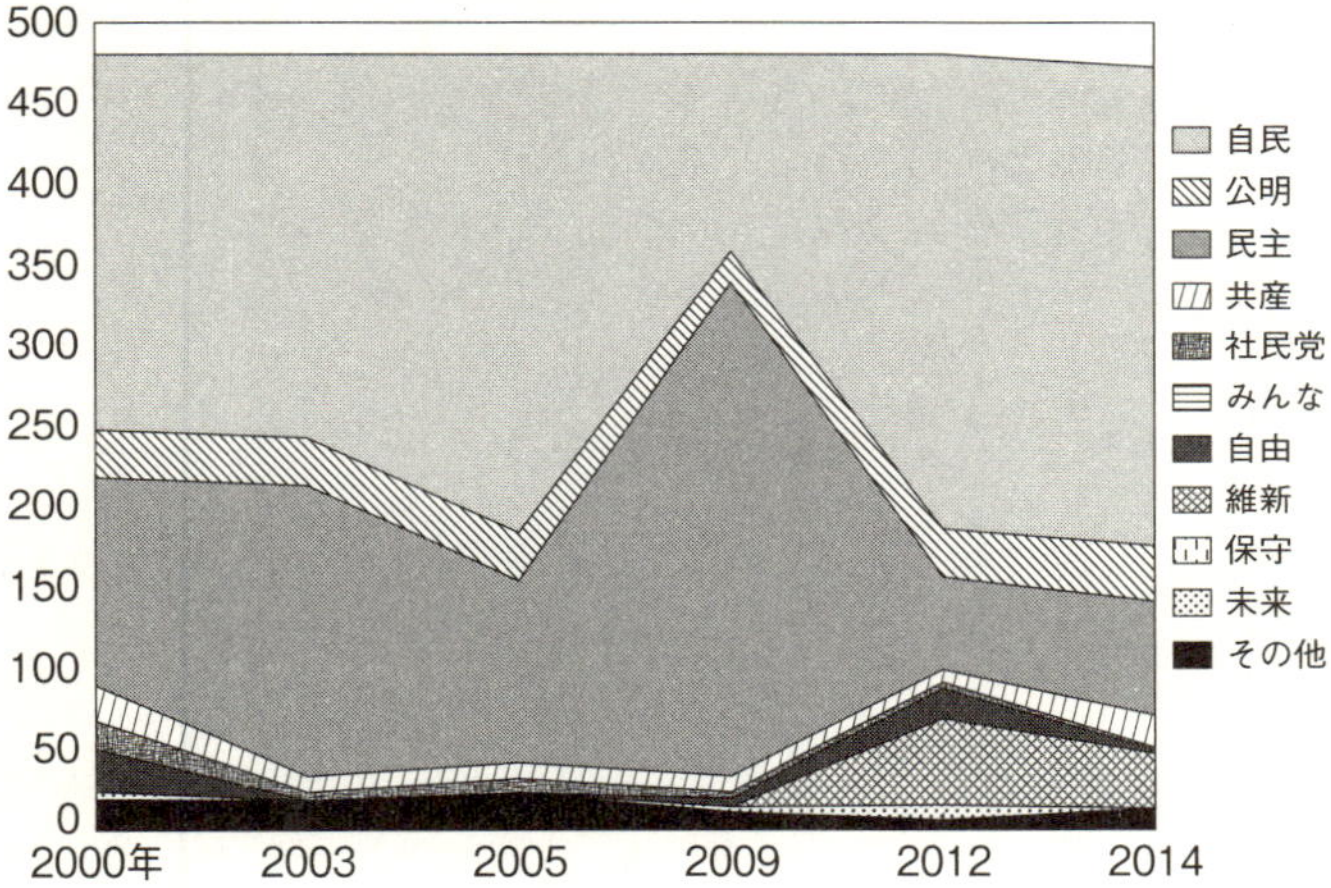

今回の総選挙で第三極は苦しかった。大阪では、維新の党が逆風の中でかろうじて踏みとどまった。しかし、次回の総選挙での展望が開けたとは言いがたい【8】。

政治学の理論に「デュベルジェの法則」【9】がある。1つの選挙区でn人の議員を選ぶという制度の場合、n＋1の数の政党しか長期的には存続しえないというものだ。

そのロジックは、たとえばn＝1の小選挙区制だと、候補者が3人の場合、有権者の支持率が2番目の候補者はちょっとしたきっかけで1番目に勝てるかもしれないが、3番目の候補者の当選確率は、他の2人に比べてがたんと落ちる。

一番手でもなく二番手でもない第三極の政党は、もともと小選挙区制では存続するのが

【9】デュベルジェの法則

・1つの選挙区でn人の議員を選ぶという制度の場合、n+1の数の政党しか長期的には存続しえない
・小選挙区比例代表並立制だと、基本的に
（1）政権交代可能な2大政党（自民党、民主党）
（2）連立パートナー（公明党）
（3）比例狙い（共産党）
の3タイプの政党に集約できる

難しい。

もっとも、現在の日本の小選挙区制は完全なものではなく、小選挙区比例代表並立制なので、第三極の余地はある。それを踏まえて、政権交代の可能性のある2つの政党以外にありうるパターンは、自民党の連立パートナーとなる「公明党タイプ」か、比例区狙いの「共産党タイプ」しかない。

新しくできた政党の場合には現実は厳しい。この20年間で20以上の政党が誕生してきたが、そのうち衆参に議席があり、衆院任期の4年以上存続している政党は民主党しかない。要するに、比例狙いで細々と生きるのでなければ、民主党や維新の党のような野党は、結集して自民党の対抗軸になるか、または対抗軸にならずに自民党との連立を目指す以外、基本的には存続の可能性は少ないと言わざるをえないのだ。

自民党の対抗軸としては、リベラルな野党の結集がもっとも素直だ。もし保守系スタンスであれば、自民党との連立を目指したほうがいい。民主党には前者の路線しかない。維新の党は正念場

だろう。保守系スタンスなのかリベラルで行くのかの決断が迫られる。

リベラルでは、労働者をコアな支持層とし、所得再分配について政府の介入度を高める方向となる。今の自民党との差別化で言えば、金融政策を重要視して日銀法を改正、インフレ目標と雇用義務を加えること、歳入庁を創設し税・社会保険料を一体徴収し、不公平をなくして所得累進課税を強化する――そんな方向がいい。

所得再分配の強弱は、最高の累進課税税率の高低や資産課税の取り組みで見てもいい。自由貿易、規制緩和では、労働者の権利保護に配慮して、自由化一辺倒でない「是々非々路線」になる。エネルギー政策では、労働者の立場から、脱原発の方向でいく。再稼働には慎重スタンスだ。外交防衛では、安全保障コストを下げるために集団的自衛権を限定容認しつつも、行使には何重もの条件を付して平和主義を追求するのもいいだろう。

「成長重視」は共通。与野党の対立軸は別に

今、格差問題は世界的な流行になっている。世界中で100万部を超える異例のベストセラーとなっているフランスの経済学者トマ・ピケティの『21世紀の資本』も、日本語版が出版されて話題になっている。

ピケティ氏は、各国のデータから、資本収益率r（ほぼ4～5%）が所得成長率g（ほぼ

1％前後）よりも高いことを示した。このため、高所得者と高資産保有者がますます富む一方だという、多くの国で起こっている格差拡大を説明したのである。

これへの対処としては2通りある。所得成長率を高めるか、資本収益率を下げるかである。ピケティ氏は、資本収益率を下げることが有効と考え、資本課税の強化を主張しているようだ。

日本の現状では、所得成長率が低く、資本収益率も低いのが実情だ。1990年代以降、日本の経済成長率が世界でビリであることを考慮すれば、まず、求められるのは成長の底上げだろう。

これまでの和製リベラルは、「成長はもう要らない」という路線だった。戦後の左系知識人がしばしばこれに陥《おちい》ったが、世界的な基準から見れば、ここ20年間程度の低い成長率に甘んじるのであれば、社会保障を含めた経済社会の諸問題は解決できない。

経済問題では保守もリベラルも関係がなく、成長重視であることが望ましい。その上で規制緩和、エネルギー政策、安全保障などで見解の相違をぶつけるようになれば、国民にとって良い対立軸が提供でき、いいライバル関係になるだろう。

4 ピケティ『21世紀の資本』は11枚の図で理解できる

（2014年12月29日）

『21世紀の資本』は反成長でも反インフレでもない

トマ・ピケティの『21世紀の資本』が好評である。分厚い学術書で、そのタイトルからマルクスの資本論の再来を彷彿させるが、ピケティ氏自身が言うとおり、本書はマルクス経済学を論じたものではない。標準的な成長理論を使った、ごく普通の経済学である。

本書は、政策提言を除けば、反成長でも反インフレでもなく、政治的な左も右もない。本書の政策提言のみを強調して、政治的な左の宣伝として引用している連中は、あまり本書を読んでいない。

ただ、経済学と言っても、データ満載の歴史書でもある。筆者は歴史が好きだが、従来の歴史書はデータが乏しく不満だった。ところが本書は「数量歴史書」とも言うべき本であり、記述がデータに裏打ちされていて満足感が高い。

筆者が特に重要と思う表を11枚挙げることで、本書の概略がわかるようにしてみよう。

①**「図2・5　世界産出（GDP）増加率　太古から2100年」【10】**

2050年までは3％以上の実質経済成長になっている。2050年から2100年までは成長率が低下するといっても、1・5％程度である。そうした環境でも格差を論じている。ピケティ氏はよくいる左派のゼロ成長論者ではない。

②**「図2・6　産業革命以来のインフレ」【11】**

1枚目の経済成長率は、名目成長率からインフレ率を引いた実質成長率である。最近のインフレ率は2％程度と見ており、ピケティ氏はデフレ論者ではない。実際、公的債務の問題では、インフレが解決策の1つであることを認めている。

また、最近の同氏のインタビューでも、「財政面で歴史の教訓を言えば、1945年の仏独はGDP比200％の公的債務を抱えていたが、50年には大幅に減った。もちろん債務を返済したわけではなく、物価上昇が要因だ。安倍政権と日銀が物価上昇を起こそうという姿勢は正しい。物価上昇なしに公的債務を減らすのは難しい。2～4％程度の物価上昇を恐れるべきではない」と語っている。

【10】世界産出増加率　太古から2100年

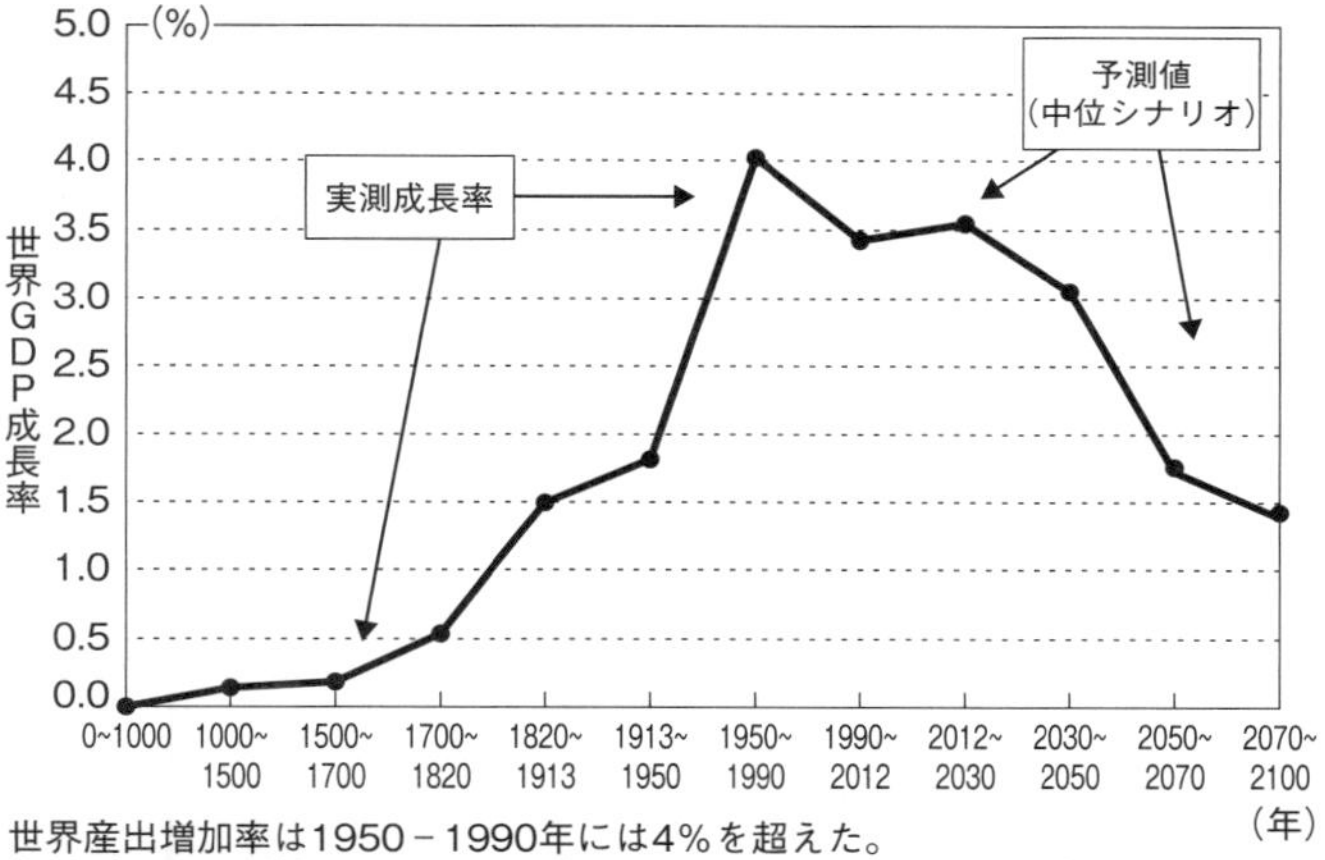

世界産出増加率は1950－1990年には4%を超えた。
収斂プロセスが続くなら、2050年までに2%以下に下がるはずだ。
出所と時系列データ：http://piketty.pse.ens.fr/capital21cを参照

【11】産業革命以来のインフレ

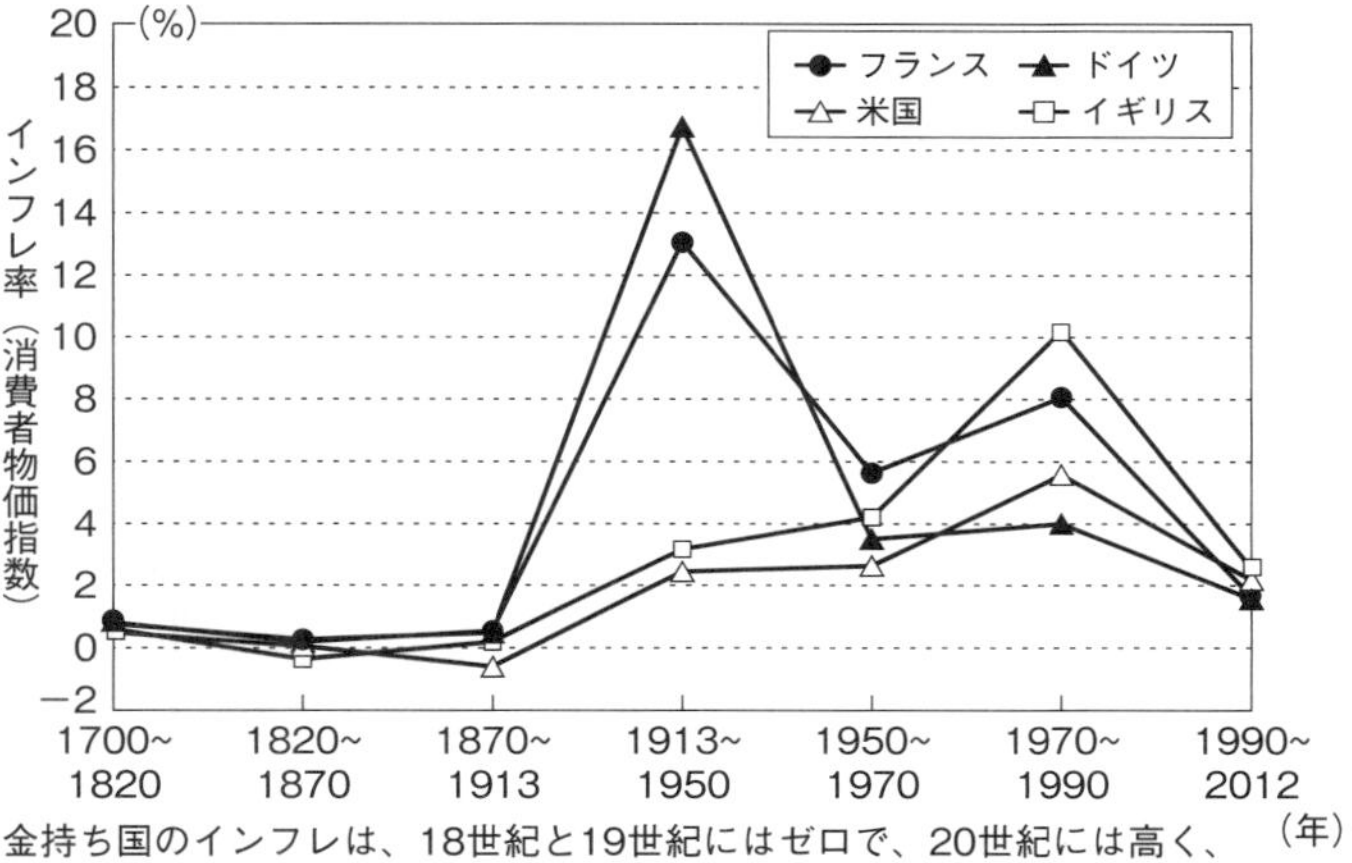

金持ち国のインフレは、18世紀と19世紀にはゼロで、20世紀には高く、1990年以来おおむね2%。
出所と時系列データ：http://piketty.pse.ens.fr/capital21cを参照

③ **「図5・8　世界の資本／所得比率　1870―2100年」【12】**

これは、後々出てくるピケティの不等式、つまり、「r（資本収益率）＞g（所得成長率）」の伏線となっている。ピケティの不等式が正しければ、長期的に資本／所得比率は上昇する。

今後の人口があまり伸びない中で、資本の相対的な増加が予想される。

格差拡大はアングロ・サクソン諸国特有である

4～7枚目は、世界各国の所得格差である。現状認識なので、ここを初めに読んでもいい。

④ **「図9・2　アングロ・サクソン諸国における所得格差　1910―2010年」【13】**

所得格差は英米などアングロ・サクソン国で最近著しく、トップ1％の国民所得に占めるシェアは戦前の水準の20％近くにまで達している。米国で本書の人気が高いのは、「最近格差が広がりつつある」と漠然と感じていたところ、「やはりそうなのか」という納得感を与えてくれたからだろう。

【12】世界の資本／所得比率　1870－2100年

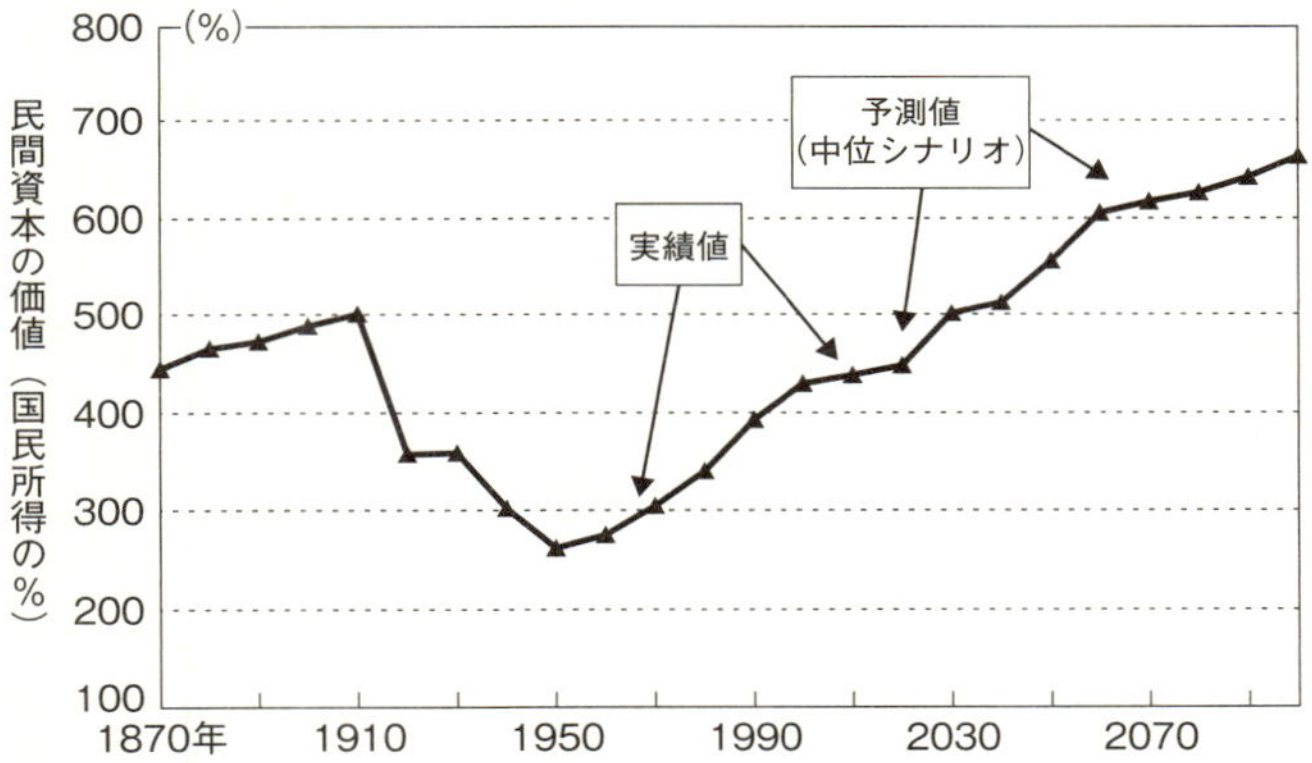

シミュレーション（中位シナリオ）によると、世界の資本／所得比率は21世紀末には700%近くになるかもしれない。
出所と時系列データ：http://piketty.pse.ens.fr/capital21cを参照

【13】アングロ・サクソン諸国における所得格差　1910－2010年

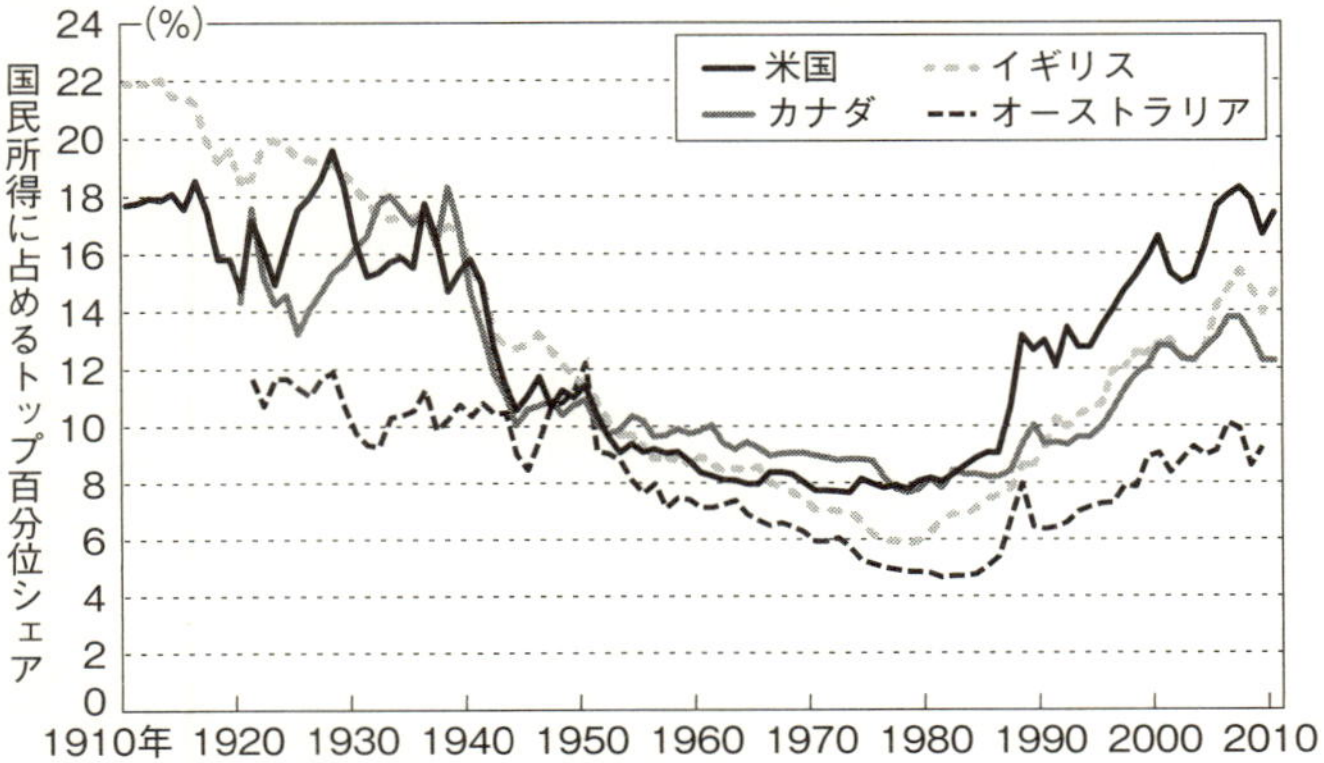

すべてのアングロ・サクソン諸国で、国民所得に占めるトップ百分位のシェアは1970年代以降上昇しているが、程度のちがいはある。
出所と時系列データ：http://piketty.pse.ens.fr/capital21cを参照

⑤ **「図9・3　大陸ヨーロッパと日本での所得格差　1910—2010年」【14】**

⑥ **「図9・4　北欧と南欧での所得格差　1910—2010年」【15】**

この2つの図を見ると、格差の拡大は、アングロ・サクソン諸国に特有であることがわかる。先進国の非アングロ・サクソン諸国では、格差がそれほど拡大していない。本書を引用して、日本の格差が拡大しているなどと主張すると、我田引水と言われかねない。

⑦ **「図9・9　新興経済国の所得格差　1910—2010年」【16】**

新興国ではアメリカほどではないが、格差の拡大が見られる。

こうした事実について、ピケティ氏は、資本主義の問題ととらえているようだが、アングロ・サクソン流のコーポレート・ガバナンスの欠陥とも見られる。

これは筆者の個人的な感想だが、経営者のあまりに高すぎる給料を容認する制度、慣習があるのではないか。リーマン・ショックで露呈したのは、経営破綻した金融機関経営者の高すぎる給料だった。あれに違和感があるのは筆者だけだろうか。

さて、8〜9枚目は、本書の主眼であるr（資本収益率）とg（所得成長率）の関係である。

【14】大陸ヨーロッパと日本での所得格差　1910－2010年

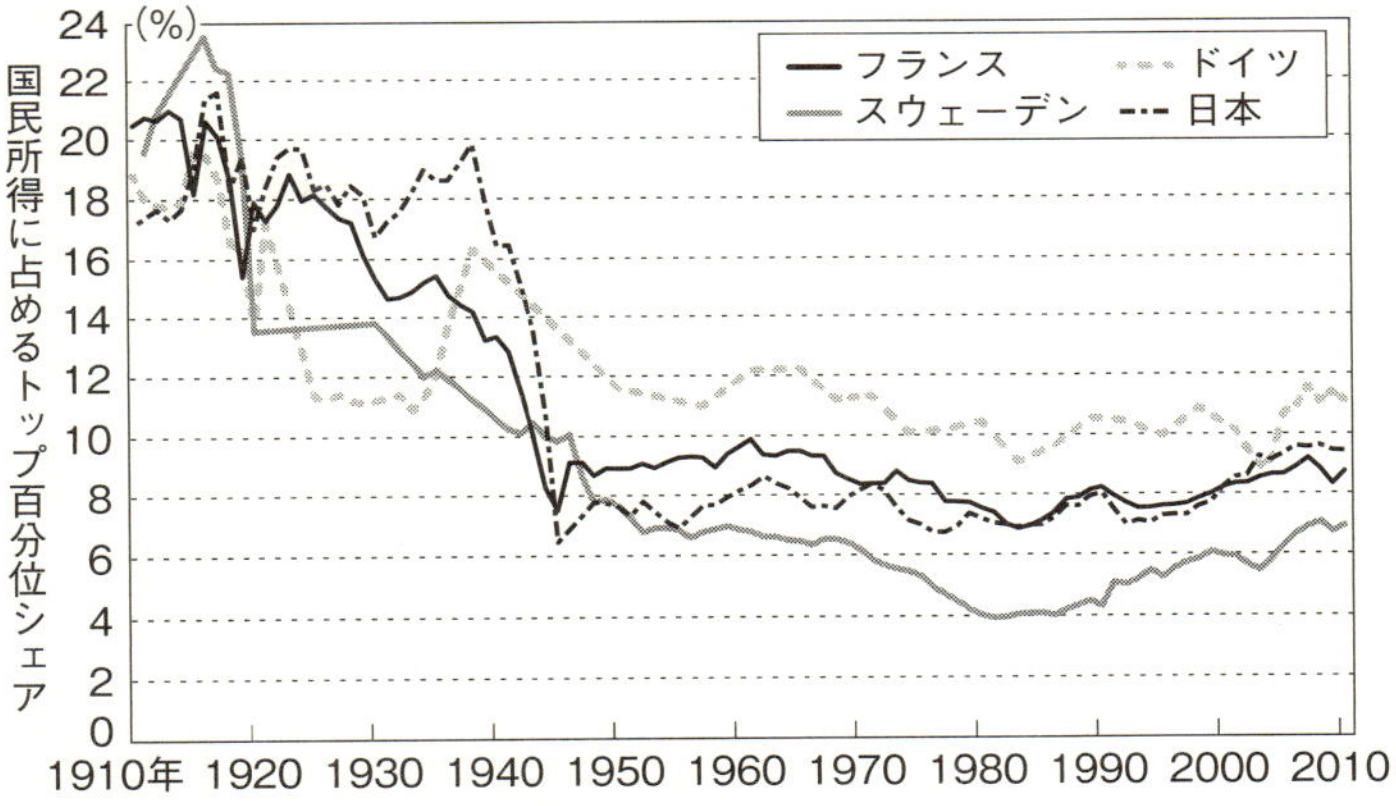

アングロ・サクソン諸国と比較すると、1970年代以降、大陸ヨーロッパと日本ではトップ百分位のシェアがほとんど増加していない。
出所と時系列データ：http://piketty.pse.ens.fr/capital21cを参照

【15】北欧と南欧での所得格差　1910－2010年

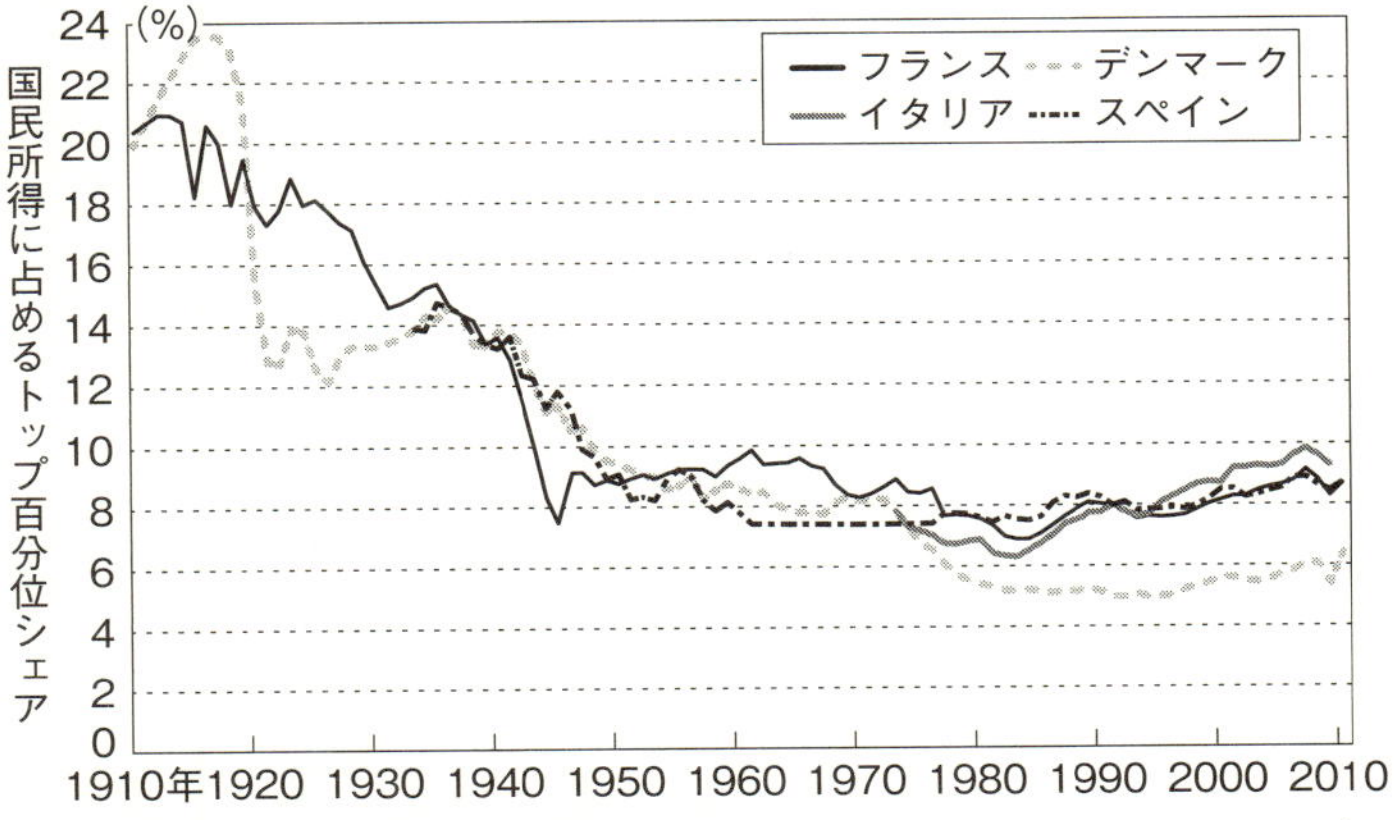

アングロ・サクソン諸国と比較すると、1970年代以降、北欧と南欧ではトップ百分位のシェアがほとんど増加していない。
出所と時系列データ：http://piketty.pse.ens.fr/capital21cを参照

【16】新興経済国の所得格差　1910－2010年

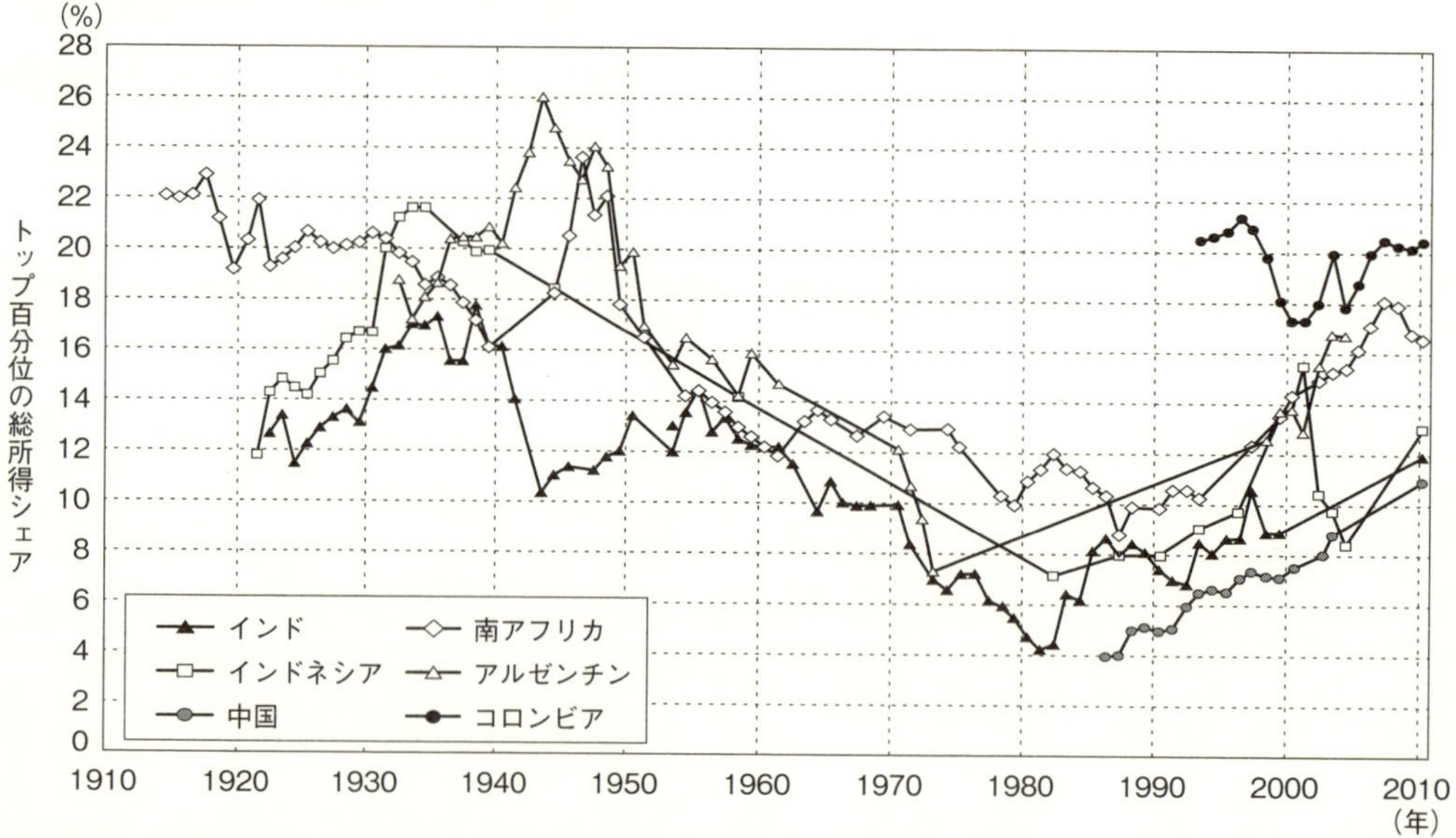

総所得のトップ百分位シェアで評価した新興経済国の所得不平等は、1980年代以降増大しているが、2000－2010年には米国よりも低い水準にある。
出所と時系列データ：http://piketty.pse.ens.fr/capital21c を参照

【17】世界的な資本収益率と経済成長率の比較　古代から2100年

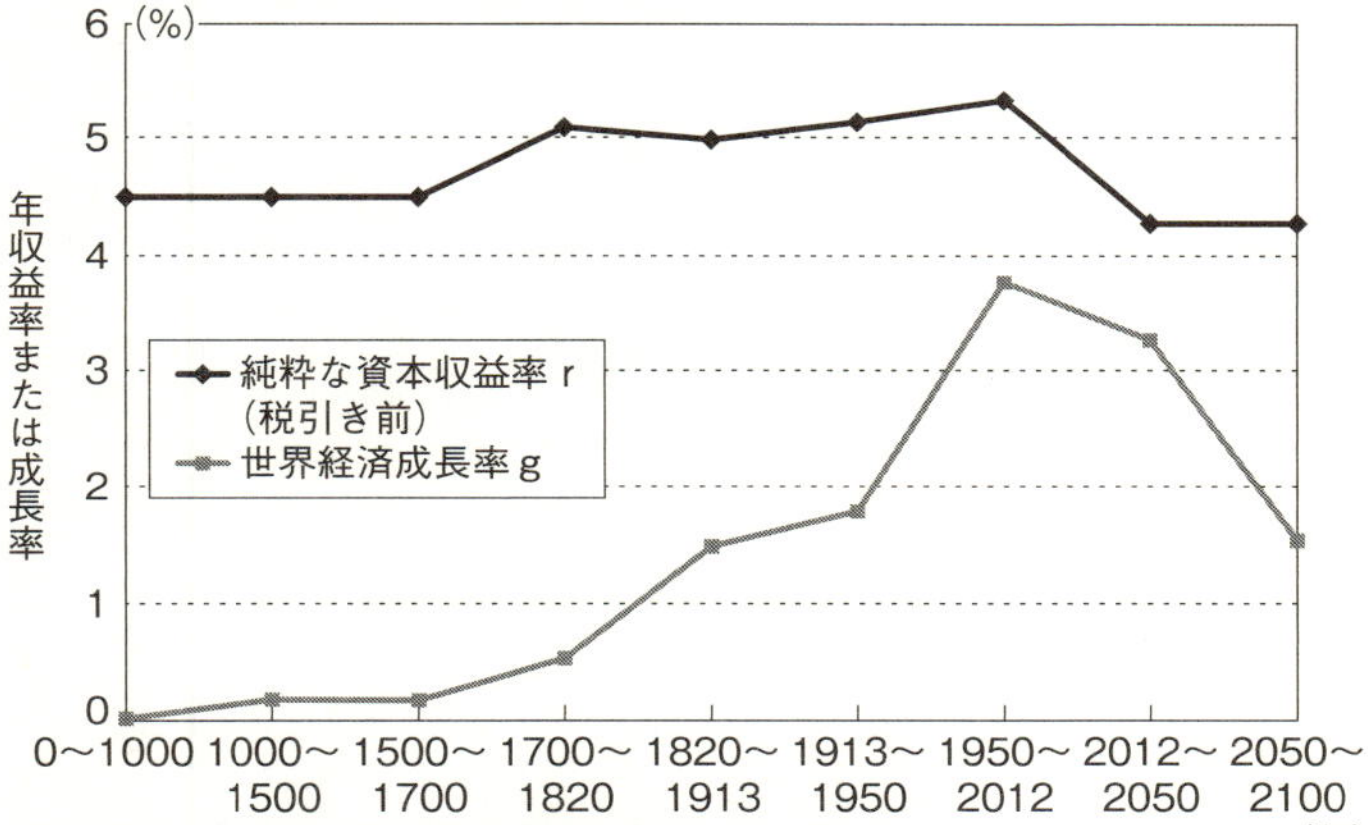

税引き前の資本収益率は世界経済成長率よりも常に高いが、
その差は20世紀に減少し、21世紀には再び拡大している。
出所と時系列データ：http://piketty.pse.ens.fr/capital21cを参照

【18】世界的な税引き後資本収益率と経済成長率の比較　古代から2100年

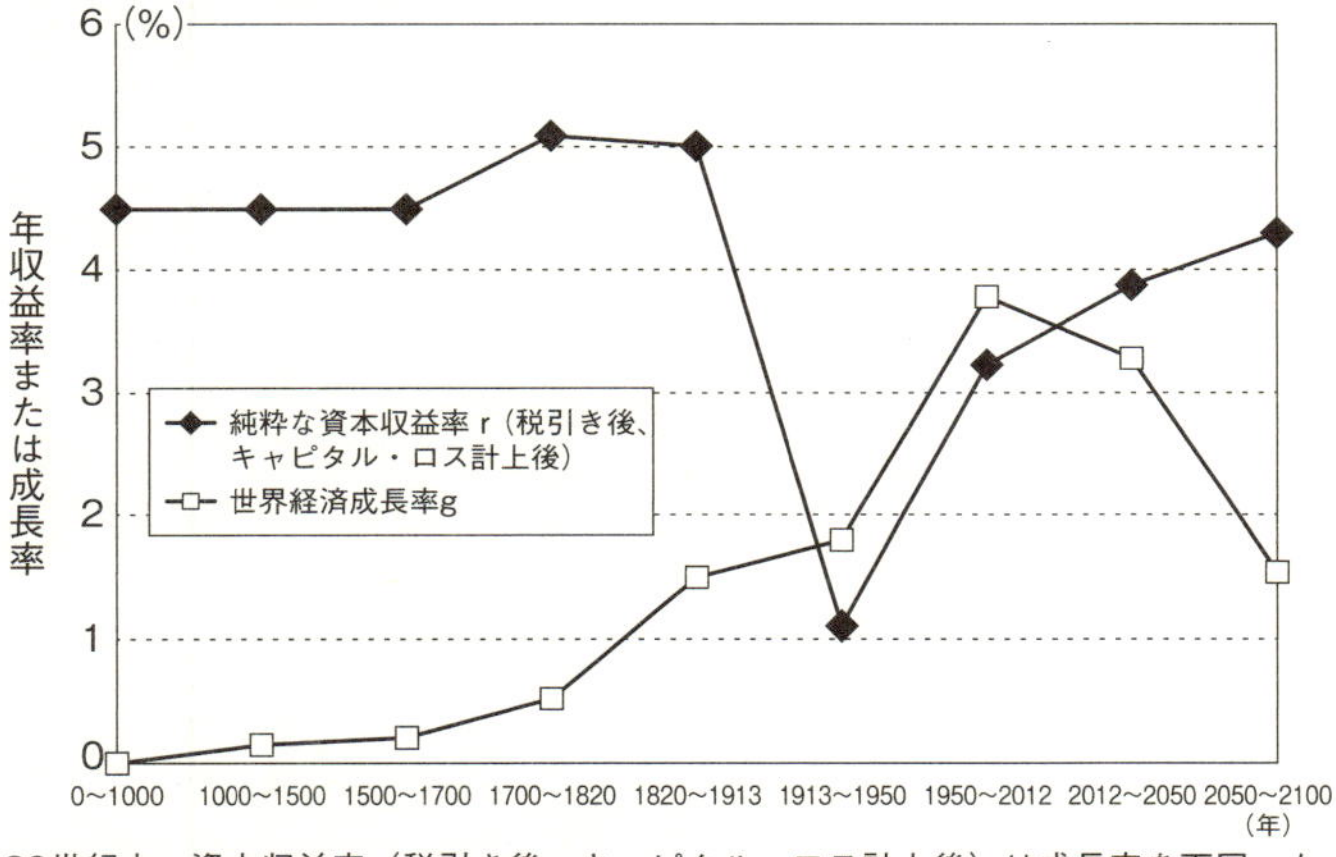

20世紀中、資本収益率（税引き後、キャピタル・ロス計上後）は成長率を下回ったが、21世紀には再び上回った。
出所と時系列データ：http://piketty.pse.ens.fr/capita121cを参照。

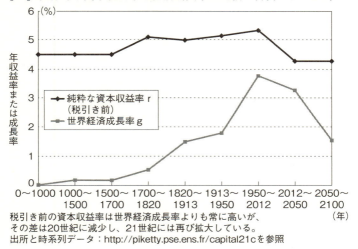

⑧「図10・9　世界的な資本収益率と経済成長率の比較　古代から2100年」【17】
⑨「図10・10　世界的な税引き後資本収益率と経済成長率の比較　古代から2100年」【18】

第1次世界大戦から第2次世界大戦の間、および、第2次世界大戦後のしばらくの間は、rとgの差が比較的小さい、つまり格差の小さい時期だったが、それ以外ではrはgより大きく、格差の大きい時期であることを明らかにしている。

これらの主張は、かつてノーベル経済学賞を受賞した経済学者のクズネッツが言っていた逆U字仮説を覆すものだ。つまり、経済成長について、はじめは格差が拡大するが、一定レベルを超えた先進国では経済成長に伴い格差が減少していく——との主張に真っ向から反している。

1930年から80年にかけて格差が縮小していたのは、大恐慌と戦争による資本の破壊という一時的な現象であって、資本主義では、資本収益率が所得成長率より高いのが常であり、先進国でも格差は拡大するというのがピケティ氏の主張だ。

日本ではgを高めれば、格差の問題は解決する

10〜11枚目は、税制に関するものだ。

⑩「図14・1　最高所得税率　1900—2013年」【19】
⑪「図14・2　最高相続税率　1900—2013年」【20】
戦後における累進課税の強化は、一時的なものであることが示唆される資料だ。

こうして格差拡大を示した後、格差社会を好まないピケティ氏はこの現状を打破するため、資本収益率を下げることが有効と考え、資本課税の強化を主張する。それも国際協調のもとですべての国で課税強化策を採用すべしという政策提言になる。

この政策提言にはピケティ氏の価値観が表れている。

別の政策手段を言ってもいいし、格差を容認するのも1つの価値観である。

国際協調のもとで課税強化するとしても、問題はアングロ・サクソン諸国の異様に高額な経営者報酬なので、そこだけに課税強化というのであれば、（ユートピア的な政策提言であるが）筆者としては許容範囲内だ。

日本の経営者には適用できないだろう。そもそも非アングロ・サクソン国では酷い格差が出ているわけではないから、それらの国では課税強化する理由がない。

それとは別に、日本について考えると、日本のｇ（所得成長率）はここ二十数年間で世界の最低ランクだ。まずデフレから脱却して、２％程度の物価上昇にもっていくのは、ｇ（所

【19】最高所得税率　1900－2013年

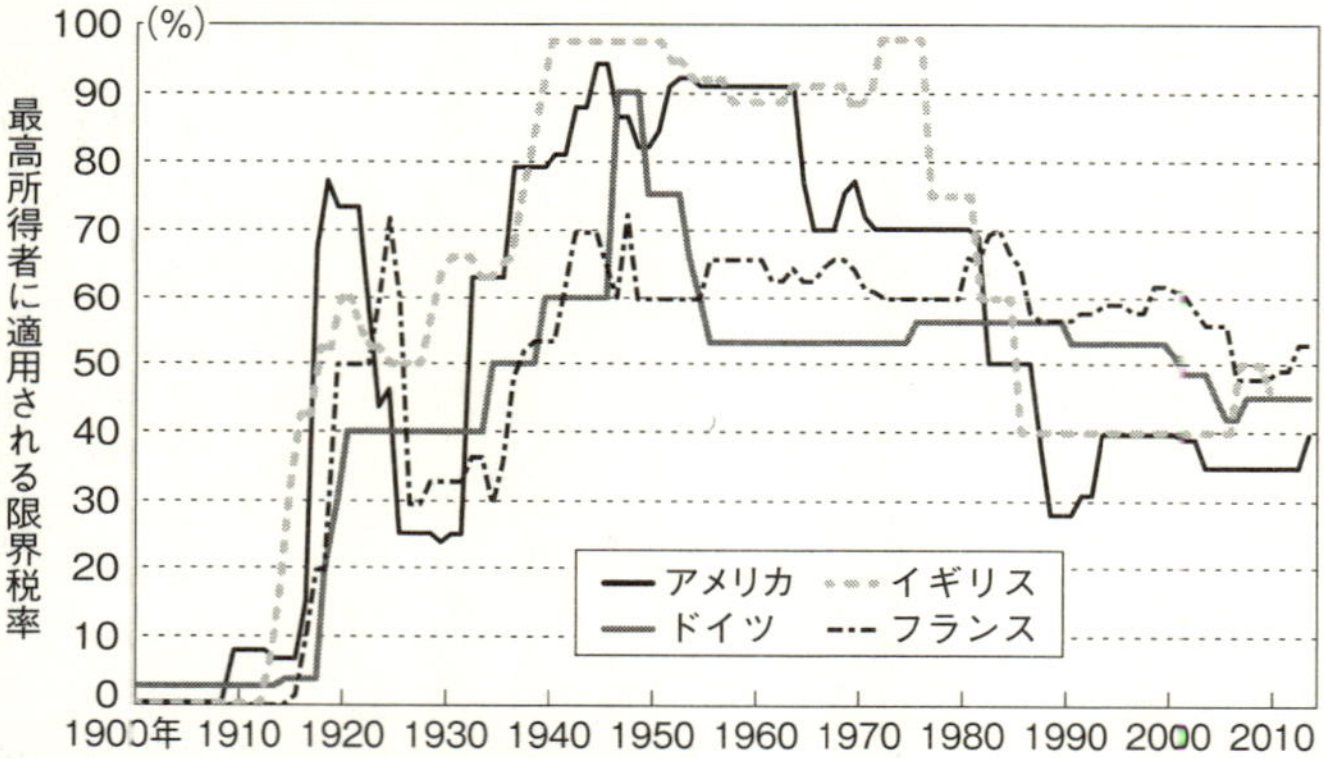

所得税の最高限界税率（最高の所得に適用されるもの）は、米国では1980年に70%だったのが、1988年には28%まで下がった。
出所と時系列データ：http://piketty.pse.ens.fr/capital21cを参照

【20】最高相続税率　1900－2013年

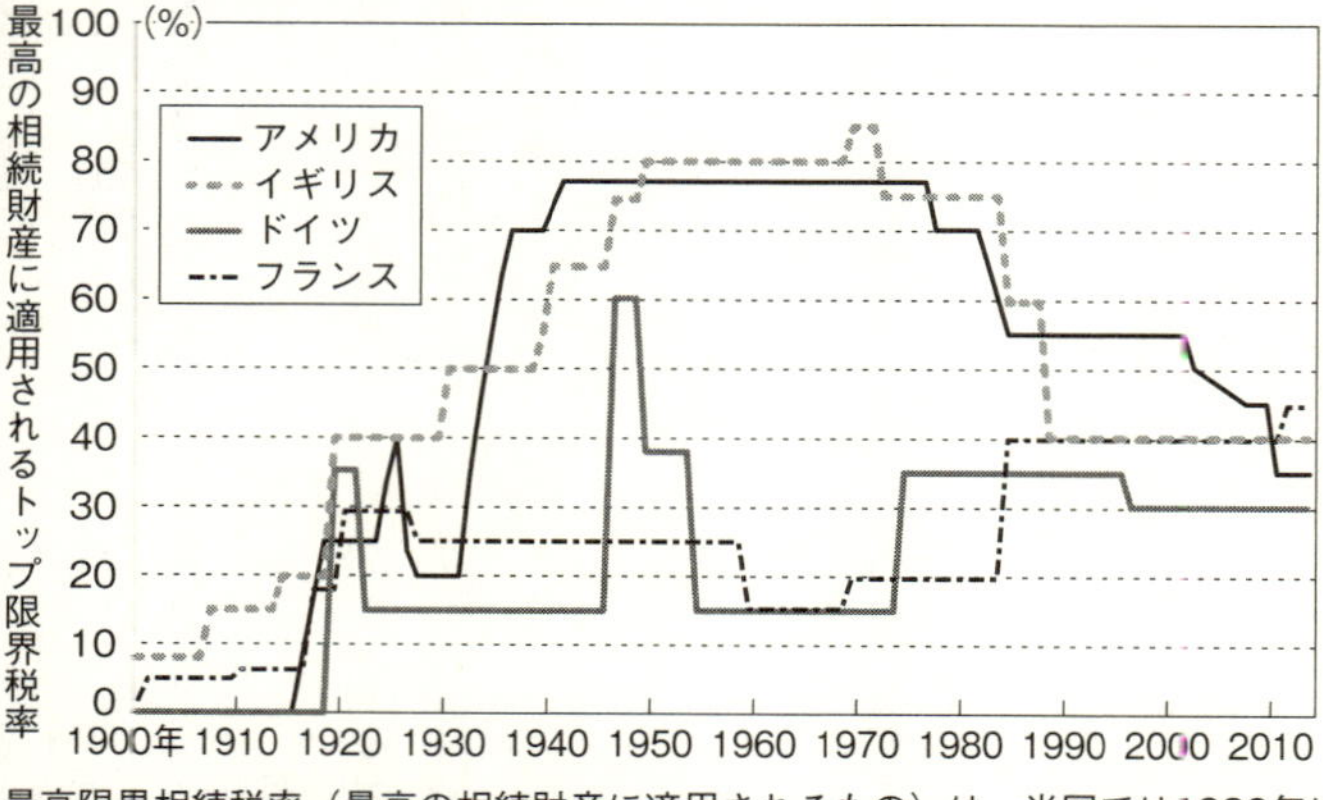

最高限界相続税率（最高の相続財産に適用されるもの）は、米国では1980年に70%だったのが、2010年には35%まで下がった。
出所と時系列データ：http://piketty.pse.ens.fr/capital21cを参照

得成長率）を高める第一歩である。g（所得成長率）が高まれば、歳入庁などの所得捕捉措置によって事実上累進課税となり、格差の問題を解決するのはそれほどたいした話でなくなるだろう。

5 円安効果で「中国から国内回帰」。大手メーカーの好ましい流れ

（2015年1月12日）

「円安＝日本経済は危険」説のウソ

2012年12月に安倍政権がスタートした直後、「1ドルが120円になれば日本経済は危険」と言っていた著名な経済学者がいる。もともと、世界標準のインフレ目標を理解できずに、金融緩和による円安の弊害を言おうとした発言だ。

為替は2つの通貨の交換比率なので、どちらが相対的に多いかどうかで決まる。円安は、円がドルに対して相対的に多いということなので、日本が金融緩和すればそうなる。その一方、モノに対しても円が多い状態になるので、モノの価格は上がる。つまりデフレになりにくい。逆を言えば、円高はデフレ状態と整合的になるので、円高論者はデフレ論者でもある。

冒頭の経済学者はデフレ論者でもあるから「円安はまずい」と言ったわけで、それなりに

【21】実質実効為替レート（右、円）と失業率（左、%）

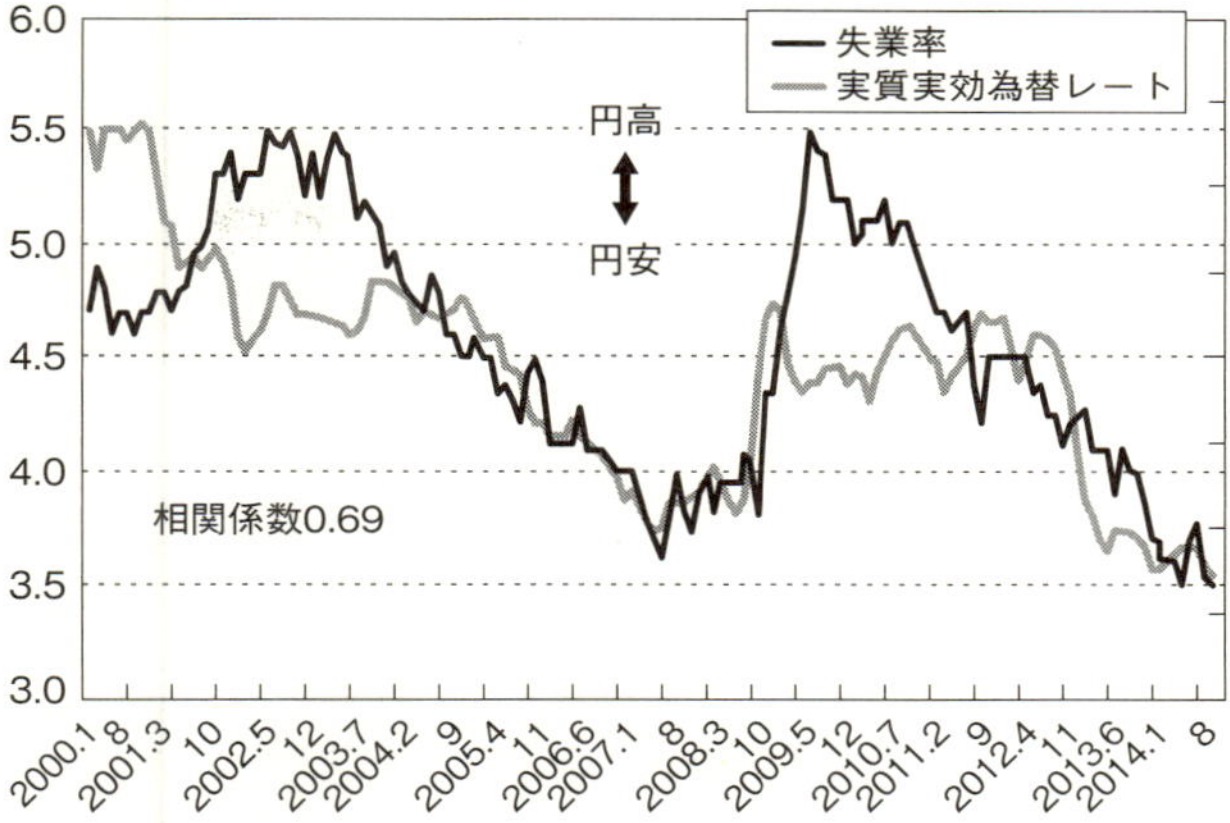

（資料）日本銀行、総務省

一貫している。デフレ論者の特色は、雇用について考えないことだ。インフレ率と失業率には逆相関の関係があるため、デフレがいいという人は高い失業率は問題にしない。その経済学者も「日本には失業問題はない」という立場なのだろう。

というわけで、デフレ論者は「円安になると失業率が減る」という事実は無視する。２０００年以降の〝実質実効為替レート〟と失業率の推移【21】を見ればわかるように、両者には０・７％程度の高い相関があるにもかかわらず――だ。

ちなみに、円安はＧＤＰを増加させる。実は、日本にかぎらずどこの国でも、自国の通貨安はＧＤＰを増加させ、自国通貨高はＧＤＰを減少させる【22】。

【22】実質実効為替レート（右、円）と実質GDP（左、兆円）

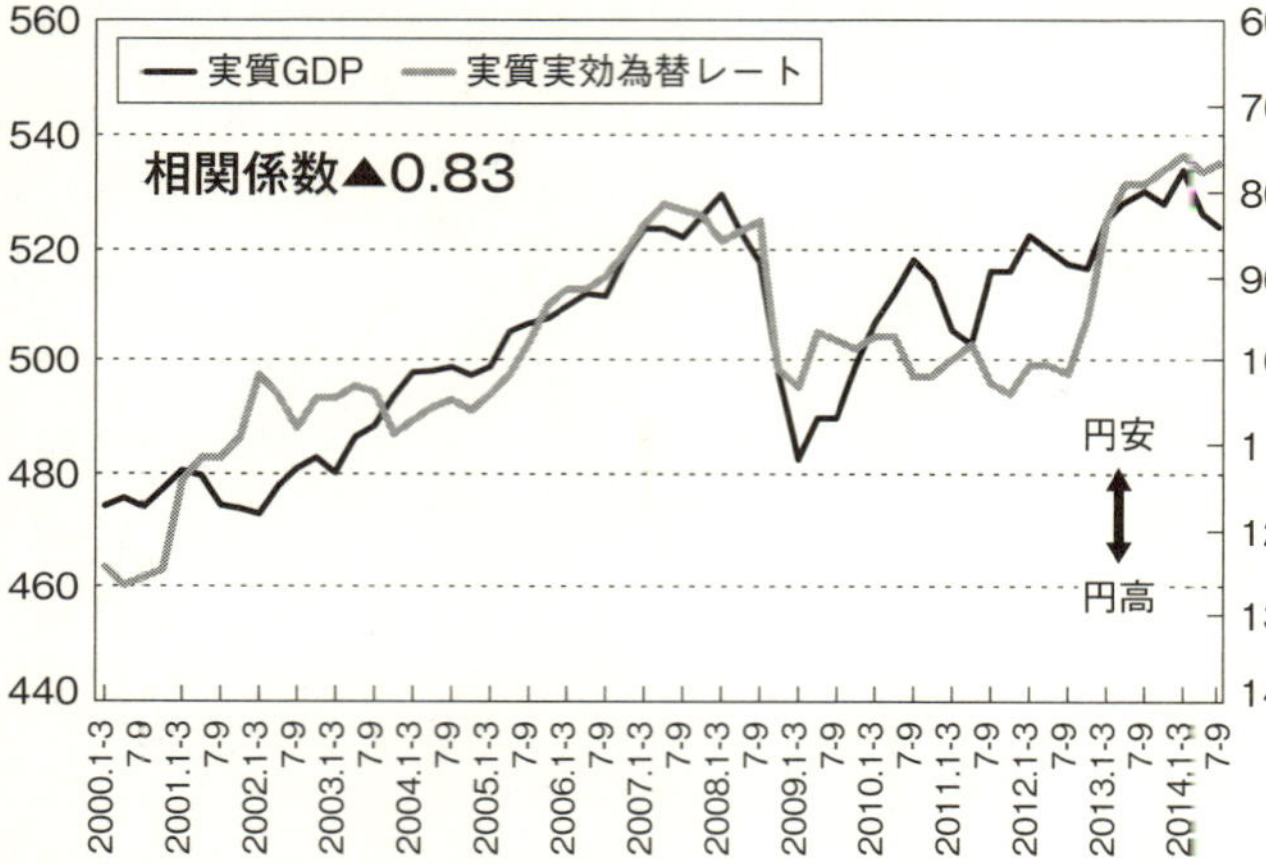

（資料）内閣府「国民経済計算」、日本銀行

こうした分析は経済政策では常識である。例えば、09年度の経済財政白書には「いずれの国でも自国通貨高は景気にマイナス」とはっきり書かれている。

民主党政権時代から20円の円安に

最近、円安による雇用の確保については、具体的な事例もでてきた。例えば、パナソニックなどが製造拠点を国内に移す方針を打ち出している。パナソニック以外でも、シャープ、ホンダ、ＴＤＫ、ダイキン工業などで同じような動きがある。これらの企業は、これまでの中国展開を見直し、国内回帰に向かっている。

　具体的には、パナソニックは静岡県袋井市や神戸市の工場、シャープは栃木県矢板市や大阪府八尾市の工場、ホンダは熊本県大津町の工場、TDKは秋田県の工場、ダイキン工業は滋賀県草津市の工場に、それぞれ移管するという。

キヤノンでも、海外拠点の撤退まではないと言いながら、海外生産比率を減らして国内生産比率を高めるので、これまた国内回帰の流れである。

これまでは、円高によって中国などに進出せざるをえなかったが、やっと国内回帰できるようになったわけだ。中国に進出すれば中国の雇用にはプラスであったが、その分日本の雇用にはマイナスであった。それが、日本回帰で日本の雇用を、地方で創出できるようになったのである。安倍政権の地方創生には、絶好の追い風になるだろう。

こうした動きは、中国での人件費高騰に加えて、最近の円安により海外拠点での採算がとれなくなっている点が大きい。パナソニックやシャープでは、1ドル120円より円安になると国内生産のほうが収益になるという。

ここで小泉政権以降の歴代政権での為替レート【23】を確認しておこう。

小泉政権は01年4月26日から06年9月26日までで平均円ドルレートは1ドル116円。
第1次安倍政権は07年9月26日までで119円。
福田政権は08年9月24日までで108円。
麻生政権は09年9月16日までで96円。

【23】歴代政権の為替レート

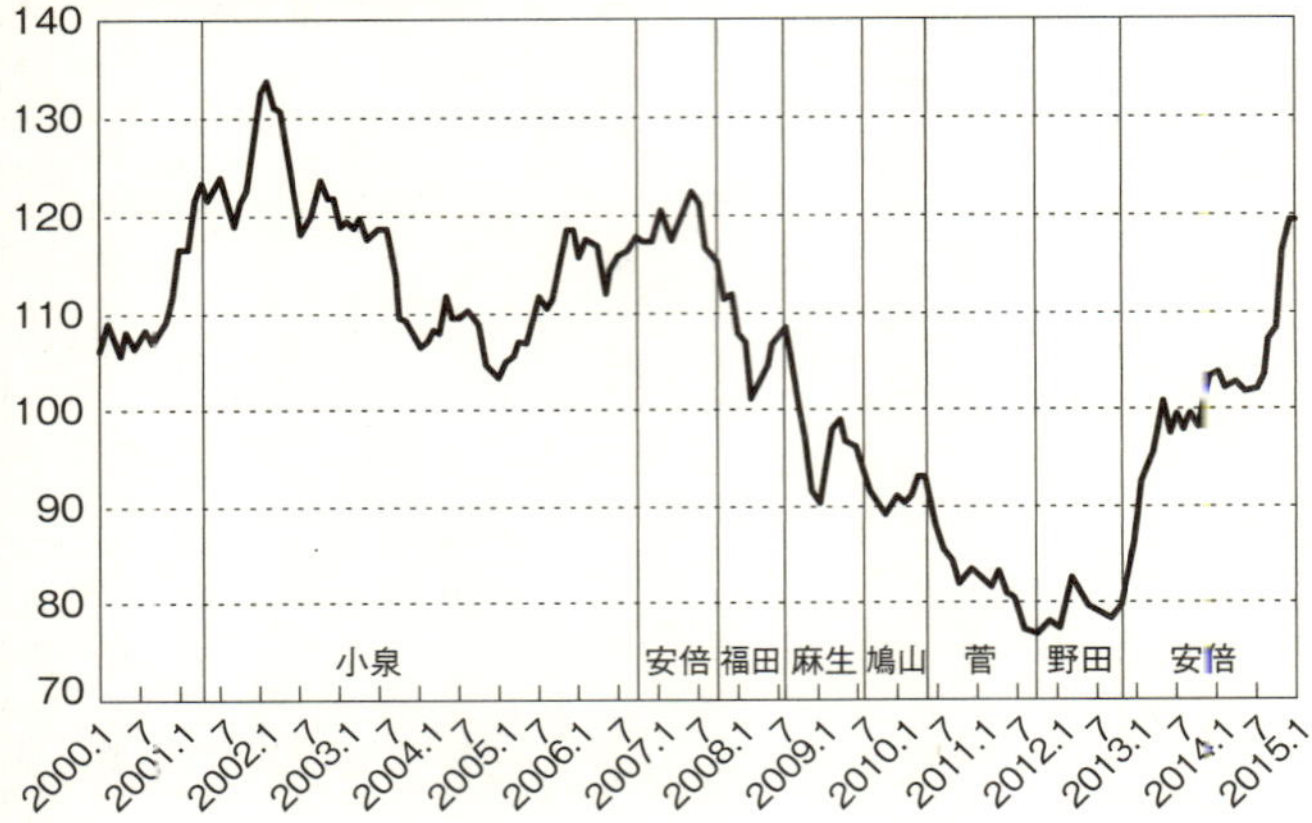

（資料）日本銀行

民主党に政権交代後、鳩山政権は10年6月8日までで91円。菅政権は11年9月2日までで83円。野田政権は12年12月26日までで79円。民主党政権時代の平均は約84円である。

自民党に政権交代して第2次安倍政権では120円程度まで戻したが平均円ドルレートは102円だ。民主党政権に比べて20円程度の円安である。

輸出もいずれ回復基調に

96年からの四半期ベースのデータで、海外直接投資と円ドルレートの相関係数を見ると相関係数は▲0・50である【24】。

決して強い相関とは言えないが、それなりに為替が円安になると海外直接投資が減少す

【24】円ドルレート（横：四半期、円）と海外直接投資（縦：四半期、億円）の関係（1996年～）

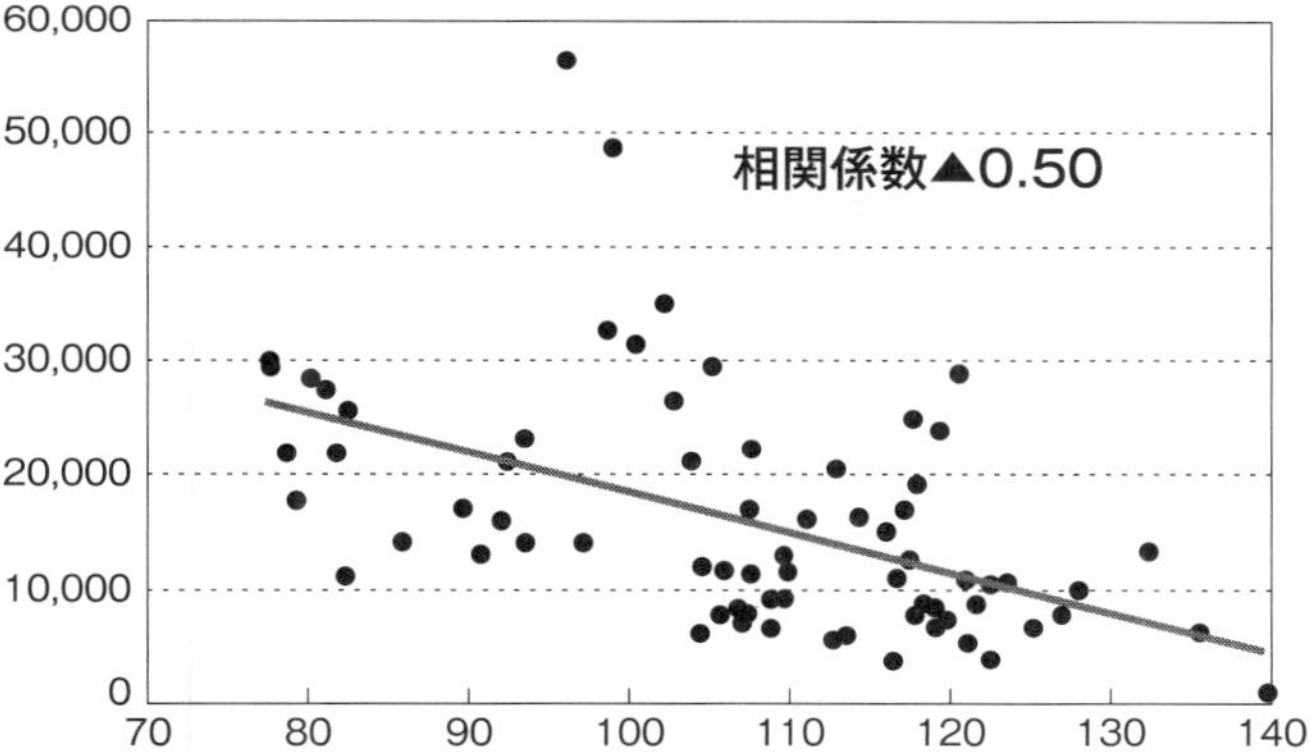

（資料）財務省、日本銀行

る事実を示している。円高になると、企業は利益を出すべく、中国などへ海外進出せざるをえない。

具体的に言えば、10円の円高で年間1・4兆円程度の海外直接投資をせざるをえなかった。その分、国内への投資が減っていたことになる。投資額1億円で雇用創出は10人程度と言われるので、10円の円高で、国内雇用を14万人も失っていた計算である。安倍政権は民主党政権より20円程度も円安なので、海外直接投資を抑えて、国内で30万人程度の雇用創出に成功したはずだ。

円安批判者から、しばしば指摘されるのが「輸出が伸びていない」ことだ。それはたしかにある。ただ、その理由は、これまでの円高放置によって、いったん海外に出て行った企業が存在するからだ。その代わりに、そうした企業では、海外投資収益が好調である。国内の雇用を考えれば、国内回帰が望ましい。とはいえ、海外に出て行った企業にしても、円安傾向が一定期間定着すると確信できなければ、国内回帰は難しい。

2014年の総選挙の勝利によって、安倍政権が長期政権になる道筋がついたので、経済界にその確信が出始めたのだろう。今後、国内拠点が増え、国内での生産が増え出すと、輸出が一気に増えてくるだろう。

そこまでくれば、安倍政権の地方創生でも具体的な成果が見えてくるはずだ。

6 消費税10%再増税は絶対にダメだ

（2015年2月16日）

消費税10%でも黒字化は困難？

内閣府は2015年2月12日、中長期の経済財政に関する試算を経済財政諮問会議に提出した。計算は内閣府がやったことになっているが、財務省から内閣府への出向者は要所に多く、財務省も大きく関わっている。言うなれば、試算結果は財務省の見解と言ってもいい。

2020年度の基礎的財政収支について、「名目3%成長＋消費税率10%でも黒字化は困難だ」と主張している。この試算をどう考えたらいいのだろうか。

この試算は小泉政権時から行われており、内閣府のサイトに資料「中長期の経済財政に関する試算」がある。12日に経済財政諮問会議に提出されたものもある。

それによれば、基礎的財政収支の赤字について、13年度は27・8兆円（対名目GDP比▲5・7%）だが、20年度は9・4兆円（対名目GDP比▲1・6%）【25】。

これが今から半年前の14年7月25日の試算では、13年度は29・7兆円（対名目GDP比▲

【25】【国・地方の財政の姿】（復旧・復興対策の経費及び財源の金額を除いたベース）

[対GDP比、％程度]、兆円程度

年度	2013（平成25）	2014（平成26）	2015（平成27）	2016（平成28）	2017（平成29）	2018（平成30）	2019（平成31）	2020（平成32）	2021（平成33）	2022（平成34）	2023（平成35）
基礎的財政収支	▲27.8	▲25.4	▲16.4	▲15.4	▲15.1	▲12.0	▲10.7	▲9.4	▲7.2	▲6.3	▲4.9
（対名目GDP比）	[▲5.7]	[▲5.2]	[▲3.3]	[▲3.0]	[▲2.8]	[▲2.1]	[▲1.8]	[▲1.6]	[▲1.2]	[▲1.0]	[▲0.7]
国	▲30.3	▲27.0	▲19.5	▲17.4	▲16.5	▲14.6	▲14.3	▲13.9	▲13.3	▲13.0	▲12.1
（対名目GDP比）	[▲6.3]	[▲5.5]	[▲3.9]	[▲3.3]	[▲3.1]	[▲2.6]	[▲2.5]	[▲2.3]	[▲2.1]	[▲2.0]	[▲1.8]
地方	2.5	1.6	3.1	2.0	1.4	2.6	3.6	4.5	6.1	6.7	7.2
（対名目GDP比）	[0.5]	[0.3]	[0.6]	[0.4]	[0.3]	[0.5]	[0.6]	[0.7]	[1.0]	[1.0]	[1.1]
財政収支	▲36.1	▲33.4	▲26.0	▲24.0	▲24.6	▲23.4	▲24.8	▲27.0	▲28.7	▲31.8	▲34.8
（対名目GDP比）	[▲7.5]	[▲6.8]	[▲5.1]	[▲4.6]	[▲4.6]	[▲4.2]	[▲4.3]	[▲4.5	[▲4.6]	[▲4.9]	[▲5.2]
国	▲36.2	▲32.5	▲26.8	▲23.8	▲23.5	▲23.2	▲25.4	▲28.1	▲31.1	▲34.6	▲37.7
（対名目GDP比）	[▲7.5]	[▲6.6]	[▲5.3]	[▲4.6]	[▲4.4]	[▲4.2]	[▲4.4]	[▲4.7]	[▲5.0]	[▲5.4]	[▲5.6]
地方	0.0	▲1.0	0.8	▲0.2	▲1.1	▲0.2	0.6	1.1	2.4	2.7	2.9
（対名目GDP比）	[0.0]	[▲0.2]	[0.2]	[▲0.0]	[▲0.2]	[▲0.0]	[0.1]	[0.2]	[0.4]	[0.4]	[0.4]
公債等残高	926.6	959.6	985.2	1009.3	1034.6	1059.2	1085.9	1115.0	1146.4	1181.0	1218.8
（対名目GDP比）	[191.8]	[195.3]	[195.1]	[193.6]	[192.5]	[189.6]	[187.7]	[186.0]	[184.6]	[183.4]	[182.6]

6・2％)、20年度は11・0兆円（対名目GDP比▲1・8％）だった【26】。たった半年で変わったのは、消費増税前の13年度は経済が好調で基礎的財政収支が好転したからだ。

文書のはじめには、この試算は「経済・財政・社会保障を一体的にモデル化した内閣府の計量モデルを基礎としている」とされ、「成長率、物価及び金利などはモデルから試算されるものであり、あらかじめ設定したものではない」と注釈が書かれている。

これは正しい記述とは言えない。たしかに、安倍政権以前は、明確なインフレ目標がなかったので、「物価をあらかじめ設定したものでない」と言ってもいいだろう。しかし、安倍政権では2％のインフレ目標を設定しているので、試算の物価モデルも2％増になるように条件設定しているはずだ。今回の試算の「消費者物価」の箇所【27】でも、17年度は3・3％と、予定された消費増税のために高いが、18年度以降の消費者物価は前年比2％の上昇になっている。

消費増税の影響を軽視する「財務省試算」

このほか、今回の試算には短期の問題と、中期の問題がある。

まず、短期の問題として、消費増税の影響軽視がある。

ふたたび【27】を見ると、消費者物価は14年度も3・2％と、消費増税のために高い。と

【26】【国・地方の財政の姿】（復旧・復興対策の経費及び財源の金額を除いたベース）

[対GDP比、％程度]、兆円程度

年度	2013（平成25）	2014（平成26）	2015（平成27）	2016（平成28）	2017（平成29）	2018（平成30）	2019（平成31）	2020（平成32）	2021（平成33）	2022（平成34）	2023（平成35）
基礎的財政収支	▲29.7	▲25.4	▲16.1	▲12.7	▲11.9	▲11.8	▲11.5	▲11.0	▲9.2	▲8.4	▲7.7
（対名目GDP比）	[▲6.2]	[▲5.1]	[▲3.2]	[▲2.4]	[▲2.2]	[▲2.1]	[▲2.0]	[▲1.8]	[▲1.5]	[▲1.3]	[▲1.1]
国	▲32.5	▲26.9	▲18.5	▲15.8	▲15.3	▲15.1	▲14.8	▲14.9	▲14.5	▲14.1	▲13.4
（対名目GDP比）	[▲6.7]	[▲5.4]	[▲3.6]	[▲3.0]	[▲2.8]	[▲2.7]	[▲2.5]	[▲2.4]	[▲2.3]	[▲2.2]	[▲2.0]
地方	2.8	1.5	2.4	3.0	3.5	3.2	3.4	3.8	5.3	5.8	5.8
（対名目GDP比）	[0.6]	[0.3]	[0.5]	[0.6]	[0.6]	[0.6]	[0.6]	[0.6]	[0.8]	[0.9]	[0.9]
財政収支	▲37.9	▲34.9	▲26.1	▲23.5	▲23.9	▲26.3	▲28.7	▲31.9	▲33.1	▲35.9	▲39.2
（対名目GDP比）	[▲7.9]	[▲7.0]	[▲5.1]	[▲4.4]	[▲4.4]	[▲4.6]	[▲4.9]	[▲5.2]	[▲5.2]	[▲5.5]	[▲5.8]
国	▲38.3	▲34.2	▲25.7	▲23.6	▲24.2	▲26.0	▲28.2	▲31.1	▲33.8	▲36.7	▲39.6
（対名目GDP比）	[▲8.0]	[▲6.9]	[▲5.0]	[▲4.4]	[▲4.4]	[▲4.6]	[▲4.8]	[▲5.1]	[▲5.4]	[▲5.6]	[▲5.8]
地方	0.4	▲0.7	▲0.4	0.1	0.3	▲0.3	▲0.5	▲0.8	0.7	0.8	0.5
（対名目GDP比）	[0.1]	[▲0.1]	[▲0.1]	[0.0]	[0.0]	[▲0.0]	[▲0.1]	[▲0.1]	[0.1]	[0.1]	[0.1]
公債等残高	926.0	958.9	985.1	1009.8	1036.0	1064.4	1095.4	1129.5	1165.4	1204.2	1246.4
（対名目GDP比）	[192.3]	[192.7]	[192.5]	[190.4]	[189.0]	[187.7]	[186.4]	[185.5]	[184.6]	[183.9]	[183.5]

【27】経済再生ケース【マクロ経済の姿】

（%程度）、[対GDP比、%程度]、兆円程度

年度	2013（平成25）	2014（平成26）	2015（平成27）	2016（平成28）	2017（平成29）	2018（平成30）	2019（平成31）	2020（平成32）	2021（平成33）	2022（平成34）	2023（平成35）
実質GDP成長率	(2.1)	(▲0.5)	(1.5)	(2.1)	(0.8)	(2.6)	(2.1)	(2.2)	(2.2)	(2.3)	(2.3)
実質GNI成長率	(2.0)	(▲0.2)	(2.1)	(2.2)	(0.8)	(2.6)	(2.1)	(2.2)	(2.2)	(2.3)	(2.3)
名目GDP成長率	(1.8)	(1.7)	(2.7)	(3.3)	(3.1)	(3.9)	(3.5)	(3.6)	(3.6)	(3.7)	(3.7)
名目GDP	483.1	491.4	504.9	521.5	537.4	558.6	578.4	599.4	621.2	643.9	667.6
1人当たり名目GNI成長率	(2.5)	(2.4)	(3.2)	(3.7)	(3.3)	(4.0)	(3.6)	(3.8)	(3.8)	(3.9)	(4.1)
1人当たり名目GNI（※万円）	394	403	416	431	446	464	481	499	518	538	560
潜在成長率	(0.6)	(0.6)	(0.7)	(1.1)	(1.5)	(1.6)	(1.9)	(2.3)	(2.3)	(2.4)	(2.4)
物価上昇率											
消費者物価	(0.9)	(3.2)	(1.4)	(1.8)	(3.3)	(2.0)	(2.0)	(2.0)	(2.0)	(2.0)	(2.0)
国内企業物価	(1.9)	(3.1)	(▲1.0)	(0.9)	(2.9)	(0.9)	(1.0)	(1.1)	(1.2)	(1.2)	(1.3)
GDPデフレーター	(▲0.3)	(2.2)	(1.2)	(1.2)	(2.2)	(1.3)	(1.4)	(1.4)	(1.4)	(1.3)	(1.3)
完全失業率	(3.9)	(3.6)	(3.5)	(3.4)	(3.4)	(3.4)	(3.3)	(3.3)	(3.3)	(3.3)	(3.3)
名目長期金利	(0.7)	(0.4)	(1.2)	(1.8)	(2.3)	(3.0)	(3.5)	(4.0)	(4.3)	(4.5)	(4.6)
部門別収支											
一般政府	[▲7.6]	[▲7.2]	[▲5.5]	[▲4.8]	[▲4.4]	[▲3.8]	[▲3.6]	[▲3.6]	[▲3.4]	[▲3.3]	[▲3.3]
民間	[7.7]	[8.1]	[7.5]	[7.1]	[7.1]	[6.7]	[6.7]	[6.8]	[6.7]	[6.7]	[6.8]
海外	[▲0.1]	[▲0.9]	[▲1.9]	[▲2.3]	[▲2.7]	[▲2.9]	[▲3.1]	[▲3.2]	[▲3.3]	[▲3.4]	[▲3.5]

同時に、14年度の実質GDP成長率は▲0・5%と消費増税の影響がある。

安倍政権になってから初めての試算【28】は13年8月8日に行われているが、その時の試算は、14年度に消費増税が予定されていたので、やはり消費者物価は3・3%と高かった。

しかし、試算のうえでは、実質GDP成長率は1・0%と消費増税の影響はないとされていた。ところが、最近試算のとおり実際には▲0・5%と、かつての試算に比べて、なんと1・5%もGDP成長率を落としてしまったのである。

今回の試算【27】を見ると、17年度の消費者物価は3・3%であるが、実質GDP成長率は0・8%と、前のように「増税しても景気は落ち込まない」と楽観的である。14年度の消費増税のことを考えれば、マイナス成長と想定すべきだが、そうなっていないのは、何が何でも17年度に増税したいという、財政当局の強い意向を感じざるをえない。そのうえ、10%に増税しても20年度の基礎的財政収支は均衡しないので、さらに増税を促しているようだ。

次に、中期の問題として、成長率がある。民主党政権の時には、「慎重シナリオ」と「成長戦略シナリオ」の2つがあり、前者の成長率が低いほうのシナリオをメインにしていた（【29】＝野田政権時の12年8月31日の試算）。

さすがに、安倍政権になってからは、「ベースラインケース」と「経済再生ケース」の2通りのシナリオ【30】が立てられ、後者の成長率の高いほうがメインになった。

【28】経済再生ケース【マクロ経済の姿】

（%程度）、[対GDP比、%程度]、兆円程度

年度	2012（平成24）	2013（平成25）	2014（平成26）	2015（平成27）	2016（平成28）	2017（平成29）	2020（平成32）	2022（平成34）	2023（平成35）
実質GDP成長率	(1.2)	(2.8)	(1.0)	(2.0)	(1.9)	(2.0)	(2.3)	(2.3)	(2.3)
実質GNI成長率	(1.3)	(2.7)	(0.7)	(2.0)	(1.9)	(2.1)	(2.3)	(2.3)	(2.3)
名目GDP成長率	(0.3)	(2.6)	(3.1)	(3.7)	(3.9)	(3.5)	(3.6)	(3.6)	(3.5)
名目GDP	474.8	487.3	502.6	521.2	541.5	560.5	620.7	665.9	689.3
1人当たり名目GNI成長率	(0.7)	(3.1)	(3.4)	(3.9)	(4.1)	(3.8)	(4.0)	(4.0)	(4.0)
1人当たり名目GNI（※万円）	384	396	410	425	443	460	515	558	580
潜在成長率	(1.0)	(0.8)	(1.0)	(1.4)	(1.6)	(1.9)	(2.4)	(2.5)	(2.5)
物価上昇率									
消費者物価	(▲0.3)	(0.5)	(3.3)	(2.6)	(2.8)	(2.0)	(2.0)	(2.0)	(2.0)
国内企業物価	(▲1.1)	(1.7)	(4.0)	(1.5)	(1.7)	(1.0)	(1.0)	(1.2)	(1.2)
GDPデフレーター	(▲0.9)	(▲0.2)	(2.1)	(1.6)	(2.0)	(1.5)	(1.3)	(1.3)	(1.2)
完全失業率	(4.3)	(3.9)	(3.7)	(3.5)	(3.4)	(3.3)	(3.2)	(3.2)	(3.2)
名目長期金利	(0.8)	(1.1)	(1.4)	(2.3)	(2.7)	(3.0)	(4.2)	(4.8)	(5.0)
部門別収支									
一般政府	[▲11.2]	[▲10.4]	[▲8.3]	[▲6.8]	[▲5.7]	[▲5.6]	[▲5.6]	[▲5.5]	[▲5.7]
民間	[12.1]	[11.6]	[10.0]	[8.5]	[7.9]	[8.2]	[8.7]	[8.5]	[8.7]
海外	[▲1.0]	[▲1.1]	[▲1.7]	[▲1.8]	[▲2.2]	[▲2.5]	[▲3.1]	[▲3.0]	[▲3.1]

【29】1.経済に関する2つのシナリオ

内外の経済環境に関する異なる2つの前提の下、試算を行った。
（1）成長戦略シナリオ
堅調な内外経済環境の下で「日本再生戦略」において示された施策が着実に実施され、2011～2020年度の平均成長率は、名目3%程度、実質2%程度となる。消費者物価上昇率は、2012年度にプラスとなった後、中長期的には2%近傍で安定的に推移。
（2）慎重シナリオ
慎重な前提の下で、2020年度までの平均で名目1%台半ば、実質1%強の成長。消費者物価上昇率は、2012年度にプラスとなった後、中長期的には1%近傍で安定的に推移。

【30】1.経済に関するシナリオ

マクロ経済に関する異なる2つのシナリオの下、試算を行った。
（1）経済再生ケース
日本経済再生に向けた、①大胆な金融政策、②機動的な財政政策、③民間投資を喚起する成長戦略（「日本再興戦略」）の「三本の矢」の効果が着実に発現。中長期的に経済成長率は実質2%以上、名目3%以上となる。消費者物価上昇率（消費税率引上げの影響を除く）は、中長期的に2%近傍で安定的に推移。
（2）ベースラインケース
経済が足元の潜在成長率並みで将来にわたって推移。この場合には、中長期的に経済成長率は実質1%弱、名目1%半ば程度となる。

ただし、今回の試算【27】では、2016－2023年度の名目GDP成長率は平均で3・6%程度だ。しかも、同期間の実質GDP成長率は平均で2・1%。つまり、デフレータ（＝名目GDP成長率－実質GDP成長率）が1・5%程度しかない。

これは、日銀のインフレ目標2%と矛盾している。政府は、デフレータは消費者物価より低いと言うが、それはデフレ期

【31】中期財政試算におけるPB対GDP比（安倍政権・野田政権）

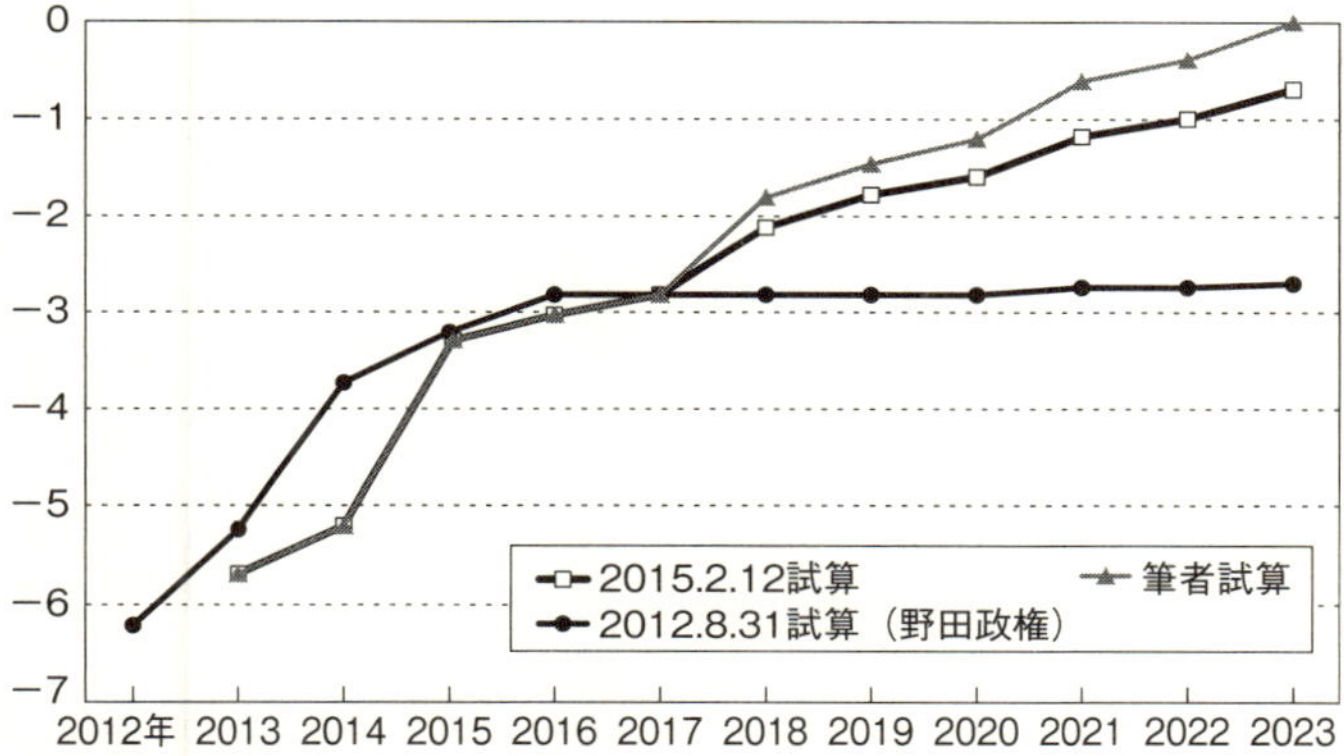

（資料）内閣府

だけの特有な話だ。日本でもデフレ期以前はほとんど同じ動きになっていた。ちなみに、財務省がしばしば引用する海外の政府の試算では、デフレータとインフレ目標の数字は同じである。

今の経済財政に関する中期試算の数字と、デフレータが消費者物価と同じとすれば、16—23年度の名目GDP成長率は4・1％程度になる。その場合の基礎的財政収支（プライマリーバランス、PB）対名目GDP比率を、今回の試算の資料をもとに筆者が試算したもの【31】を示しておこう。

この図には、野田政権の時の試算もついでに示しておこう。

そのときの16—23年度の名目GDP成長率は1・9％である。つまり、名目GDP成長率が高いほうが、基礎的財政収支の均衡が容易であることがわかる。ちなみに、今回の試算でも23年度にはほとんど基礎的財政収支は均衡するが、筆者の試算では完全に均衡することがわかる。

であれば、20年度の基礎的財政収支の均衡に固執する意味はない。しかも、今回の試算に使っているマクロ経済モデルは、税収の弾性値が1・5程度と小さく、なかなか基礎的財政収支が均衡しないようにできている。

成長による「増収」を狙うほうがいい

小泉政権の時、増税なしでほぼ財政再建できた。増税ありきではなく、実態にあった3程度の税収弾性値による財政シミュレーションを行えば、23年度ではなく、もっと早期に基礎的財政収支は均衡する。筆者の小泉政権の時の感覚では、20年度くらいであれば、基礎的財政収支の均衡はそれほど困難とは思えない。

財務省が本当に財政再建を目指したいなら、成長率を下げる増税ではなく、成長による「増収」を狙うほうがいい。今コラムで繰り返して言っていることが、政府の試算からも正当化されていると言えよう。

7 「格差解説」テレビ番組に出たら、出演者がみんな「所得トップ1％に入る年収」で笑った

（2015年2月23日）

トップ1％に入る年収はいくら？

先週土曜日（2月21日）、たいへん面白い体験をした。その日は、たまたま2件、テレビとラジオの出演があった。ともに、格差問題で、ピケティ本に関する話だった。

そのうち、テレビ（BS朝日の『Live Nippon』）では、最近の格差拡大を意味する図として、トップ1％の人のシェアが最近拡大していることを示す【32】が示された。実は、ピケティ本の各国の格差のデータは、この図の引用元である「The World Top Incomes Database」からのモノが多い。

おそらく出演者どころか、番組関係者の誰もピケティ本をきちんと読んでいなかったようだ。それにもかかわらず、【32】をタネにみんな言いたいことを言っていた。

時間が許せば、ひとつひとつ反論したかったが、いかんせんテレビではそのような時間は

【32】日米英のトップ1%のシェア

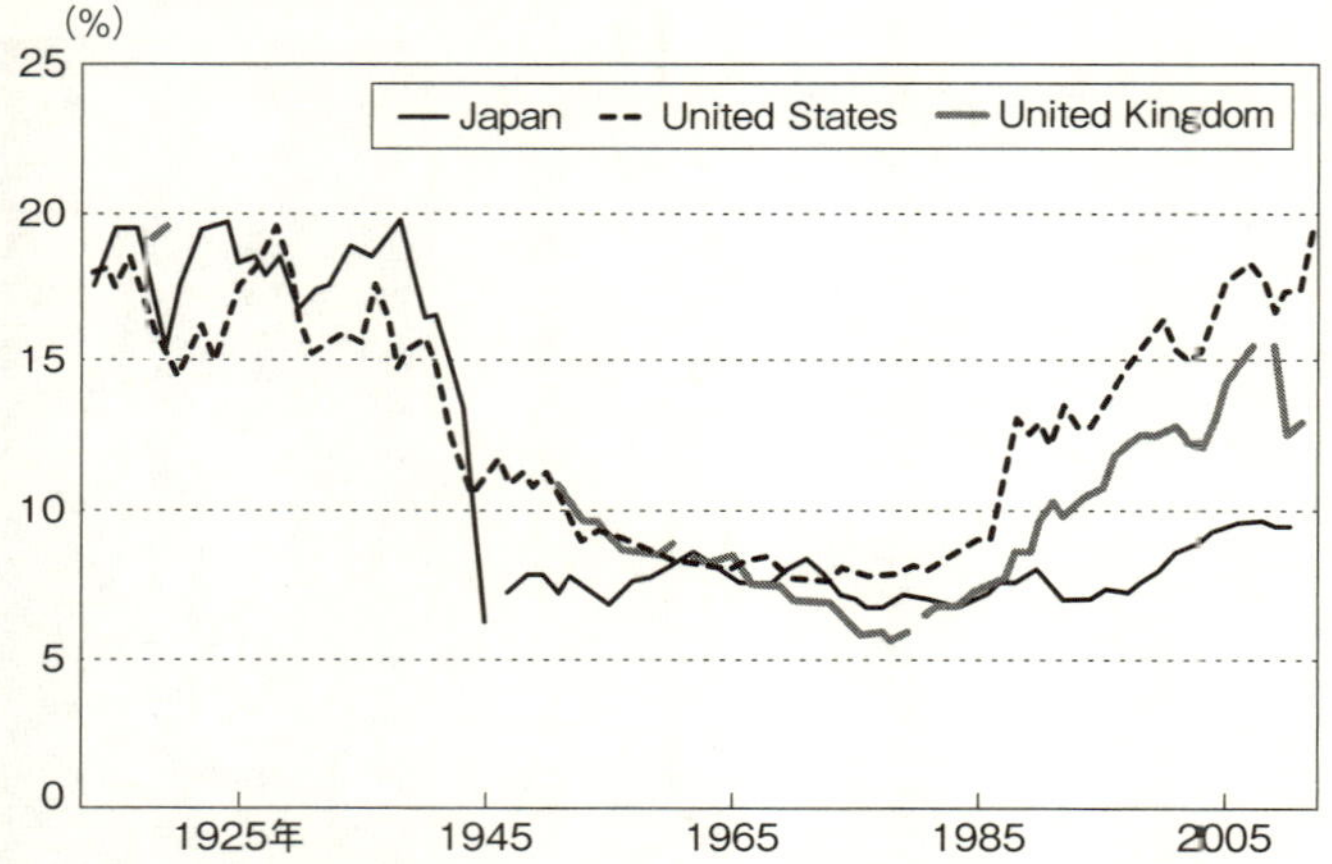

（資料）The World Top Incomes Database (http://topincomes.parisschoolofeconomics.eu/)

ない。そこで、日本におけるトップ1%の年収が「1300万円」であるとだけ指摘しておいた。

すると筆者の隣の女子アナが驚いており、スタジオ全体が「ウソ……？」という感じで凍り付いたようだった。一緒に出演していた森永卓郎氏を含めて出演者全員、さらにはスタジオの一部の人が、自分はトップ1%に入っていると認識したようだ。

年収8057万円の人

その雰囲気を感じたので、女子アナに「あなたもトップ1%ですか？」と軽口を叩こうと思ったが、もちろんやめておいた。ただし、事前の進行予定では、富裕税の話が強調されるはずが、その勢いが殺《そ》がれたようだった。

ラジオでも同じ話をした。ところが、ラジオでは担当者もトップ1％に入っていないと言い、スタジオからは「へー」という驚きはあったものの、テレビとは明らかに違う反応だった。

トップ1％の年収が1300万円であることについて、正確な補足をしよう。先の「The World Top Incomes Database」の「Japan」の欄を見ればすぐにトップ1％の年収が1280万円であると数字が出てくる。ついでに言っておくと、トップ10％、トップ0・1％、トップ0・01％の年収はそれぞれ576万円、3261万円、8057万円（いずれも2010年）である。

BS朝日の出演者は、トップ1％を3000万円くらいと思っていたのかもしれないが、仮にそうだとしたら、それは、彼ら自身が高給取りであることのほかに、ピケティ本という学術書の性格を彼らが知らないことも一因にはあるだろう。

というのは、テレビでは言えなかったが、この「トップ1％」は20歳以上の人口の中で所得が上位1％に相当する個人だ。つまり働いておらず所得のない人も含めた上での1％なのだ。給料をもらっている人々の中での1％ではないのだ。

ピケティ本のように、すべての人の所得分布を表す日本の統計もある。厚生労働省による

【33】所得再分配調査による所得分布（2011年）

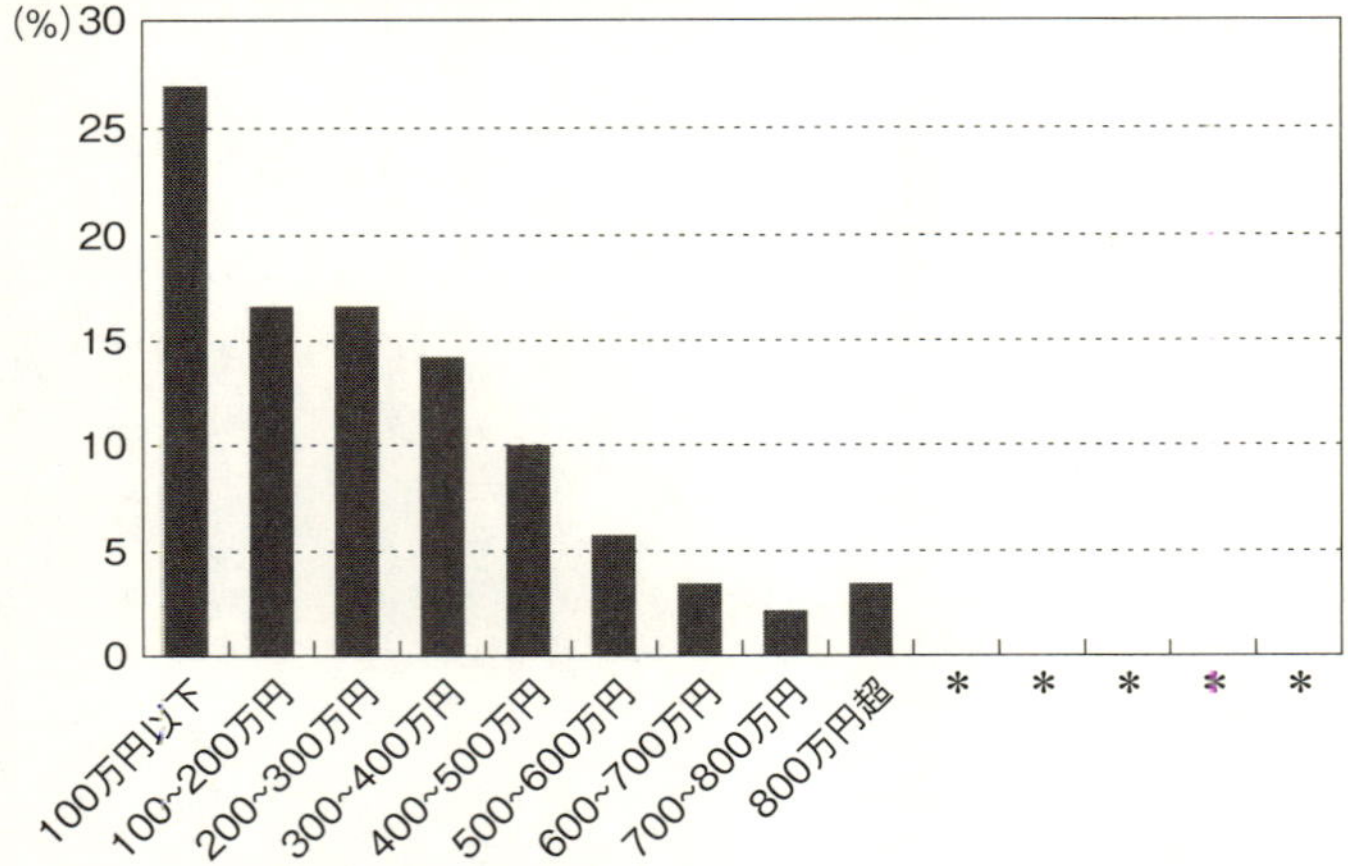

（資料）厚生労働省「平成23年所得再分配調査」
（注）等価当初所得の構成比

所得再分配調査は、世帯の所得分布と等価所得という個人ベースの所得分布について所得再分配前後のデータがある。【33】は、等価所得の所得再分配前の所得分布だ。

これを見ると、トップ3%程度で年収800万円である。

日本の最高税率は先進国で最高水準

他の統計では、給与をもらっている人の中でトップ何%なのかというデータが多い。例えば、国税庁の民間給与実態統計調査【34】は、毎年出されている統計でしばしば利用されるが、これは給与をもらっている人しか調べていない。

これによれば、トップ1%は年収150

【34】民間給与実態統計調査による所得分布（2013年）

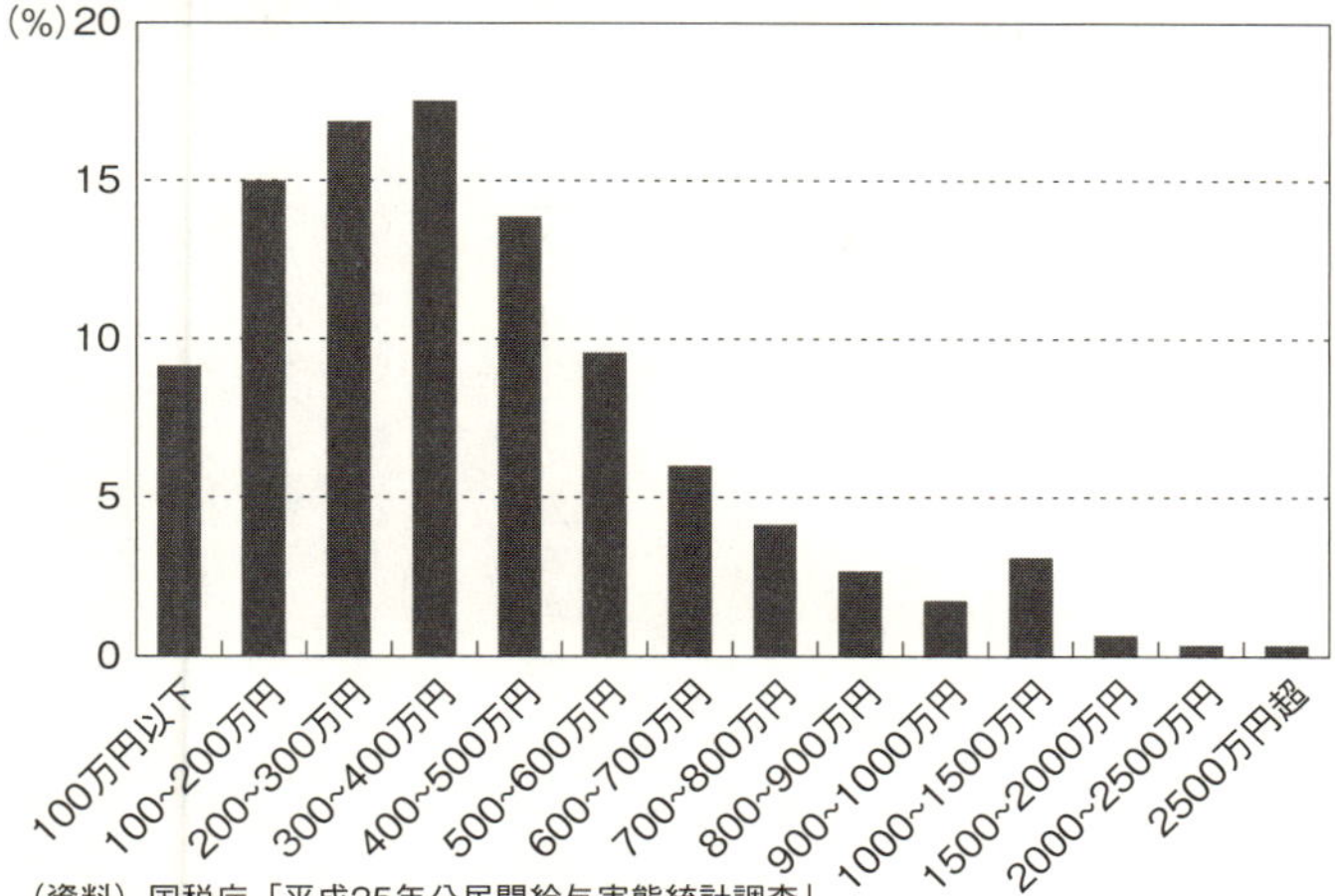

（資料）国税庁「平成25年分民間給与実態統計調査」
（注）給与階級別分布

0万円、トップ4％で年収1000万円である。ただし、いずれの統計でも、テレビ局やそこに出演する多くの人々はトップ1％に入っているだろう。

格差問題について、マスコミで議論すると、判で押したように「格差を是正すべきだ」という論調になる。もちろん、筆者も所得再分配をある程度は行うべきだと考えている。ただし、それはあくまで海外と比較しながらである。日本の格差は、米英のアングロ・サクソン国に比べればたいしたことはなく、高齢化でも説明できる程度のものだ。

ピケティ本を見ると、格差是正のための所得税や相続税について、それぞれ最高税率の推移について各国の数字が出ているが、日本は図に書かれていない。しかしながら2015年からの日本の所得税と相続税の最高税率は先進国の中では最高水準である。

BS朝日で、この点を指摘したら、森永氏は「控除が大きすぎる」と言っていたが、どこの国でも控除があるので、最高税率がモノを言うことを知らないのだろう。もっとも、税率が日本だけ高くなりすぎると、金持ちが海外に逃げるので、それでは元も子もないという点も指摘した。

こうした海外事情にもかかわらず、所得税や相続税の最高税率をさらに引き上げるのは、あまり賢い選択ではない。

テレビでは格差問題の議論は綺麗事すぎてつまらない。何しろ議論している人のすべてがトップ1%なのに、そろいもそろって「金持ちに増税を」「格差是正を」などと言っていたら、テレビ視聴者から見れば片腹痛しだ。おまけに、自分が増税対象だとわかったとたんに、ひるむようでは視聴者に見透かされるだろう。

8

黒田日銀の異次元緩和を批判する前に、左派新聞、左派文化人はもっと勉強せよ

（2015年4月6日）

左派系3新聞の社説がソックリ

2013年の4月4日、黒田東彦《はるひこ》・日銀総裁は、2年で2倍・2％を目指す異次元緩和を行った。

この2年間の評価について、4月4日に左派系3紙が社説を出している。

朝日新聞
「黒田緩和2年　拡大続行よりやめ方を」
毎日新聞
「異次元緩和2年　柔軟な政策へ転換を」
東京新聞

「異次元緩和2年　目標未達の説明果たせ」

いずれも似ている。3紙そろって円安を罪悪視し、インフレ目標が達成できない点や日銀が国債を買うリスクを問題視している。そのくせ、左派系であるにもかかわらず、雇用の改善という視点はまったく無視している。消費増税の影響も無視だ。

異次元緩和の正確な表現は、次のとおりである。

「日本銀行は、消費者物価の前年比上昇率2%の『物価安定の目標』を、2年程度の期間を念頭に置いて、できるだけ早期に実現する。このため、マネタリーベースおよび長期国債・ETFの保有額を2年間で2倍に拡大し、長期国債買入れの平均残存期間を2倍以上に延長するなど、量・質ともに次元の違う金融緩和を行う」（日本銀行が13年4月4日に発表した「『量的・質的金融緩和』の導入について」より）

つまり、2年で2倍なのはマネタリーベースの拡大であり、2%とは「2年程度の期間を念頭に置いて」という程度の話なのだ。

異次元緩和反対派の予想は完全にハズレ

そもそもインフレ目標は「ガチガチ」のルールではない。かといって「ユルユル」の裁量的なものでもない。ベン・バーナンキの言を借りれば、ルールと裁量の双方の性格をもつ「制約された裁量」である。彼は「市場とのコミュニケーションツール」とも言っている。

インフレ目標ではプラスマイナス1％が許容範囲と言われている。先進国のこれまでの実績では、その許容範囲に7割程度収まっているが、それが達成できない場合には、説明責任を果たさなければいけない。

マスコミの人は「2年で2％のインフレ目標」というのを、「15年4月で消費者物価総合指数対前年同月比2％」と思い込んでいるが、「15年4月―2016年3月の1年間で消費者物価総合指数対前年同月比1〜3％」という程度である。

ともあれ、過去4年間（異次元緩和の前後2年）の経済パフォーマンスを見てみよう。

インフレ率を消費者物価指数総合の対前年同月比で見ると、異次元緩和の前にはマイナス基調だった。その後、異次元緩和で上がりだし、消費増税前までは順調に上昇していた。量的緩和がスタートした13年4月に▲0・7であったが、14年5月には1・6％まで上昇した。ところが、消費増税の影響で消費が減退し、15年2月には0・1％まで低下している

【35】CPI（消費者物価指数）総合伸び率（対前年同月比）の推移

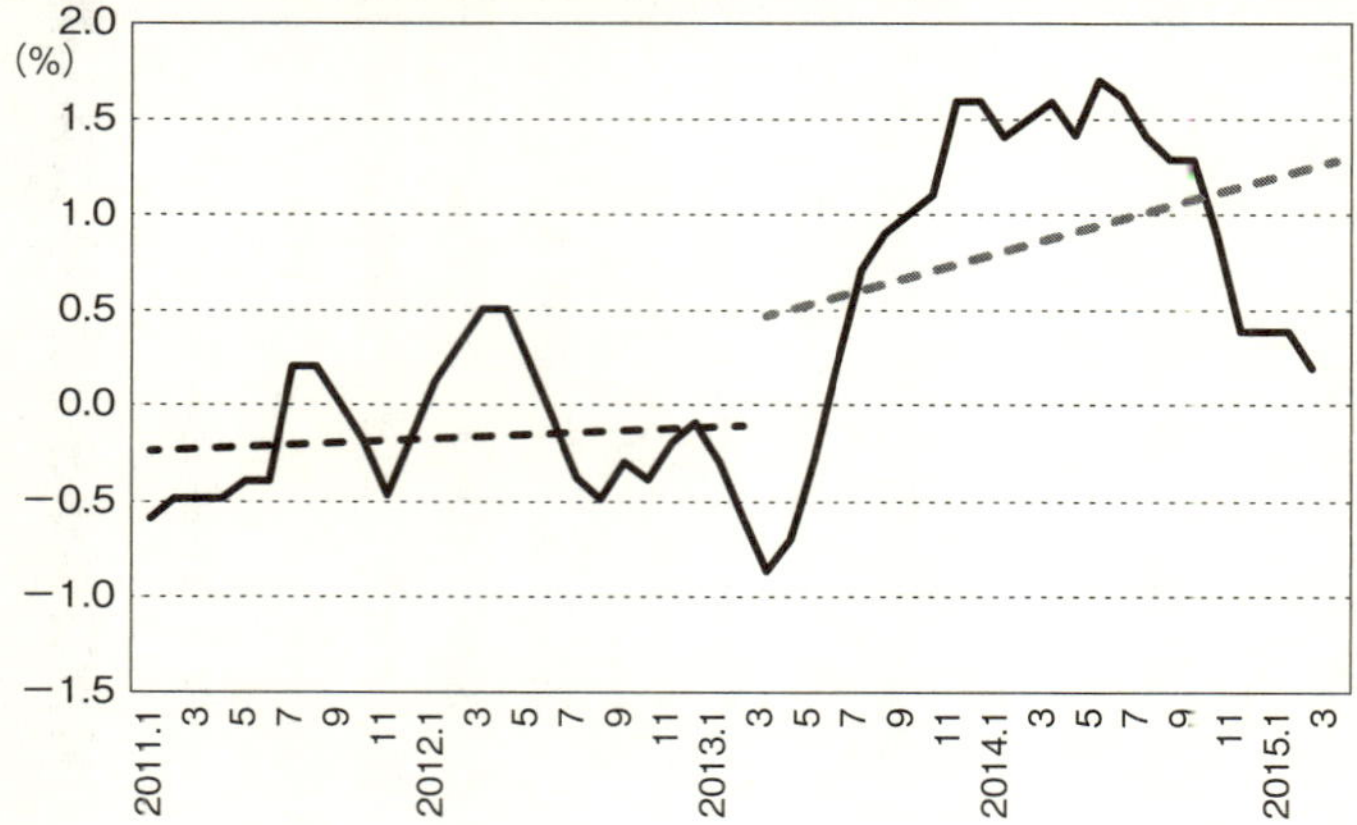

（資料）総務省

（【35】＝消費増税による見かけ上の影響を２・１％として計算）。

株価はどうか。日経平均では、異次元緩和の前までは1万円にもならない横ばい傾向だったが、異次元緩和以降、かなりのペースで上昇している（【36】）。

ドル円は、株価と似た動きだ。異次元緩和の前までは1ドル80円程度の円高であったが、異次元緩和以降、円安が進んでいる（【37】）。

長期金利は、異次元緩和の前まで低下し、もうそれ以上の低下はないと思われていたが、さらに低下を続けている。異次元緩和になったということは、「これ以上の低下はないので、逆に金利上昇し、財政破綻もある」という批判が、異次元緩和への反対論者から

【36】日経平均株価（月末値）の推移

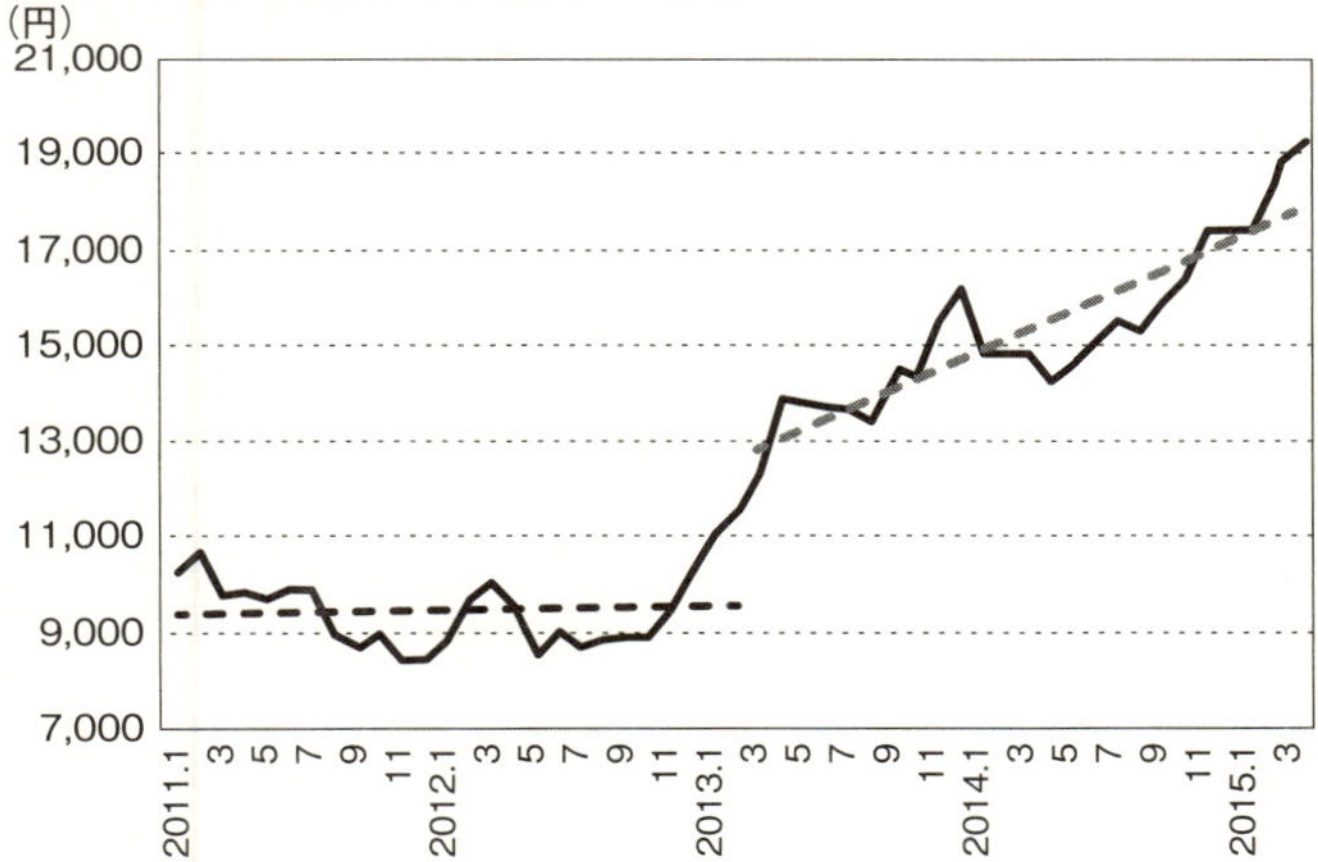

（資料）日本経済新聞社

【37】ドル円（月中平均）の推移

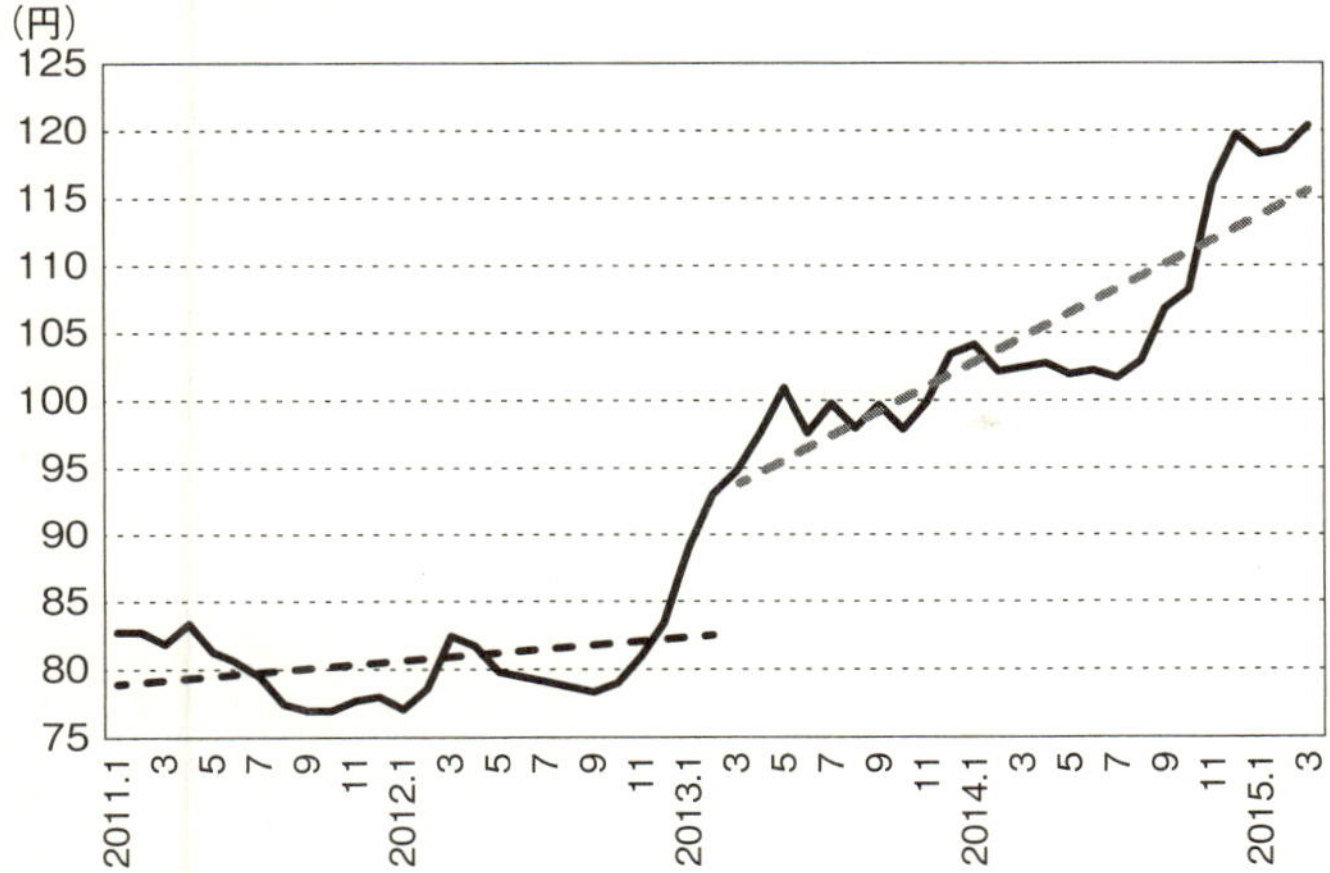

（資料）日本銀行

【38】10年国債金利（月末）の推移

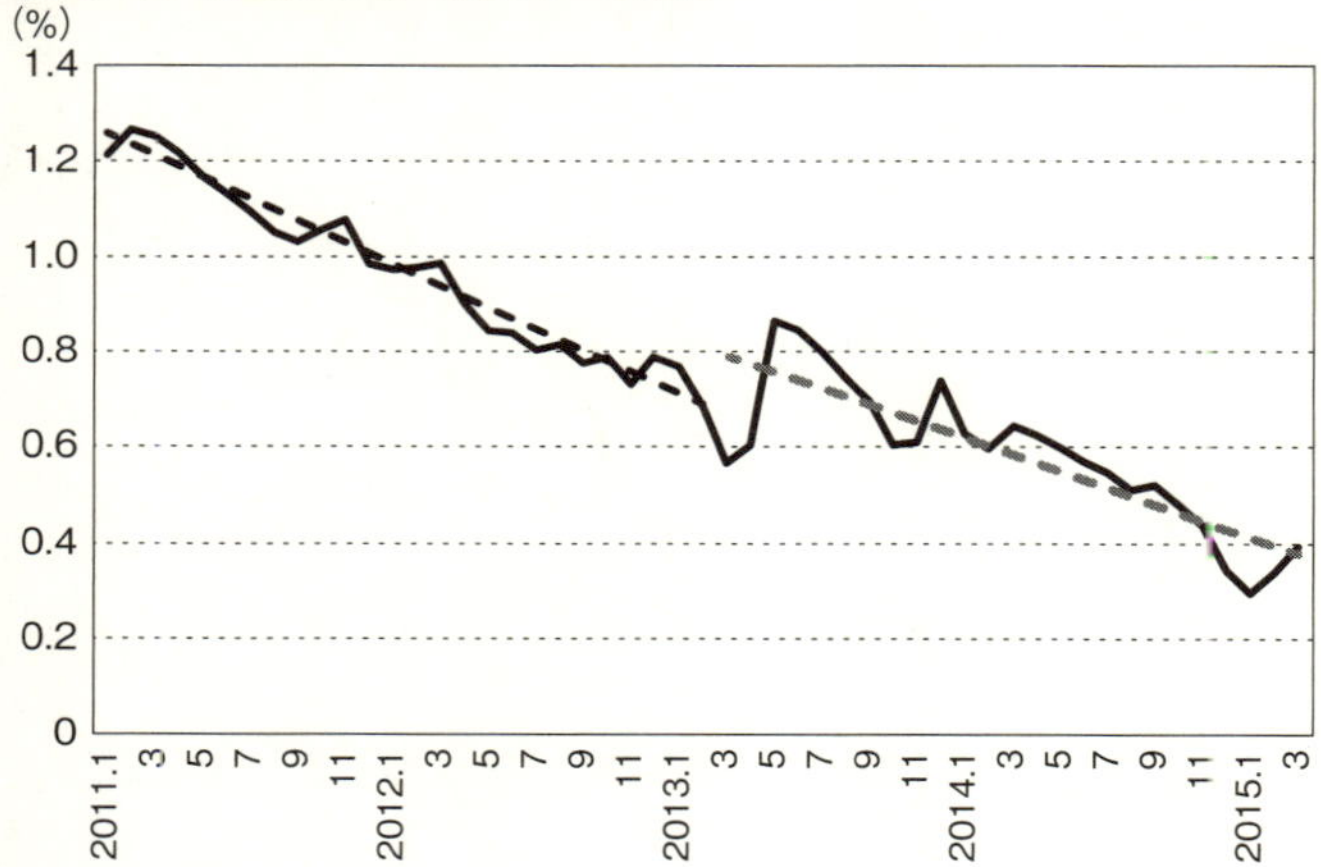

（資料）財務省

出されたが、金利は低下し、そうした人たちの予想はまったく外れている（【38】）。

歴史もロクに知らない左派の戯言

それでは雇用はどうだろうか。左派系にとって、雇用は重要なはずだ。彼らは異次元緩和を批判したいために、「株価は上がるが、人々の暮らしはよくならない」と言う。しかし、その批判もまた完全に的外れである。

筆者はかつて官邸勤務の経験もある元官僚でマクロ経済政策を担当していたが、その際、最も重視したのが就業者数など雇用関連の数値だった。かつて安倍総理にも、就業者数がよければ、マクロ経済政策は60点以上の及第点になると説明していた。

その歴史を遡《さかのぼ》ると、金融政策による雇用

の安定化に着目し、いち早く正当性を主張したのは、ヨーロッパの左派である。ヨーロッパの社会民主主義政党の集まりの「欧州社会党」や共産党などの集まりである「欧州左翼党」の主張を調べてもらえばいい。日本の左派系の人が、アベノミクスを「金融右翼」とか言うが、それは金融政策に無知で、歴史も知らない左派の戯言《ざれごと》にすぎない。

欧州の左派政党は雇用確保のために金融政策を活用するように言う。「欧州社会党」は、雇用確保のためにＥＣＢ（欧州中央銀行）の政策変更を要求している。

また、「欧州左翼党」は、金融政策と財政政策が協調して雇用を確保するために、ＥＣＢを民主的に管理することを求めている。そして、ＥＣＢの役割として、物価の安定のみならず、雇用の確保も必要とすべきと言う。

雇用政策を勉強しなければいけない人たち

なお、米国ではＦＲＢ（連邦準備制度理事会）の責務として、物価の安定とともに雇用の確保も課されている。米国の大統領選では雇用や失業は、常に大きな争点である。

しかし、日本では、左派系の人が金融政策によって雇用が増えることを知らないので、まともな政策議論ができない。これは大きな不幸である。

筆者はしばしばマスコミに、雇用問題でどこに取材するかと訊ねる。ほとんどの人は厚労

【5】就業者数（万人）の推移

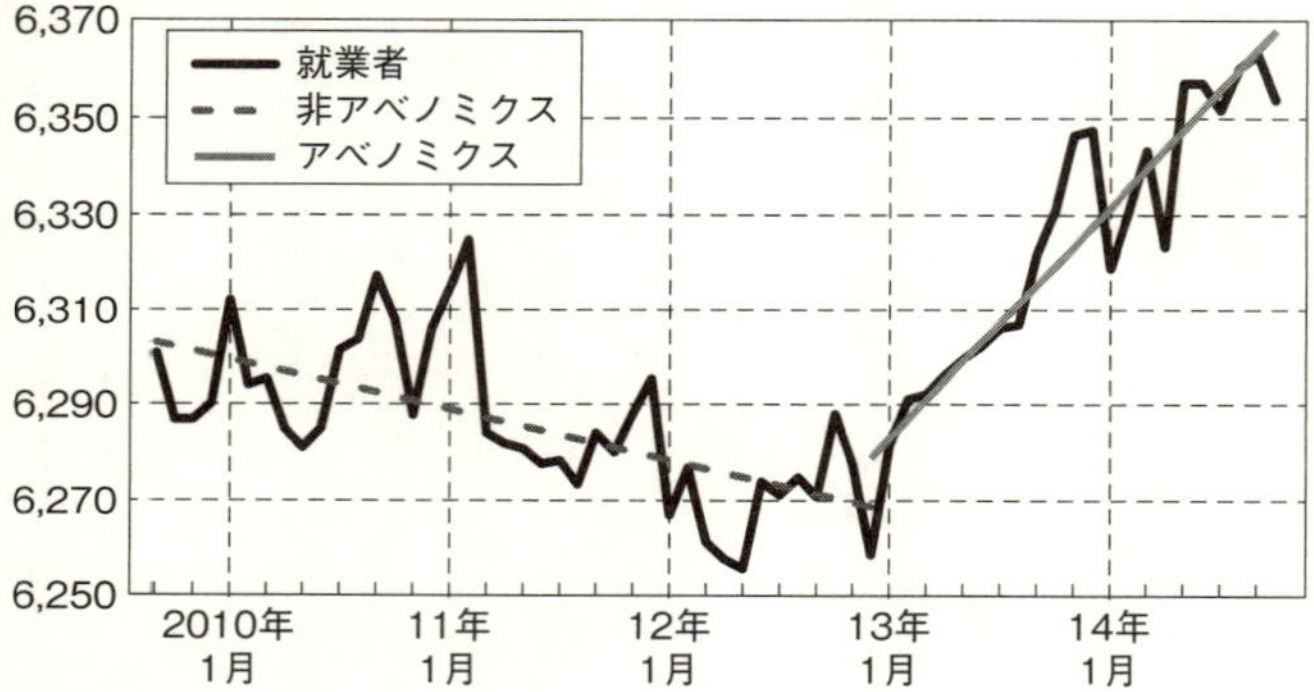

（資料）総務省「労働力調査」

省に取材すると言う。もし米国だったらどうだろうか？　労働省ではなくＦＲＢだ。政府は統計数字を作るだけで、雇用を拡大することができるのはＦＲＢだからである。

欧米では、金融政策は雇用政策とほぼ同義であるとされている。というのは、短期的には失業率とインフレ率の間には逆相関関係（フィリップス曲線と呼ばれ、右肩下がりとなる）があり、「犠牲率」の概念が広く共有されている。つまり、犠牲率とは、インフレ率を低下させるためには、失業率がどの程度上昇するかということであるが、これ以上下げられない失業率よりも現実の失業率が高ければ、インフレ率を少し高めて失業率を低下させせられる。まして、日本はデフレなのだから、デフレを脱却してノーマルなインフレ率

【39】実質GDP（兆円）の推移

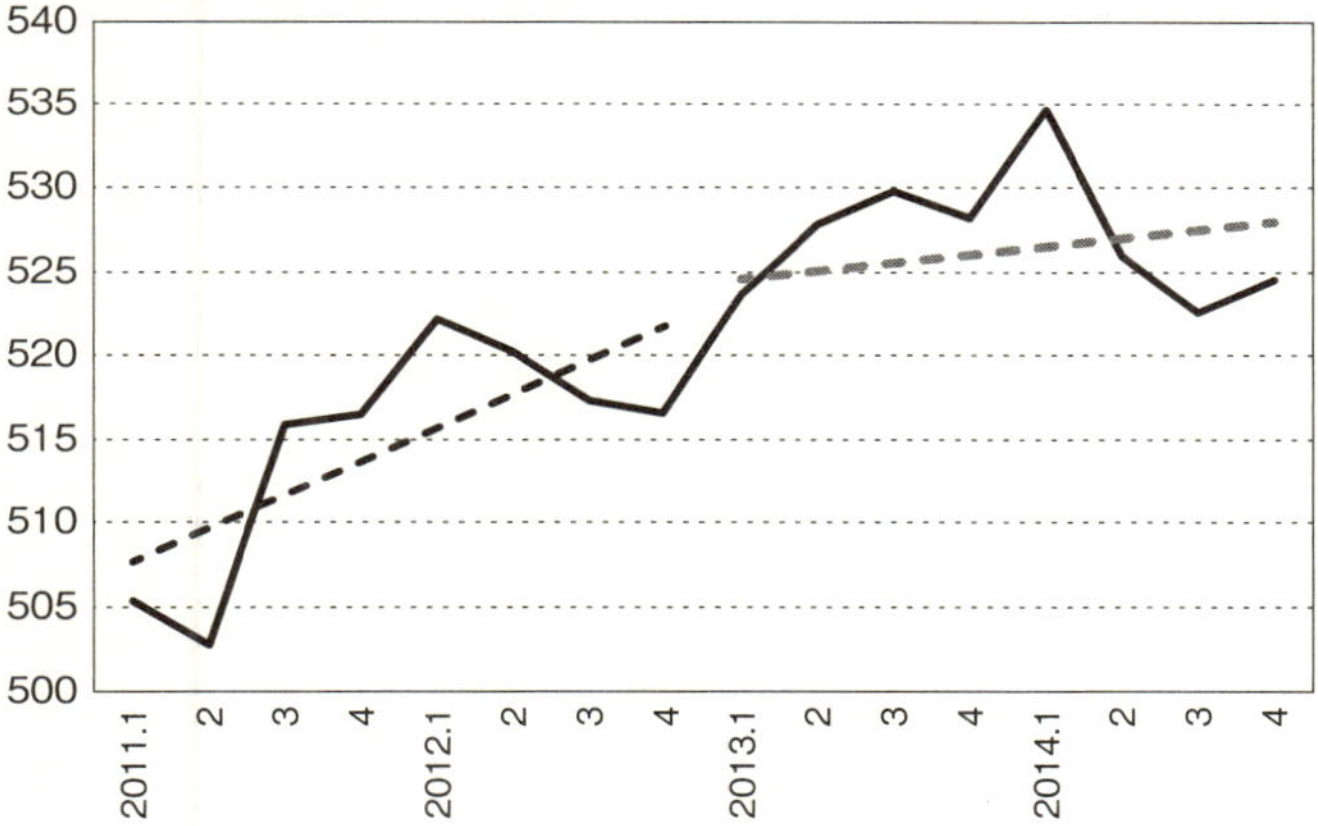

（資料）内閣府

にすれば、同時に雇用の回復にもつながる。

その上で、就業者数について、異次元緩和の前後2年を見ると、明暗がはっきり分かれる。異次元緩和は間違いなく雇用を作り出しているのだ【5＝再掲】。

雇用が増えているので、雇用者などの所得の合算とも言えるGDPも増えている。ただし、消費増税以降、GDPは大きく落ちている。GDPの動きは、インフレ率の動きと若干似ているところがあり、ともに消費増税による需要減退の影響を受けて、消費増税後は冴えない【39】。

ちなみに、インフレ率については、マネタリーベース（対前年同月比、3ヵ月ラグ）と消費増税（6ヵ月ラグ）でよく説明できる【40】。

【40】インフレ率（現実と予測値）の推移

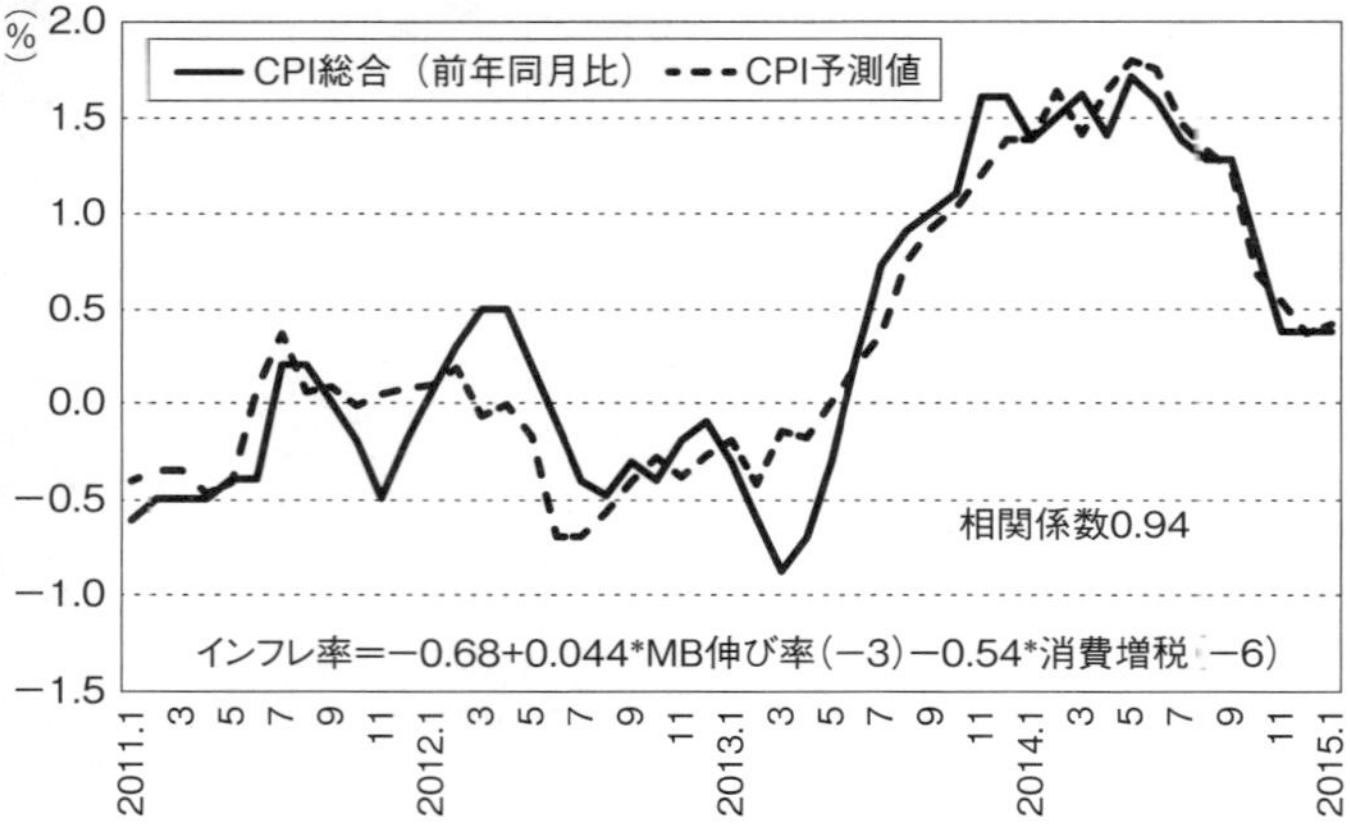

（資料）総務省「消費者物価統計」予測値は、マネタリーベース伸び率、消費増税から筆者試算

結局の問題は「消費増税」

むしろ問題は金融政策ではなく、消費増税であった。このように明らかな消費増税の悪影響があるにもかかわらず、黒田総裁がまったくそれを指摘しないのはいささか理解に苦しむ。マスコミからそうした質問が出ないのも同様だ。おそらく黒田総裁もマスコミも、ともに消費増税の影響が軽微であると間違ったからだろう。

インフレ率について、まったく目標に達していないというのではないが、今の状況の説明責任をしっかり果たせば自ずと対応策も出てくる。

もし彼らが「インフレ率の未達は消費増税の影響」とはっきり言うようになれば、消費増税の影響を相殺するために一番いいのは、自ずと消費減税ということになる。財政策の枠内で、消費減税に似たような効果のある対策はいくらでも打てる。おそらく、２０１５年後半になれば、減税補正予算などが政治的課題になってくるはずだ。

左派系知識人、マスコミ、政党がもう少し賢ければ、金融政策ではなく、消費増税を攻めるだろう。「安倍政権も金融政策はいいが、消費増税という失敗があった」と。

そうであるにもかかわらず、左派系知識人は財務省にこれまで言われるがまま、「財政再建のために消費増税を」というまったく間違った主張をしてきた。消費増税は民主党時代に仕組まれたとはいえ、その地雷を踏んだ安倍政権を攻められない今の左派系はまったく情けない。

安倍首相が、政労使会議に乗り込んで、左派政党のお株を奪う賃上げを要請する姿を見て、民主党は悔しくないのだろうか？

9 左派系識者の「格差拡大」「官製相場」批判は大間違い（2015年4月20日）

毎日新聞「地域間格差拡大」報道への疑問

毎日新聞が2015年4月17日付一面記事で、全国の自治体のジニ係数を調査したところ、2013年に数値が上昇し、アベノミクスが地域間格差を拡大させている実態が裏付けられたと報じている。

そもそもジニ係数とは、所得の不平等感を0から1の間で示す数値だ。「0」は完全な平等で、大きくなるにつれて不平等となり、「1」は1人だけに所得が集中する状態である。0・4くらいより大きいと不平等だと言われる。

この係数を実際に計算するのはエクセルの練習にちょうどいい。所得を小さいものから並び替えて、累積所得を計算する。完全に平等なら、累積所得は右上がりの直線になる。ところが、不平等ならば、累積所得は右上がり、スタートは直線と同じで最後も直線と同じだ

【41】ロレンツ曲線（1）

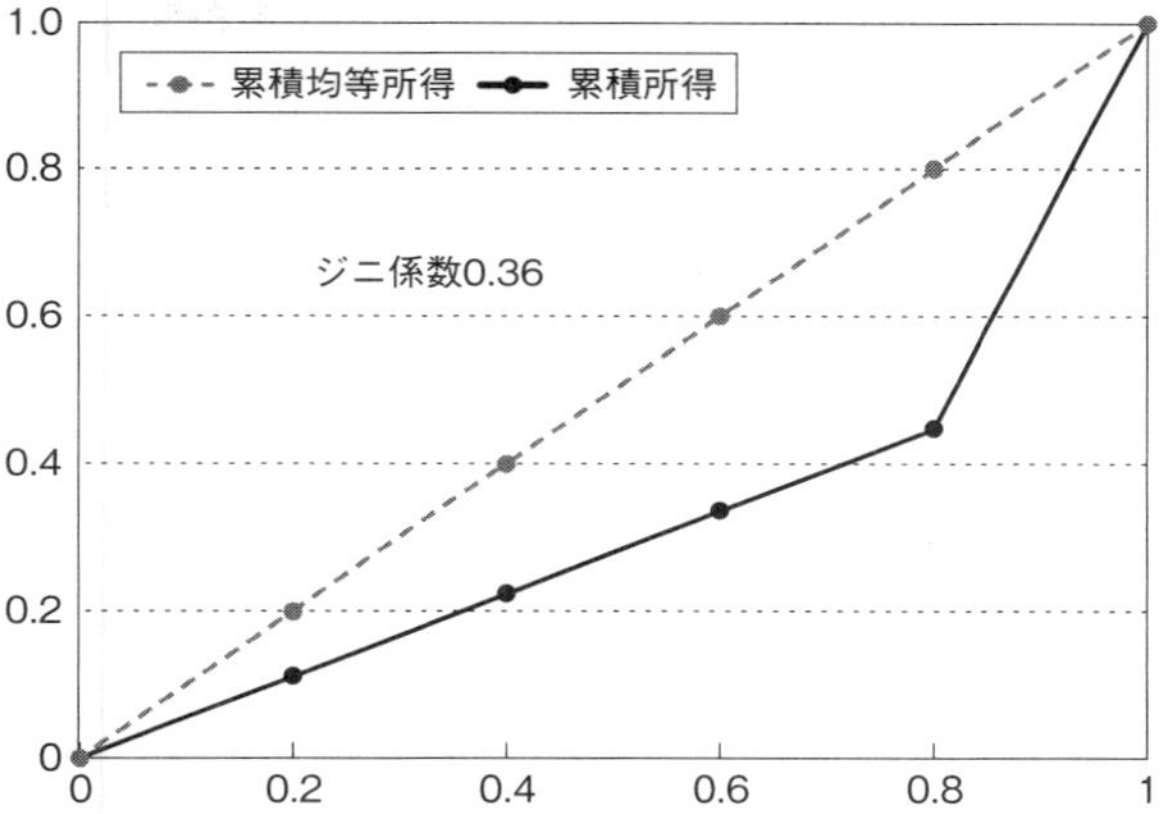

が、その間は直線よりも下になる。これをロレンツ曲線という。不平等が大きければ、直線とロレンツ曲線との間の三日月形の面積が大きいはずである。この三日月形の面積と直線の下にある三角形の面積の比率がジニ係数である。

　例えばここに5人の人がいて、それぞれの所得が１００、１００、１００、１００、５００だとする。この場合の累積所得は、【41】の実線になる（縦軸、横軸ともに最大値が1になるように調整している）。

　もし、所得が平等ですべて１００なら、累積所得は、【41】の点線（累積均等所得）になる。

　ここで、ジニ係数は、点線と実線に囲まれた部分の面積と、点線の下にある直角三角形の面積との比率である。点線と実線に囲まれた部分の面積は、実線の下の５つの台形（1つは三角

【42】ロレンツ曲線（2）

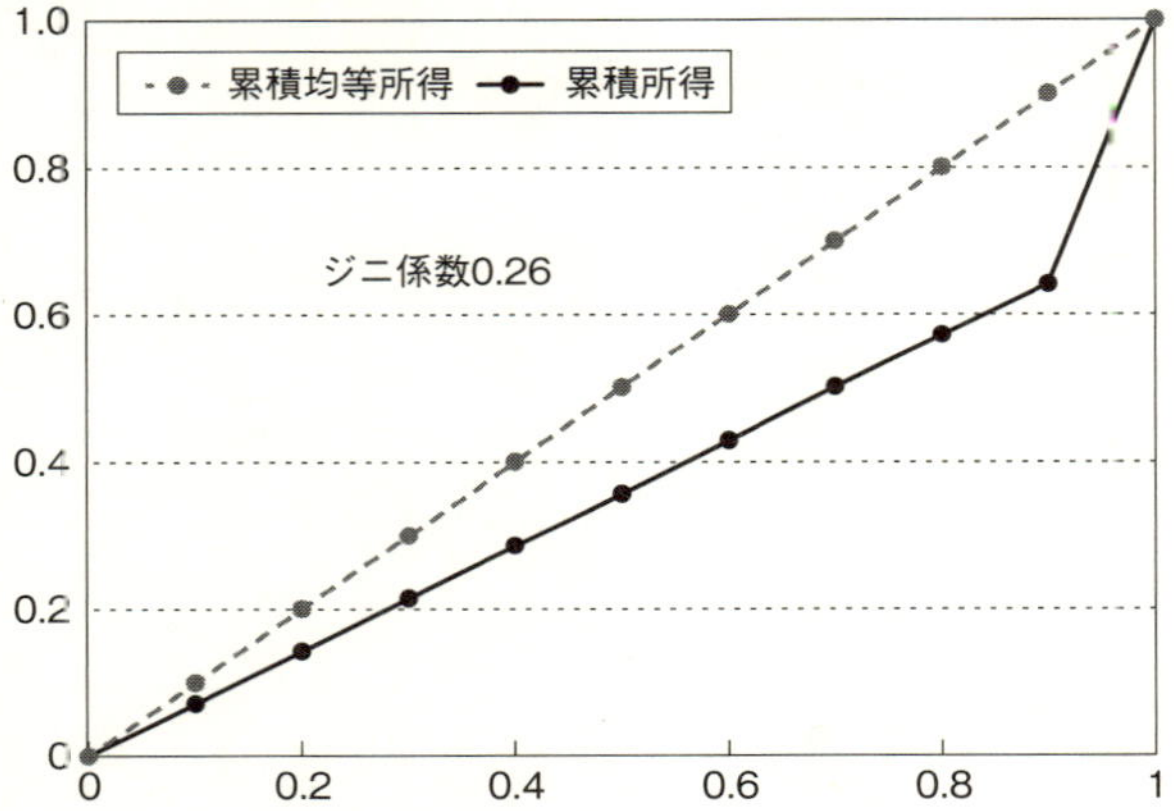

形）の面積がわかれば計算できるので、ジニ係数＝（三角形－台形の和）の面積／三角形の面積で計算可能で、０・３６になる。

例えば10人中９人の所得が１００、残り１人の所得が５００なら、ジニ係数は【42】のように下がって、０・２６となる。

ただしこの場合、格差を感じるのは、４人から９人に増えている。一方、所得５００は、５人に１人から10人に１人と、より特別な存在になっている。

総務省は、すべての市町村について毎年「市町村税課税状況等の調《しらべ》」を公表している。市区町村別の課税対象所得の総額を納税者数で割った額を平均所得とすれば、平均所得についてジニ係数を計算できる。右の方法でエクセルの計算は10分程度あればできる。

【43】地方自治体平均所得のロレンツ曲線（2013年）

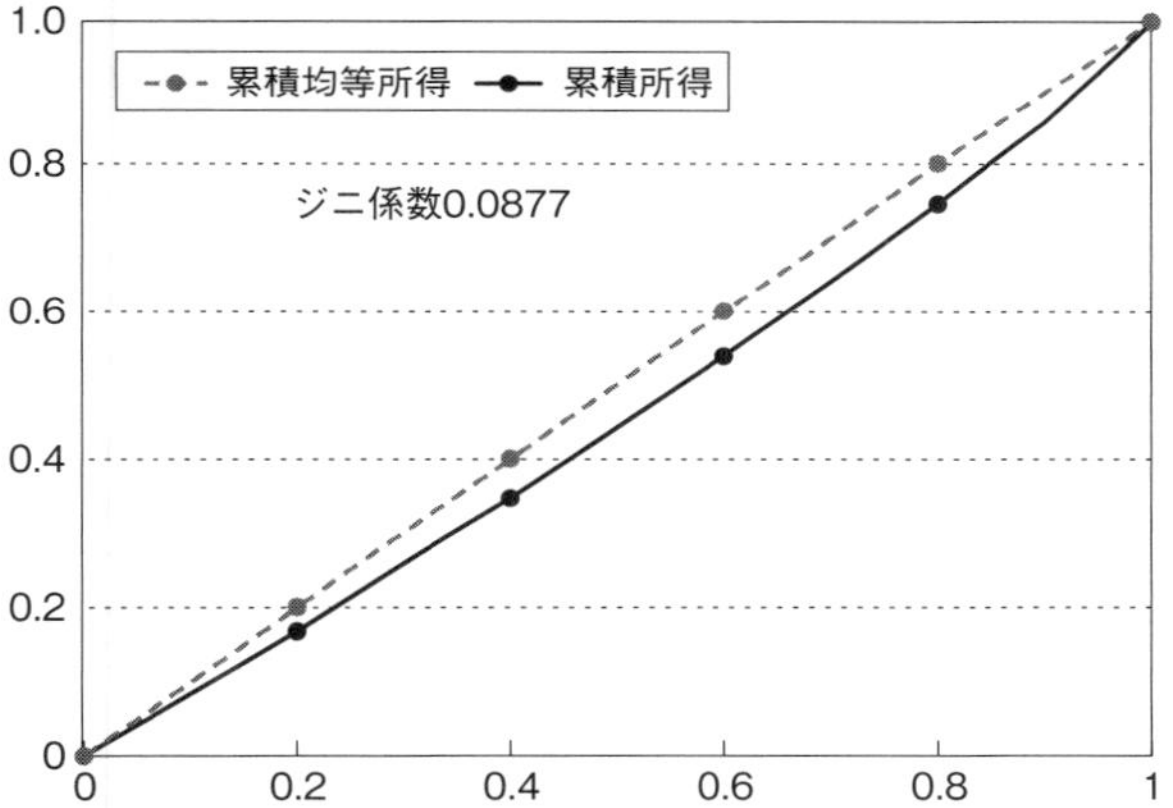

（資料）総務省「平成26年度 市町村税課税状況等の調」

ちなみに、2013年のロレンツ曲線とジニ係数を出してみれば、【43】のとおりだ。かなり平等な分布であることがわかる。

毎日新聞では、ジニ係数について、12年は0・083程度だったが、13年に0・088程度に上がっているとしている。たしかに上がっているが、0・1にも達していない。平等の中で、数字がほんのわずか上がったにすぎないといった程度だ。

この記事を書いた記者は、自分でジニ係数を計算したのだろうか？　もしジニ係数の性格をきちんと理解していれば、「安倍政権下で格差拡大」というタイトルには恥ずかしさを覚えるだろう。

【44】ジニ係数（左）と失業率（1年後：右、%）の推移

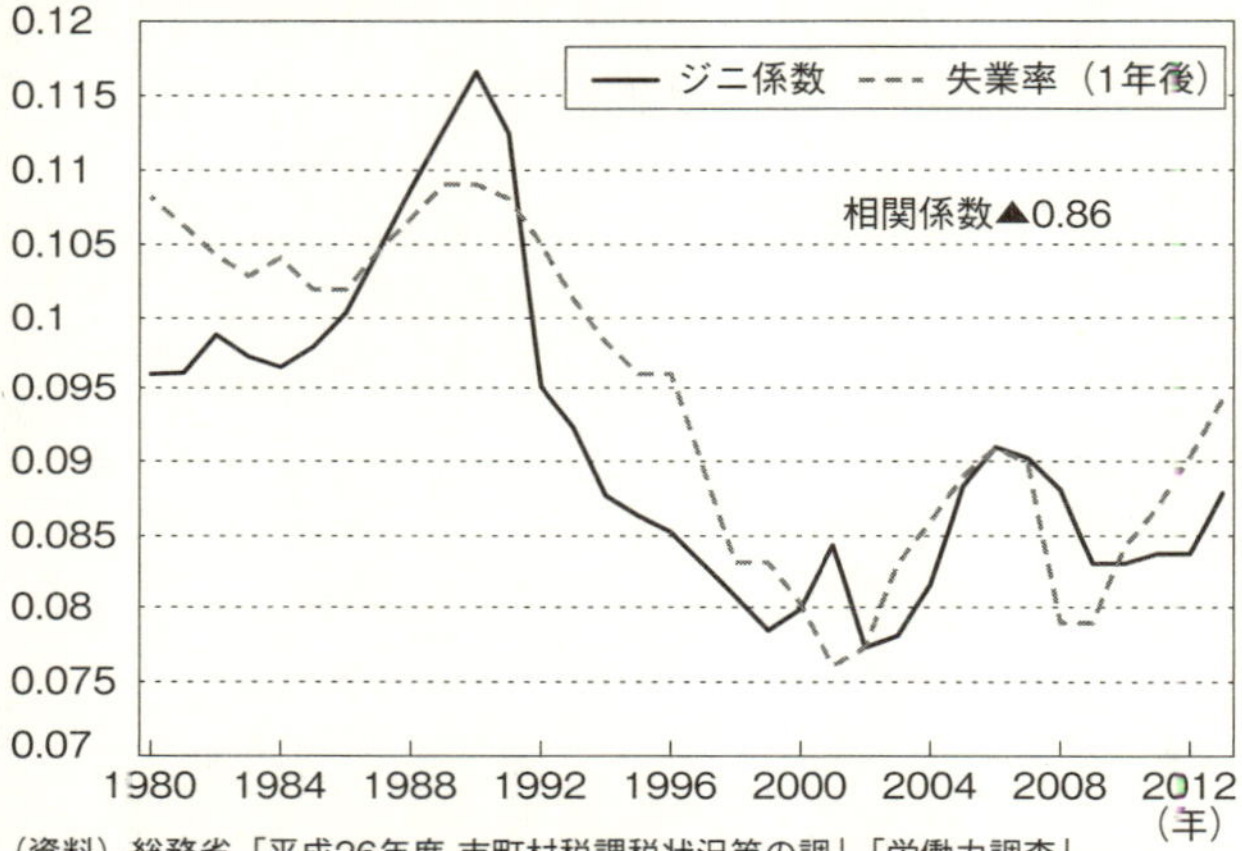

（資料）総務省「平成26年度 市町村税課税状況等の調」、「労働力調査」

景気がいいとジニ係数は高くなる

毎日新聞は、04年から13年までの10年間で計算しているが、ジニ係数は先に述べたように簡単に計算できるので、1980年から2013年まで算出してみた。その結果、93年までは、13年よりジニ係数は高かった【44】。

さらに、景気との関係を言えば、景気がいいときにはジニ係数が高くなる傾向がある。景気がいいと、失業率はそれにやや遅れて低下する。このため、ジニ係数と1年後の失業率は▲0・86という高い逆相関がある【同】。

これは、格差問題を考える際に、留意しておくべきことだ。思い返してみると、80年代にも格差問題は騒がれたことがあったが、結

果として大きな問題であっただろうか？　同時に進行していた失業率の低下が、格差問題のマイナス面を補っていたのではないか。失業率の低下は、経済成長による多くの人の所得の向上でもある。格差は他人と自分の比較であるが、経済成長によって過去の自分と比較して満足が得られるならば、他人との比較も気にならなくなるだろう。

はっきり言えば、雇用拡大があれば、格差問題は取るに足りないわけだ。経済政策としてもっとも基本的なことは雇用の確保である。それができれば、経済政策としては60～70点の及第点になる。

格差問題は、左派系識者がよく言及するが、格差が広がっているときに、経済成長・雇用の拡大がある点はしばしば無視される。その結果、彼らの意見が経済成長の否定、さらには雇用の拡大を否定していることに気がつかないという間抜けぶりだ。

その一例が、左派系識者によく見られる株高の否定である。「官製バブル」「庶民の景気回復の実感はない」「資産家だけが儲かっている」などといった論調だ。

金融緩和・雇用・株価の因果関係

日本の株価について、バブル崩壊以降の1995年から年平均で見た場合、その年の名目GDPとの関係を見ると、相関係数は0・7程度になる。米英では相関係数が0・9程度であるのと比べると低いが、それでも景気と株価の間には、一定の相関がある。これを細かく見ていくと、株価は1年先の経済の動きをある程度先取りしているように見える。

要するに、株価だけ高くて経済が悪いという状態はあまり考えられないのだ。経済全体が良くなるので、その一部を株価が先取りしていると見るのが自然だ。

その一例が、半年先の就業者数と今の株価に0・9程度の相関関係があることだ。

この話をすると、しばしばそれは資産家が儲かって、それが庶民に流れる「トリクル・ダウン」ではないかと言われるが、基本的にはそうでない。経済全体が良くなるときに、株価が先取りしているだけだ。

これは経済政策の波及の理解に関わる話だ。例えば、金融緩和して、実質金利が下がり、それが経済全体に波及し雇用が創出される。一方、実質金利の低下は、いち早く株価に影響する。このため、株価が上がるのが先になって、雇用の創出は後になる。株価が上がって、その結果、雇用が増えるように見えるが、これは見かけの因果関係であって、実際には、その両者の背後には金融緩和というはっきりとした原因が存在しているのだ。

こうした経済全体の構図がわからない連中にかぎって「官製バブル」などと言い出すのである。株式市場への公的資金はこれまでも投入されてきた。しかしそれで利益が得られたわけではない。つまり、全体の中では少ない公的資金で株価を上げ下げできるというものではない。公的資金投入で株価上昇というのは、証券会社の宣伝文句にすぎない。

「庶民の景気回復の実感はない」というのは、就業者数のように、多くの経済変数の変化は遅れて起こるからである。

「資産家だけが儲かっている」という言い分に至ってはただのやっかみであろう。

「格差が、格差が」と他人との比較を気にするよりも、自分の中で、昨日より今日がよく、明日はさらによくなると考えるほうが、はるかに精神衛生上もいいと筆者は思うのだが、どうだろうか。

10 リスクとコストから考えれば集団的自衛権は正しい選択

（2015年5月25日）

安倍首相は「ポツダム宣言」を読んでいなかったのか

久々に国会で党首討論があった。ガチンコの国会討論なので、筆者は楽しみにしているのだが、最近は党首討論が少なくて寂しい。

5月20日、2014年6月から約1年ぶりに行われた、安倍首相と志位和夫共産党委員長との討論はちょっと見応えがあった。といっても、他のものがサエなかったので、相対的に面白かったという意味だが。

志位委員長は、「戦後の日本は1945年8月にポツダム宣言を受諾して始まった。ポツダム宣言は日本の戦争について間違った戦争だという認識を示している。この認識を認めないのか」と質した。

これに対して、安倍首相は「ポツダム宣言を受諾し、敗戦となった。その部分をつまびらかに読んでいないので直ちに論評することは差し控えたい。いずれにせよ、まさに先の大戦の痛切な反省によって、今日の歩みがある」と答えた。

このやりとりについて、一部では、「安倍首相はポツダム宣言を知らなかった」と揶揄《やゆ》する向きもあるが、それは誤りだろう。少し調べてみればわかるが、国会外ではよく発言している。しかも、つまびらかでないというのは「その部分」と言っているのに、これを報じた新聞では「その部分」という発言を省いており、適切な報道ではない。

このやりとりは、事前にこまかな質問通告をせずに党首討論が行われることを理解していないと、真相にはたどり着けない。

志位委員長の通告では、ポツダム宣言と書かれていなかったのではないか。その上で、志位委員長は、知らなければそれだけで総理として失格、かといって志位委員長の答えに乗ると政治的に失格という、まさに〝絶妙な罠〟となるポツダム宣言を持ち出したのだろう。

おそらく、志位委員長は、党首討論のやり方を知っていたので、細かな事前通告をせずに、「引っかけ質問」を作ったのだろう。なかなか策士である。

もしも、ポツダム宣言第6条「日本国民を欺いて世界征服に乗り出す過ちを犯させた勢力を永久に除去する」を認めるかどうかの質問であることが事前にわかっていれば、「その部分」について、安倍首相は「つまびらかに読んでいない」と答える必要もなかったはずだ。

筆者であれば、天皇の終戦の詔勅中の「他國ノ主權ヲ排シ領土ヲ侵スカ如キハ固ヨリ朕カ志ニアラス」を引用して、「ポツダム宣言を全体としては受諾したが、日本の意図は侵略ではなく、連合国の理解とは必ずしも同じでなかった」、という答弁を書いたかもしれない。

実際、安倍首相も「私もつまびらかに承知をしているわけではございませんが、ポツダム宣言の中にあった連合国側の理解、たとえば日本が世界征服をたくらんでいたということ、と（志位委員長は）ご紹介になられました」と答弁している。安倍首相は、質問通告になかったと思われるポツダム宣言について、かなり正確に理解していると思う。

その結果、安倍首相は、志位委員長の「引っかけ質問」にもかからなかったと言える。

世界の自衛権には「個別的・集団的」の違いはない

ここまでの志位委員長の「引っかけ質問」は、筆者としても楽しめたが、その次に出てきた志位氏の「日本を海外で戦争する国に作り変える」という主張はまったく理解不可能だ。

今国会で争点になっている安保法制は、集団的自衛権の限定行使を可能にすることを主な内容としているが、ここで国際社会における集団的自衛権がそもそもどういうものか、整理しておこう。

欧米において「自衛権」は、刑法にある「正当防衛」との類推（アナロジー）で語られる。

国際社会では、「自己」「他人」を「自国」「他国」と言い換えて自衛が語られるが、英語では自衛も正当防衛もまったく同じ「self-defense」である。自国のための自衛（個別的自衛権）と他国のための自衛（集団的自衛権）は一体のものであって「個別的・集団的」と分けるロジックは国際社会には存在しないのだ。

そもそも日本の刑法にも正当防衛を定める条文（第36条）が当然あるが、そこには「急迫不正の侵害に対して、自己又は他人の権利を防衛するため、やむを得ずにした行為は、罰しない」（第1項）とハッキリ書かれている。「自己又は他人の権利を防衛する」とあるように、日本の刑法も正当防衛では自他の区別はしていないのだ。

また、戦争放棄を謳《うた》った日本国憲法の9条は1928年の「戦争放棄に関する条約」から来ているが、この条約は、戦後の世界各国での憲法の規定に影響を与えており、かならずしも日本だけが戦争否定をしているわけでない。

日本人は、日本国憲法第9条の戦争放棄が世界でも類を見ないものと思い込んでいるが、実はそうでもない。ドイツ、イタリアや韓国などの憲法にも同趣旨の規定【45】がある。

それらのいずれの国も、日米同盟と似たような安全保障条約を他国と結んでいるが、これらの国々では集団的自衛権の行使は当然の前提となっており、「行使できない」という議論

【45】日韓比独伊の憲法・安全保障比較

	憲法	安全保障
日本	第9条① 日本国民は、正義と秩序を基調とする国際平和を誠実に希求し、国権の発動たる戦争と、武力による威嚇又は武力の行使は、国際紛争を解決する手段としては、永久にこれを放棄する。 ② 前項の目的を達するため、陸海空軍その他の戦力は、これを保持しない。国の交戦権は、これを認めない。	日米安全保障条約 第5条 各締約国は、日本国の施政の下にある領域における、いずれか一方に対する武力攻撃が自国の平和及び安全を危うくするものであることを認め、自国の憲法上の規定及び手続に従つて共通の危険に対処するように行動することを宣言する。
韓国	第5条① 大韓民国は、国際平和の維持に努力し、侵略的戦争を否認する。 ② 国軍は、国の安全保障と国土防衛の神聖な義務を遂行することを使命とし、その政治的中立性は遵守される。	米韓相互防衛条約 第3条 各締約国は、現在それぞれの行政的管理の下にある領域又はいずれか一方の締約国が他方の締約国の行政的管理の下に適法に置かれることになつたものと今後認める領域における、いずれかの締約国に対する太平洋地域における武力攻撃が自国の平和及び安全を危うくするものであることを認め、自国の憲法上の手続に従つて共通の危険に対処するように行動することを宣言する。
フィリピン	第2条② フィリピンは国家政策の手段としての戦争を放棄し、そして一般に認められた国際法の原則を我が国の法の一部分として採用し、すべての諸国との平和、平等、正義、自由、協力、そして友好を政策として堅持する。	米比相互防衛条約 第4条 各締約国は、太平洋地域におけるいずれか一方の締約国に対する武力攻撃が、自国の平和及び安全を危うくするものであることを認め、自国の憲法上の手続に従つて共通の危険に対処するように行動することを宣言する。
ドイツ	第26条① 諸国民の平和的共存を阻害するおそれがあり、かつこのような意図でなされた行為、とくに侵略戦争の遂行を準備する行為は、違憲である。これらの行為は処罰される。 ② 戦争遂行のための武器は、連邦政府の許可があるときにのみ、製造し、運搬し、および取引することができる。詳細は、連邦法で定める。	北大西洋条約 第5条 締約国は、ヨーロッパ又は北アメリカにおける一又は二以上の締約国に対する武力攻撃を全締約国に対する攻撃とみなすことに同意する。したがつて、締約国は、そのような武力攻撃が行われたときは、各締約国が、国際連合憲章第51条の規定によつて認められている個別的又は集団的自衛権を行使して、北大西洋地域の安全を回復し及び維持するためにその必要と認める行動(兵力の使用を含む。)を個別的に及び他の締約国と共同して直ちに執ることにより、その攻撃を受けた締約国を援助することに同意する。
イタリア	第11条 イタリアは他の人民の自由を侵害する方法としての戦争を否認する。 イタリアは、他国と等しい条件の下で、各国の間に平和と正義を確保する制度に必要な主権の制限に同意する。イタリアは、この目的をめざす国際組織を推進し、支援する。	

(資料) https://www.constituteproject.org/
http //www.ioc.u-tokyo.ac.jp/~worldjpn/

はまったくありえない。したがって、日本だけが集団的自衛権を行使できないというのは、「誤っている」と言わざるをえないのだ。

だいたい海外から見れば、同盟関係に基づいて国内の基地を米軍に提供していること自体、すでに集団的自衛権を事実上行使していると見られても仕方ない。「集団的自衛権の行使はしない」というこれまでの議論は日本の国内向けであり、国際的にはまったく無意味なものだ。日米安保条約の条文を知っている外国人だったら、それが日本だけでなく、極東の安全に既に寄与していることを指摘しつつ、日本も同盟国として一定の軍事貢献もしていると言うだろう。

安保条約6条には、「日本国の安全に寄与し、並びに極東における国際の平和及び安全の維持に寄与するため、アメリカ合衆国は、その陸軍、空軍及び海軍が日本国において施設及び区域を使用することを許される」とある。

「日本を戦争する国に作り変える」は大間違い

日本に米軍が存在しているのは、国民はみんな知っているが、実は国連軍もいる。米軍の横田基地に、国連軍後方司令部（United Nations Command-Rear）があり、日本は、オーストラリア、カナダ、フランス、ニュージーランド、フィリピン、タイ、トルコ、アメリカ、イギリスの9ヵ国と「国連軍地位協定（日本国における国際連合の軍隊の地位に関する協定）」を締結している。米軍の横田基地には、日米両国の国旗とともに、国連旗が立っている。

在日米軍基地のうちキャンプ座間、横田空軍基地、横須賀海軍基地、佐世保海軍基地、嘉手納空軍基地、ホワイト・ビーチ地区、普天間海兵隊基地が国連軍施設に指定されている。

これだけ国連にビルトインされている日本が、国連憲章で認め、日米安全保障条約でも明記されている集団的自衛権を「保持しているだけで、行使はしない」などという論法が、国際社会で通用するはずはない。

今国会で提出されている安保法制は、そうした国際社会の理解への国内法制のキャッチアップの過程でしかない。これをもって、戦争のための法案というのは、あまりに現状を知らなすぎる議論だ。今の自衛隊の戦力では、海外に部隊を派遣し作戦を行う戦力投射（power projection）能力はなく、侵略戦争は絶対にできない。

だから「日本を海外で戦争する国に作り変える」という共産党の言い方は間違いである。

日本のマスコミには、「集団的自衛権を容認すると戦争に巻き込まれる」という考え方がある。だが、筆者が留学中に学んだ国際関係論では、個別的自衛権よりも集団的自衛権のほうが、防衛コストが安上がりになり、かつ戦争にも巻き込まれないと考える。つまり、コスト面でもリスク面でも集団的自衛権が有利なのである。

もう少し具体的に述べよう。

コストの面から言えば、現在米軍が請け負っている日本の防衛を、全面的に日本の自主防衛に切り替えれば膨大なコスト増になることは明らかだ。いろいろな試算があるが、現在の5兆円から4倍増の20兆円以上必要になるという。

リスク面ではどうか。マスコミの論調で多いのは、「第2次世界大戦後に起きた紛争や軍事介入の多くは、集団的自衛権行使を口実に使われることが多い」というものだ。

そうした介入のケースではなく、侵略されたケースで見れば、アメリカとすでに同盟条約を結んでいた国が第三国から侵略された例は、南ベトナムしかない。しかも侵略したのは北ベトナムであり、純然たる第三国とさえ言いがたい。集団的自衛権は抑止力があるので、自ら仕掛けていかないのであれば、戦争に巻き込まれる可能性が低い――それが国際常識だ。

歴史を振り返ると、集団的自衛権は多数国の判断で行使することが多いが、個別的自衛権は一国のみで判断して行使するので、より危険であるとされている。このため、戦後、西ドイツは個別的自衛権が認められずに、北大西洋条約機構（NATO）の下での集団的自衛権しか認められなかった歴史がある。先のベトナムの例は、いろいろと示唆に富む。

なぜ中国は南沙諸島の埋め立てに成功したのか

中国が南シナ海で進める埋め立て問題で米中が対立している。南沙諸島（スプラトリー諸島）は、南シナ海南部に位置する島、岩礁・砂州からなる地域だ。島と言っても、きわめて小さく、一般に人が居住できる環境ではない。しかし、この場所は海洋資源のほか、軍事的な要衝にもなっているので、中国、台湾、ベトナム、フィリピン、マレーシア、ブルネイが領有権を主張している。

中国は、この地域に後発で入ってきた。今、問題になっているのは、南沙諸島のファイアリー・クロス礁である。ここは、1988年に中国がベトナムから武力奪取した。今や3000メートル級の滑走路や水深の深い港を建設中であり、既に南沙諸島で最大級の面積となっている。

また、南沙諸島のミスチーフ礁は1995年から中国が占拠しているが、これは、1992年からアメリカ軍がフィリピンから撤退していたのを見計らって奪取し、建築物を構築して実効支配に及んだものだ。中国は「自国の漁師の保護」を建前としている。

いずれも、アメリカとの安全保障がない、または事実上機能していない状況から、中国の進出を許している。国際社会はパワーのぶつかり合いであり、どこかが引くとかならず争い

【46】中国が強引に進める人工島建設

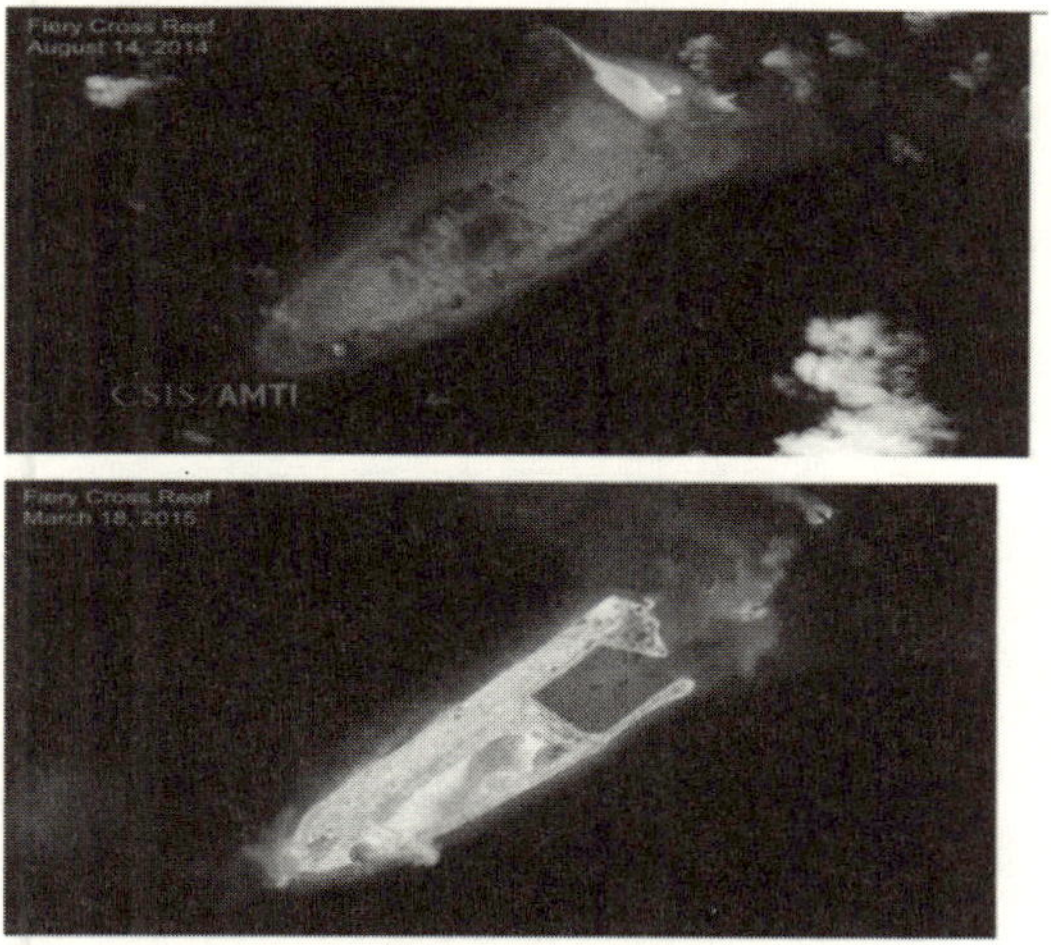

（資料）Asia Maritime Transparency Initiative Fiery Cross Reef
http://amti.csis.org/fiery-cross-reef-tracker/

が生じるが、これはその典型である。

ファイアリー・クロス礁における中国の埋め立てのスピードは凄い。２０１４年８月には、ほとんど何もなかった岩礁（写真上）だが、２０１５年３月には長さ３０００メートル、幅２００〜３００メートルの人工島がほぼ完成している（写真下）【46】。

今はアメリカとベトナムの間には安全保障条約はない。だからアメリカは手を出せないと中国は踏んだのだろう。

この建設費は１兆４０００億円と言われている。単純な比較はできないが、ほぼ同じ規模の関西国際空港第１期工事の建設費は１兆５０００億円だった。関空の場合、沖合5キロで水深が深く、きわめて高コストで海外からはクレイジーと言われたが、中国は、岩礁の埋め立ては比較的コストがかからないにもかかわらず、異常な高コストをかけてファイアリー・クロス礁の埋め立てを進めている。そのため、中国がここに軍事拠点を作るのではないかという懸念を国際社会でもたれている。

南沙で高まる米中衝突の可能性

さすがにアメリカも黙っていない。「岩礁に砂をいくら積み上げても、領有権は築けない」というのが、アメリカ政府の見解である。

2015年5月20日、海軍の哨戒機P-8AにCNN記者を同乗させ、ファイアリー・クロス礁の映像を放映させた。その中で、中国当局との交信模様、例えば中国側からの「You go（出て行け）」という発信も伝えた。

今のところ、アメリカは、中国に対して領有権を認めず、公海上の航行は自由というスタンスを強調している。今は中国が領有権を主張するところには入らないが、そのうち進入するだろう。もしアメリカとベトナムとの間で安全保障条約があれば、もっと早くに強い態度に出ただろう。

アメリカはフィリピンとの間で、日米安保条約と類似した米比相互防衛条約を締結している。同条約は、フィリピンのみならず太平洋地域をもカバーしている。太平洋地域には南シナ海も含まれるので、アメリカの今後の活動は、米比相互防衛条約での集団的自衛権行使を背景とするものとなろう。

こうして歴史や近隣の事例を見れば、集団的自衛権は防衛コストが低く、戦争に巻き込まれる可能性が低く、さらにリスクの面からも、戦争を仕掛けにくい体制であることがわかる。

11 あの中国に集団的自衛権ナシでどう立ち向かうというのか

（2015年6月1日）

火砲を配備！　南シナ海でやりたい放題

国会では安保法制が議論されているが、そのレベルはあまりに低い。畳の上の水練そのものだ。

海外では日本の国会よりまともな議論が行われている。5月29〜31日、シンガポールで開催された「アジア安全保障会議（シャングリラ・ダイアローグ）」である。これは、イギリスの民間シンクタンクである国際戦略研究所が主催しているもので、２００２年から毎年シンガポールのシャングリラ・ホテルで開催され、アジア太平洋地域の国防大臣などが多数参加する国際会議だ。

日本は、第5回会議から毎年防衛大臣クラスが参加していたが、２０１４年は安倍首相が基調講演を行い、参加各国に好評だった。

今回、アメリカ、日本、インドネシア、インド、マレーシア、カンボジア、イギリス、シンガポール、東ティモール、パプア・ニューギニア、スイス、ニュージーランド、ドイツ、オーストラリアの14ヵ国で国防大臣クラスが参加（日本からも中谷防衛大臣が参加）した。韓国の国防大臣の出席がないのはやや意外であった。なお、中国からは、国防大臣ではなく、中国人民解放軍の幹部クラスが出席している。

アジア安全保障会議のホットな話題は、南沙諸島（スプラトリー諸島）である。同地域は、各国の利害が絡み合うが、中でも中国の要求は突出している。南シナ海はほぼすべて中国のものという感覚だ【47】。まさに、やりたい放題である。

このアジア安全保障会議に先立ち、米紙から、中国が南シナ海で造成する人工島の1つに火砲（自走砲2台）を配備したことを示す写真が出され、国防総省もそれを認めた。これがアメリカからのリークであることは明らかだ。

中国はこれまで人工島は軍事目的でないと言ってきたが、軍事目的で使用されていて、装備の運用段階に入ったことが明らかになった。

アジア安全保障会議では、日米豪が、中国の人工島の軍事化を非難した。「岩礁に砂をいくら積み上げても、領有権は築けない」というのが国際法の規定なので、これらの非難は正当だ。

【47】南シナ海における中国の主張

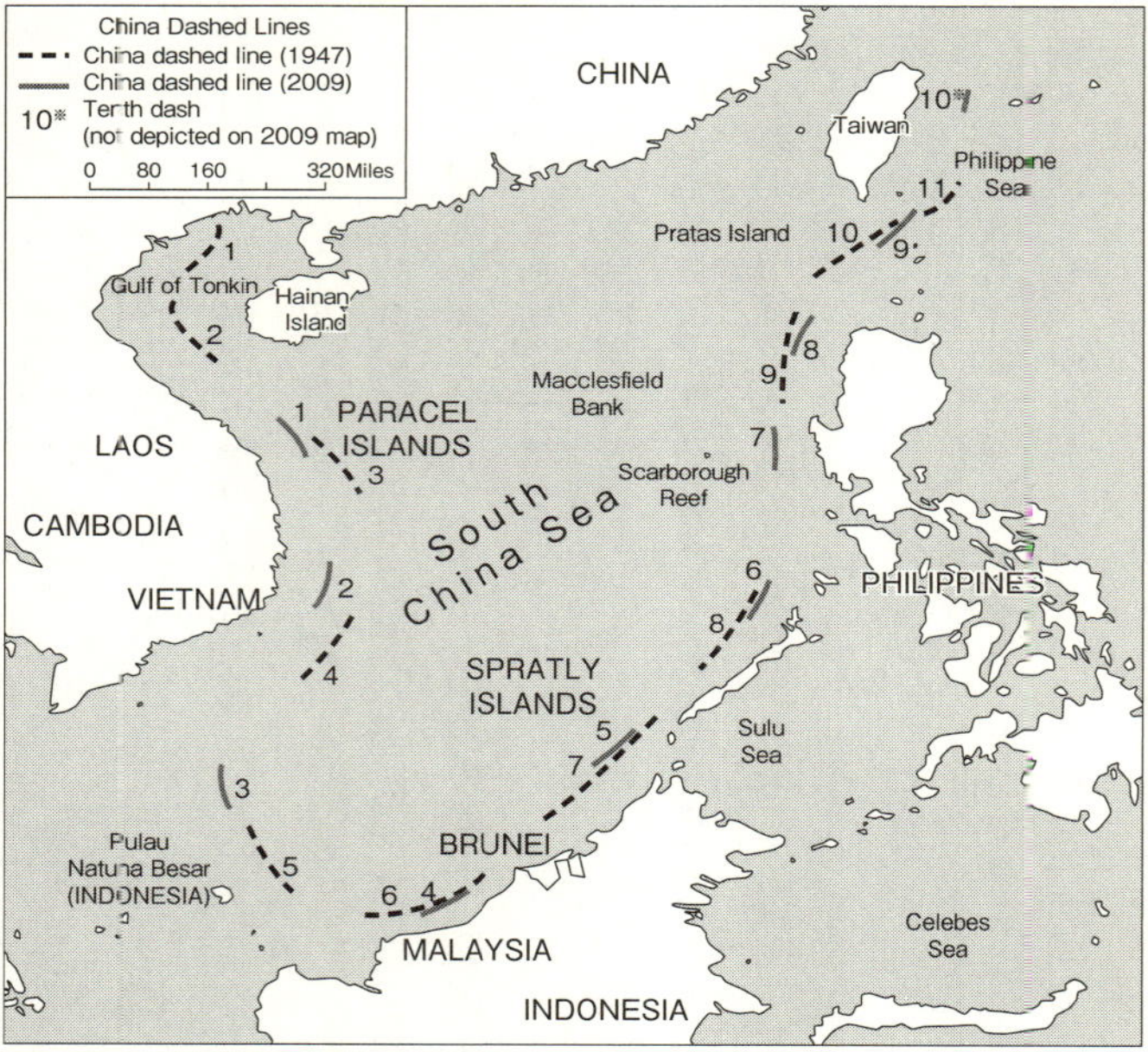

（資料）United States Department of State, China, Maritime Claims in the South China Sea, Limits in the Seas, No.143 (December 5, 2014)

一方、中国は、軍事目的を明言し、埋め立てを正当なものと主張した。

こうなると、中国の領土と認めないアメリカは、人工島から12カイリ（約22キロ）内に米軍が航空機などを進入させることになるだろう。一触即発の状況であるが、国際的には当然の行動である。

アメリカとフィリピンの相互防衛条約を見よ

それと時を同じくするように、カーター米国防長官は27日、フィリピンのガズミン国防相とハワイで会談した。もちろん、南シナ海での南沙諸島における中国による人工島建設への対応が課題であるが、「フィリピンを防衛する米国の義務は確固たるものだ」と強調した。

これは、前章で予想したが、「米比相互防衛条約」に基づき、アメリカが同盟国であるフィリピンを防衛するということである。相互防衛条約の有効性がわかるだろう。

なお、フィリピンは日本と類似した憲法をもっているが、当然ながら集団的自衛権が制約されるという話はない。

日本国内で集団的自衛権を相変わらず拒み続ける人たちは、この南沙諸島での米比の協力関係をどのように解釈するのだろうか。

南沙諸島のミスチーフ礁は、アメリカとフィリピンの「相互防衛条約」が緩んだ隙に中国の手に落ちた。アメリカの手を借りずにフィリピンは中国から自国領土を守れないのが実情だ。

集団的自衛権を拒む人々は「アメリカは、フィリピンがまったくアメリカを援護しなくても、フィリピンを守る」とでも思っているのだろうか。それぞれが自国でできる範囲で同盟国を守る集団的自衛権だからこそ、防衛コストが安く、かつ、抑止力をもって他国に侵入させないような仕組みが構築できるのだ。

「集団的自衛権を行使しようとすると、戦争に巻き込まれる」という議論が、日本の国会で行われているが、まったくバカげている。アメリカとフィリピンが、集団的自衛権の行使を前提として「相互防衛条約」を履行しようとする行動が、「戦争に巻き込まれるリスクを高める」のだろうか。

アメリカが介在しなければ、中国はミスチーフ礁を中国領と称し、そこに入ってくるフィリピン軍を攻撃するはずだ。そのほうが戦争に巻き込まれるリスクは大きいだろう。もちろん、ミスチーフ礁を中国領として認めれば、戦争にはならないだろうが、それは中国への属国化である。とても独立国家としては認められないだろう。

集団的自衛権を拒む人は、個別的自衛権で対応せよとも言う。この場合、アメリカの手助けを受けずに中国と戦えということだから、そのほうがダメージを受けるリスクは大きいし、フィリピンでは、それでミスチーフ礁を獲られて現在の火種になっているわけで、とても合理的な対応とは思えない。さらに言えば、個別的自衛権で対応するということは、集団的自衛権よりもコストが高くなるという点も忘れてはいけない。

「不測の事態」のリスクを数値で考える

それにしてもこの安保法制、国会で与野党の議論がかみ合わないとマスコミではしばしば

【48】集団的自衛権における不測の事態

	W：不測	P：通常
C：個別的自衛権 ＋集団的自衛権	4	396
I：個別的自衛権	2	98

報道されている。だが、どこがどうかみ合わないのか、その解説がまったく見当たらない。

安倍首相は集団的自衛権が侵略のリスクを減らすと言う。一方、民主党など野党は集団的自衛権の行使には自衛隊のリスクが高まると言う。

安倍首相が、侵略される可能性が少なくなると言うのに対し、民主党など野党は万が一不測の事態になったら自衛隊のリスクが高くなると言っている。

先に書いた南沙諸島の説明で十分だろうが、かみ合わない点についてもう一度ふりかえって説明してみよう。

あえて単純化して、以下に両者の言い分を満たすような仮想的な数値例【48】を考えてみた。

個別的自衛権のみの場合とそれに集団的自衛権を加えた場合をあげる。個別的自衛権のみの場合において不測の事態になる場合が2ケース、通常の場合が98ケースとする。集団的自衛権を加えた場合には不測の事態となる場合が4ケース、通常の場合が396ケースとする。この比率はあくまでも仮で、5倍でも6倍でもいい。

安倍首相が言う「集団的自衛権が侵略のリスクを減らす」とは、個別的自衛権のみの場合において不測の事態が生じるリスクは2／100＝2％だが、集団的自衛権を加えた場合には4／400＝1％に下がることだ。

一方、民主党など野党が言うところの「集団的自衛権を加えた場合、不測の事態が起こるリスク」とは、個別的自衛権の場合の2／6＝33％から、4／6＝67％に高くなることを言うのだろう。

これでわかるだろう。民主党などの野党は、集団的自衛権によって安全になる場合を考えていないのだ。安倍首相の発言意図である2％から1％への低下は、これまでの世界歴史から絶対的な数値水準は別としても、正しいだろう。

国会でもこのように数値でリスクを議論してもらいたいものだ。

アメリカはそう簡単に日本を防衛してくれない

ここで、日本の集団的自衛権に話を変えてみよう。フィリピンを日本、フィリピン国憲法を日本国憲法、米比相互防衛条約を日米安全保障条約、南沙諸島を尖閣諸島と置き換えてみよう。

中国は南シナ海を核心的利益と言うが、尖閣諸島も同じである。南シナ海でやったことと同じことを尖閣諸島でもいずれは行うはずだ。ただし、順番は今のところ南シナ海のほうが中国の事情で先というだけである。

尖閣諸島に中国が侵出してきた際に、日本は当然であるが個別的自衛権で防衛する。そのとき、背後にアメリカがいるといないとでは雲泥の差になる。2014年4月の、安倍首相とオバマ大統領の日米首脳会談で、尖閣諸島は日米安全保障条約の対象と明言された。

ただし、尖閣諸島の歴史を見れば、アメリカ軍の射爆場が近くにあることなどから、日米安保の対象になることは当然であるものの、最近のアメリカはもはやかつての世界の警察官の役割を放棄している。オバマ政権はアジア回帰と言いながら、ほとんど何もしてこなかった。だからこそ、そこに乗じて、中国が南シナ海に侵出してきたのだ。

はっきり言おう。日本が最低限の集団的自衛権の行使くらい示しておかないと、アメリカはそう簡単には日本を防衛してくれない時代になっているのだ。

12 欧州・ギリシャ経済危機を救う唯一の解決法

（2015年7月6日）

ギリシャ危機は国際金融の〝生きた教材〟

本稿がアップされる月曜日の朝には、ギリシャの国民投票の大勢が判明しているだろう（注記＝投票の結果、緊縮反対派が61・31％、賛成派が38・69％で反対派が勝利）。

国民投票は、ＥＣＢ（欧州中央銀行）、ＥＵ（欧州連合）、ＩＭＦ（国際通貨基金）のトロイカが金融支援の条件として提示する財政緊縮策を受け入れるかどうかを問うものだ。緊縮策に賛成多数であれば、緊縮案に反対するチプラス政権は退陣を示唆している。

緊縮策に反対多数であれば、トロイカとの再交渉になるが、難航、場合によってはユーロ離脱もありうる。どちらの場合でも、当面の国際経済混乱は避けられないだろう。

ギリシャはどんな選択をすべきか。本コラムでは、先を読み解くための予備知識を提供しよう。実はギリシャ問題は、国際金融、国際政治の絶好の〝生きた教材〟なのだ。

まず、日本のマスコミでよく見られる論調を紹介しよう。

「ギリシャは公務員も多く、年金も大盤振る舞いである。財政再建もせずに、破綻した。一生懸命働かず、その一方で借金を返さないのは国際常識に反しており、緊縮策を受け入れるべきだ。そうすれば、国際経済も混乱しなくなる」

このステレオタイプの意見を真に受ける人も多い。そうした人はよく新聞などを読んでいるマジメな人なので、頭ごなしに否定せず、まずはやんわりといくことにする。

「そうですね。たしかに、かつてギリシャは4分の1が公務員、その給料は民間の1・5倍でした。年金も官民ともに、水準は現役の給与と同じなので、みんな競って早期退職で年金生活に入っていたので、働き手がいなくなるという問題もありました」

と数字を挙げ、いきなり否定はしないでおこう。その上で、こう教えてあげよう。

「しかし、ギリシャは過去200年間で2年に1回くらいの割合でデフォルトを起こしてきました。そのたびに通貨ドラクマが下落し、対外調整を行ってきたのも事実です。ドラクマ安で観光業などが盛んになって、債務問題に対処してきたのです。ただし、今回は、ユーロ圏の一員であり、通貨はドラクマではないので、この手が使えないのが本質的な問題です」

ここで、ちょっと国際金融の常識を披露しておこう。「国際金融のトリレンマ」【49】というもので、今のギリシャ問題の理解のためには格好のものである。筆者が米プリンストン大学でクルーグマンの講義を聴講していた時、実際起こっている国際金融の諸問題に対して、

【49】国際金融のトリレンマ

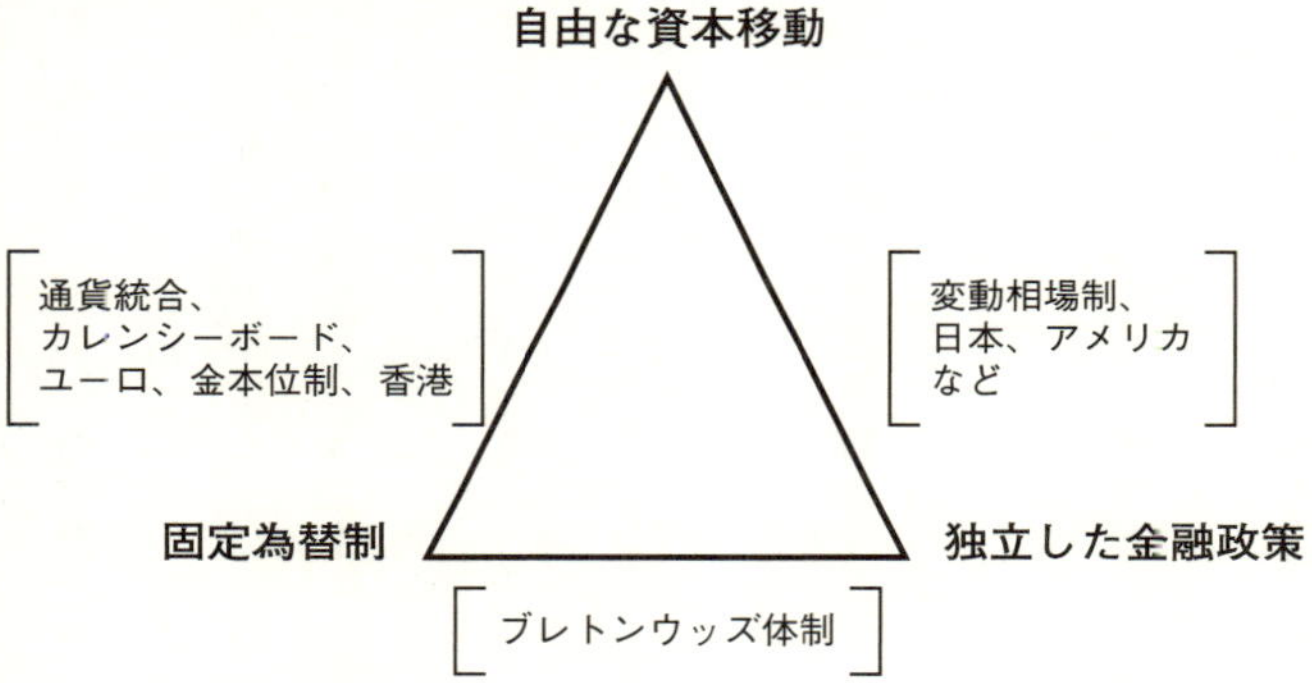

とてもいい見通しを提供してくれたので、それ以来、しばしばお世話になっているものだ。

トリレンマとは次の３つの政策を同時には実現できない、というものだ。その３つとは、①固定為替制、②独立した金融政策、③自由な資本移動である。このうち２つは同時に実現できるが、３つを同時に実現しようとすると、どれか１つを諦めなければいけないのである。

マスコミが理解していない重要な「法則」

まず③の自由な資本移動を認めるとすれば、①固定為替制と②独立した金融政策が両立できない点を示そう。

独立した金融政策があると、通貨の量を増やしたり、減らしたりは何も気兼ねせずにできるので、もしA国に金融政策の独自性があれば、A国は通貨を増やせる。そうなると、A国の通貨は相対的にB国の通貨より増える。その場合、A国の通貨はB国の通貨に対して価値が低くなる。A国の通貨とB国の通貨の交換比率である為替は、A国の通貨安となる。

為替は、A国とB国の二国の通貨の交換比率である以上、独立した金融政策であれば、為替は変動せざるをえず、固定為替制はできない。

逆に、固定為替制とすれば、為替を一定に固定させる以上、A国の金融政策とB国の金融政策はリンクせざるをえず、どちらかの国の金融政策の独自性が失われる。

この説明でわかるように、②独立した金融政策と③自由な資本移動の双方を採る場合は、自国通貨の価値の変動を受け入れるしかない。つまり、①固定為替制は成り立たないため、変動相場制に移行する必要がある、ということになる。この状態は、【49】の三角形で言うと、右横の状態「変動相場制、日本、アメリカなど」と書かれているところだ。

では、ユーロ圏はどこの状態にあたるかと言うと、左横の「通貨統合、カレンシーボード、ユーロ、金本位制、香港」という位置に該当する。3つのうち、①固定為替制と③自由な資本移動を選び、②独立した金融政策を放棄したわけだ。ユーロ圏の国は単一通貨ユーロを採用しているので、金融政策はECBが行い、自国の経済状況に応じて行われるわけではない。その意味で、独立した金融政策の放棄になるわけだ。

ついでに言っておくと、①固定為替制と②独立した金融政策を選び、③自由な資本移動を放棄した例として、戦後のブレトンウッズ体制がある。

ユーロ圏の場合、各国ともに独自の通貨を持たないというのは、独立した金融政策を持たない、危機時に為替調整を行わないことと同義になる。このあたりをあまり理解せずに発言するマスコミが多いので、要注意である。

例えば、ギリシャ問題を「ユーロの仕組みの問題」と言いながら、アベノミクス批判のつもりか「日本で金融政策を使うとハイパーインフレになる、国債が暴落する」などと発言する論者は、思考のフレームワークに矛盾があるのに気がついていないのだろう。

このように、ギリシャ問題の本質が「独立した金融政策を使えない」、つまり「変動相場制での為替調整が使えない」点にあることがわかると、俄然面白くなる。

「借金踏み倒し論」は正しいのか

ギリシャ問題では、次のような意見も根強い。

「ギリシャは、借りた金は返さなければいけない。それを返さないのだから、貸し手が緊縮財政を求めるのは当たり前である。緊縮財政して、借金を返済すべきだ」

対個人であれば、これをまともに否定するのは難しいだろう。反論しようものなら、「あなたは踏み倒しを容認するのか」と凄い剣幕で怒られるかもしれない。ちょっと怯《ひる》むと、相手は、あたかも財務省の走狗《そうく》になったように、「債務が多い日本も、ギリシャのようにならないために、増税や歳出カットといった緊縮財政が必要である」と畳み掛けてくる。

しかし、ギリシャ問題は国家間の話である。過去のデフォルト時でも、ドラクマが下落して、為替調整を行ってきた歴史もある。個人間ではありえないが、国家間では為替調整による返済もありうるのだ。

もっと本質的な問題もある。ギリシャは緊縮財政によって経済が成長せずに失業率が高まった。ピケティでも誰でも普通の経済学者なら、「成長なくして財政再建なし」は常識だ。「ギリシャは自堕落なので、緊縮財政でも課して鍛えなければいけない」という体育会系的「しばき上げ」論者もいる。

こういう論に対しては、ノーベル経済学賞を受賞した経済学者マンデルによる「最適通貨圏」を持ち出すといい。

「ギリシャは、ユーロの最適通貨圏から著しく逸脱しているのが問題だ。これを解決しないと、何回でもギリシャ危機は訪れる。抜本的な対応策はユーロ離脱だ」

この理論は、域内の経済変動と自国の経済変動がお互いに似ていれば同一通貨のメリットがあるし、あまり似ていなくても、自国の経済構造が柔軟で変化に対応できるなら、同一通

【50】各国のユーロへの適合性

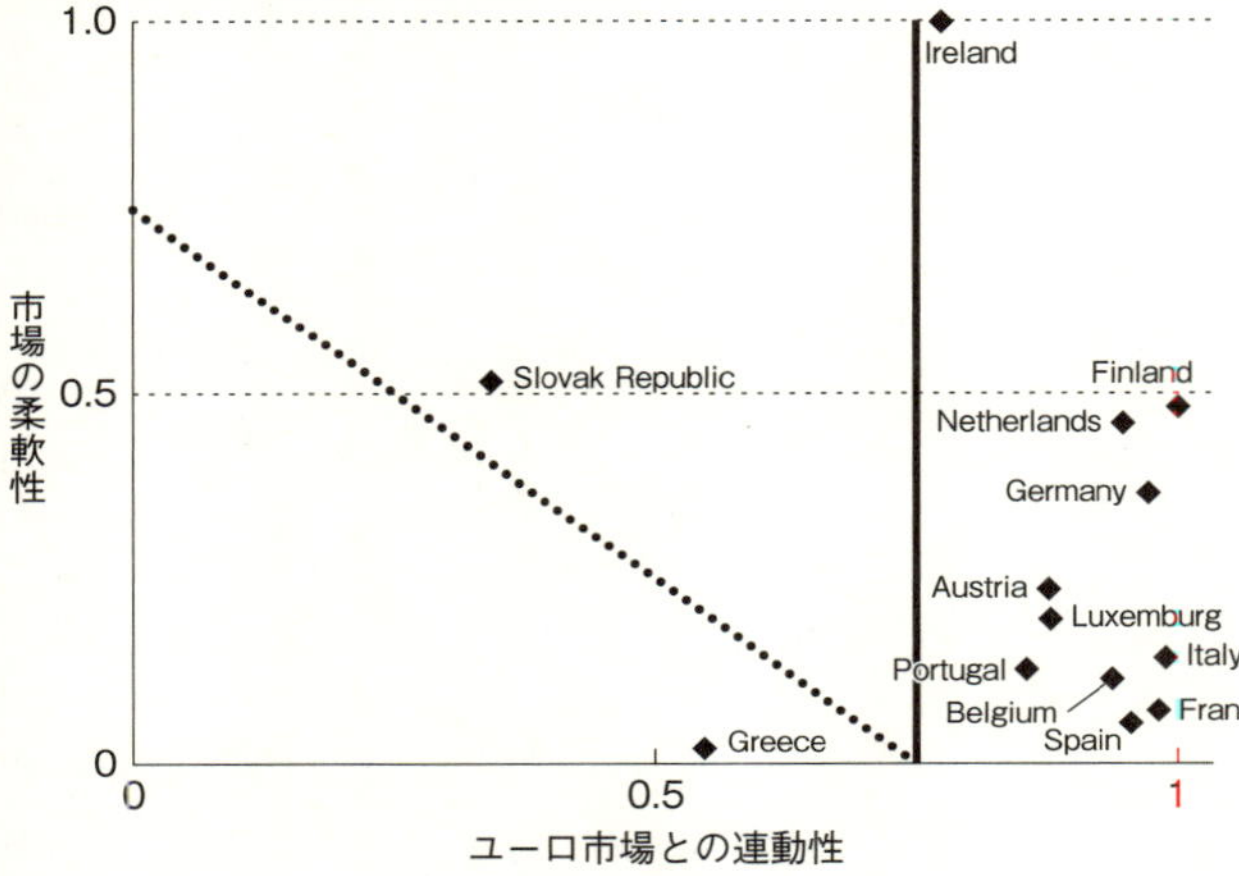

貨のメリットが受けられるというものだ。

今のユーロの加盟国でそれを簡単に数値化すると、【50】になる。

縦の実線より右側はとりあえず安泰である。ただし、距離が実線に近い、アイルランドとポルトガルは他国より注意したほうがいい。実線より左でも、点線より上ならまだいい。スロバキアもそこに入っているが、点線の下のギリシャは一番ユーロにふさわしくない国だ。正直に言えば、データの少ないバルト三国もややふさわしくない。ただし、バルト三国は安全保障上の理由でユーロに残留したいので、どんな構造改革案も受け入れる覚悟らしい。

マンデルによる「最適通貨圏」を、ざっくり言うと、中心国はユーロに適しているが、

【51】ユーロ圏とEUの関係

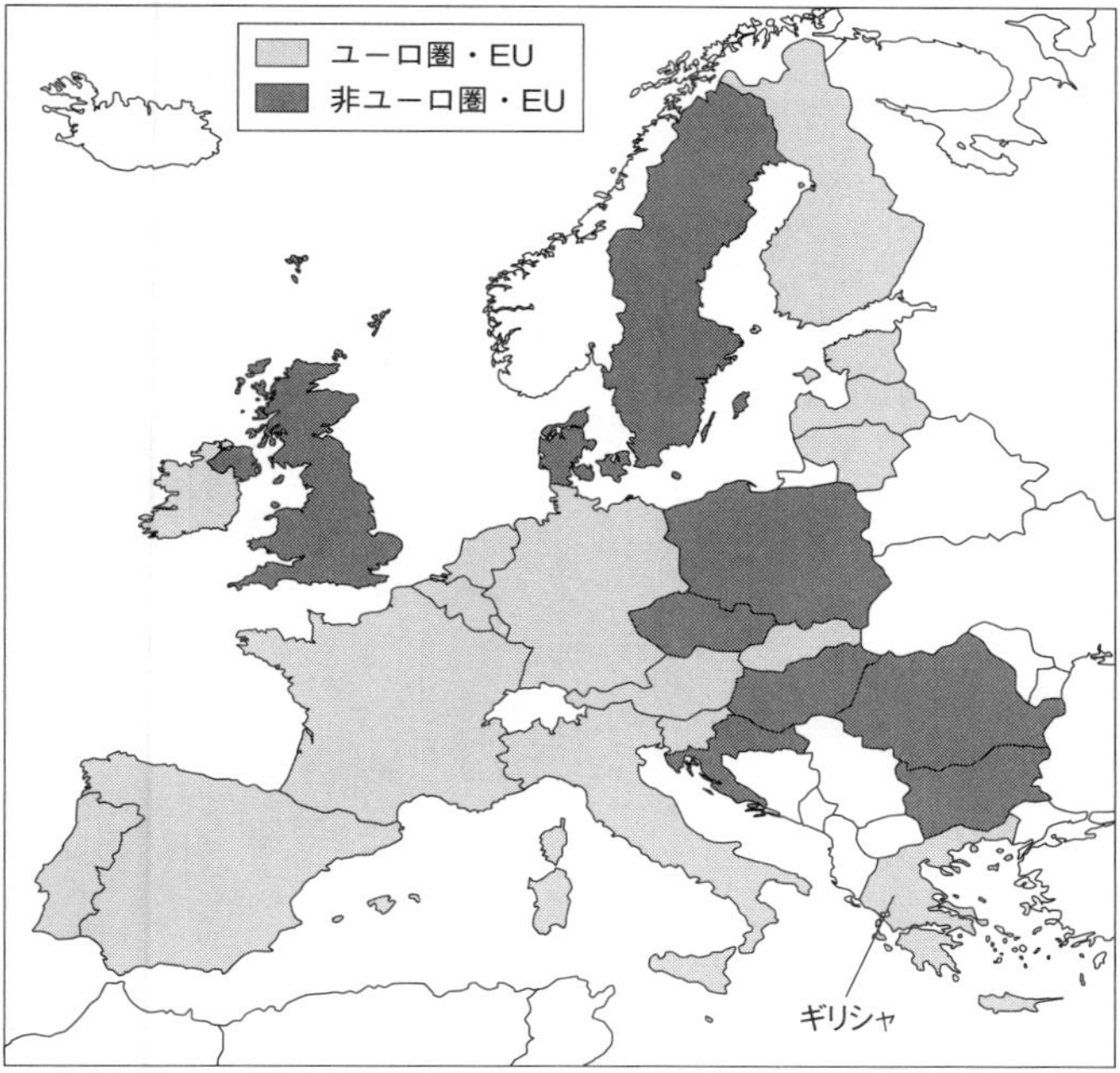

周辺国になると不都合が出てくるのだ。

欧州連合（ＥＵ）とユーロ圏（ＥＵＲＯ）の関係を整理しておけば、ＥＵ28ヵ国中19ヵ国がユーロ圏だ。ベルギー、フランス、ドイツ、イタリア、オランダ、ポルトガル、スペインなどはＥＵであると同時に、通貨をユーロとするユーロ圏だ。しかしデンマーク、スウェーデン、イギリスなどはＥＵ加盟国ではあるが、ユーロ圏ではなく独自通貨を有している。

【51】を見ると、ギリシャ

が、ユーロ圏の中で、周辺国でも飛び地になっていることが一目瞭然である。マンデルによる「最適通貨圏」に従えば、こうした国は、ユーロ圏から離脱したほうがいいのだ。

秘策は「ドラクマ復活」

「最適通貨圏」はいろいろなことを教えてくれる。ドイツのようなユーロの中心国では、ギリシャなどの周辺国が増える「うまみ」もある。というのは、平均的な線でユーロが決定されるため、同じユーロ国でも、インフレ率が相対的に低いドイツの輸出製品価格は低く抑えられる一方、ギリシャのようにインフレ率の高い国の輸出製品や観光業は価格競争力を失い、相対的に不利になるのである。

その結果、ドイツの輸出は急増し、その果実を享受してきた。ギリシャ問題では、ドイツ＝援助国、ギリシャ＝被援助国という構図であるが、それまではドイツがユーロ拡大の最大の受益国であった事実はスルーされている。

経済的な観点から見れば、ギリシャもドラクマという独自通貨を復活させて、EUに残留すればいい。このポジションは、EU域内では関税なし、人・資本移動が自由なので、かなりのメリットがある。その一方で、金融政策の自由度を持つので、ギリシャにとっては長期的には「いいとこ取り」のような合理的な選択である。

国民投票の結果がどうあれ、これが実現できるかどうかが、将来のギリシャにとって重要だろう。ＥＵは共通通貨への道という一方通行で、そもそもユーロ圏からの離脱規定すらない状態なので、ユーロ圏、ＥＵとのタフな協議が必要になるだろうが、不可能なことではないはずだ。

筆者は仮にギリシャがユーロ離脱となっても、ＥＵには残留すべきだと思っている。これは、経済的な理由というより、安全保障上の理由、ギリシャの地政学上の重要性だ。ギリシャは、ロシアがクリミアから黒海をへて、地中海に抜ける際、重要な戦略的位置にある。このため、経済・政治統合のＥＵ、安全保障の北大西洋条約機構（ＮＡＴＯ）にギリシャは不可欠だ。

あるマスコミ報道で、ギリシャがユーロ離脱とともに、ロシアに向かうという報道があったが、それはまったく荒唐無稽である。ギリシャはＮＡＴＯメンバーであるので、ロシアの配下になるのは、ＮＡＴＯが許さないはずだ。事実、オバマ大統領は、ギリシャをＥＵから手放すなというメッセージを出している。

ＮＡＴＯとＥＵはかなりオーバーラップしている【52】。その意味で、ギリシャは引き続きＮＡＴＯとＥＵに残る必要がある。

このように、ギリシャ問題への最終的な解は、「ギリシャは、最終的にはユーロ離脱・Ｅ

【52】欧州諸国のEURO、EU、NATOとの関係

	EURO	EU	NATO
オーストリア	○	○	×
ベルギー	○	○	○
ブルガリア	×	○	○
クロアチア	×	○	○
キプロス	○	○	×
チェコ	×	○	○
デンマーク	×	○	○
エストニア	○	○	○
フィンランド	○	○	×
フランス	○	○	○
ドイツ	○	○	○
ギリシャ	○	○	○
ハンガリー	×	○	○
アイスランド	×	×	○
アイルランド	○	○	×
イタリア	○	○	○
ラトビア	○	○	○
リトアニア	○	○	○
ルクセンブルク	○	○	○
マルタ	○	○	×
オランダ	○	○	○
ノルウェー	×	×	○
ポーランド	×	○	○
ポルトガル	○	○	○
ルーマニア	×	○	○
スロバキア	○	○	○
スロベニア	○	○	○
スペイン	○	○	○
スウェーデン	×	○	×
スイス	×	×	×
トルコ	×	×	○
イギリス	×	○	○
アルバニア	×	×	○

（資料）各国資料

U残留・NATO残留が望ましい」となる。冒頭に述べた、「ギリシャ問題は、国際金融、国際政治の絶好の〝生きた教材〟」という意味も、もうおわかりだろう。

13 戦争を防ぐ最終理論、「平和の5要件」

（2015年7月20日）

欧米に「強行採決」という言葉はない

安法関連法案が衆議院を通過した。強行採決とか言われるが、これは欧米にない言葉で、日本のマスコミによる独特な表現である。普通に言えば、単なる民主主義プロセスである。安倍政権は、集団的自衛権の行使容認の方針について、以前から主張し、それで3回の国政選挙を勝ってきた。もし、集団的自衛権の行使を法案化せずにあきらめたら、それは公約違反であり、国政選挙は無意味になってしまう。マスコミは、「国民の声は反対」と言うが、安倍政権の3回の国政選挙結果を無視しろと言うのだろうか。

マスコミは、憲法学者が反対しているというアンケートを掲載しているが、そうしたアンケートの時には3回の国政選挙での投票結果もあわせて掲載すべきだ。そうすれば、憲法学者がいかに民意とかけ離れた集団であるか、または日本の有権者が選挙公約をロクに読まずに投票する集団なのか、そのいずれかがわかるだろう。筆者はおそらく前者であると思う。

なにしろ、自衛隊が違憲という時代錯誤の見解をもっている集団だからだ。

それにしても、委員会採択当日の野党のプラカード行動は情けなかった。国会論戦では、リアルな国際政治・関係論がほとんどなく、憲法論などといった国際関係を無視したお花畑論ばかりだった。

国際政治・関係論、平和論では、どうしたら戦争をしないようにできるかを研究する。左派勢力のように「憲法第９条だけ唱えていれば、日本だけは平和になる」という議論は論外だ。安保関連法案を提出する政府・与党側も、反対する野党側も、ともに目指すは平和である。であれば、どちらの案がより日本を平和にできるかで競うべきである。この意味で、対案のない民主党は論外だが、参院では野党はしっかり対案をもって議論してもらいたい。

今回はそうした本格的な平和論が国会で議論されることを期待して、戦争に関する基礎データや理論を紹介したい。

アジアは戦争の多い地域である

基礎データは、戦争の相関プロジェクト(COW: The Correlates of War Project)である。ウェブサイトでデータはすべて公開されている。主要な資料は、１９８６－２００７年の戦争データとなる。

戦争の定義としては「1000人以上の戦死者を出した軍事衝突」が戦争と見なされており、この数量的定義が国際政治学では広く使われている。戦争と言っても、国内、国家間、それ以外に分けられている。本稿では、第2次大戦後の国家間戦争を取り上げてみよう（以下では、戦争とは「国家間戦争」を指すことにする）。

第2次大戦後、地球上では【53】のように、38回の戦争があった。そうした戦争には、いろいろな国が関与してきた。同一国において同一年で複数の戦争を行った時には複数国としてカウントして、戦後の戦争国数の推移を見ると、【54】のようになる。

朝鮮戦争、ベトナム戦争、湾岸戦争、コソボ戦争の時にはグラフが跳ね上がっている。戦争の発生は、しばしば時間に関してランダムなポワソン過程であると言われる。この場合、それぞれの戦争にはほとんど因果関係がないものと示唆されるが、実際にもそうなっていると感じさせられる。なお、ポワソン過程とは、故障・災害の発生、店舗への来客、電話の着信、タクシーの待ち時間などのモデル化でよく用いられているものだ。

【55】は、戦後の38の戦争について地域分布を示したもの、【56】はそのうちアジアでの15の戦争を表に表したものだ。アジアは、世界の中でも戦争が多い地域であることがわかる。ここで、アジアの戦争について、アジア諸国で関わった延べ年数を表した地図が次の【57】だ。

【53】 Wars in the world

War Name	Start Year	End Year
First Kashmir	1947	1949
Arab-Israeli	1948	1948
Korean	1950	1953
Off-shore Islands	1954	1955
Sinai War	1956	1956
Soviet Invasion of Hungary	1956	1956
IfniWar	1958	1958
Taiwan Straits	1958	1958
Assam	1962	1962
Vietnam War, Phase 2	1965	1975
Second Kashmir	1965	1965
Six Day War	1967	1967
Second Laotian, Phase 2	1968	1973
War of Attrition	1969	1970
Football War	1969	1969
Communist Coalition	1970	1971
Bangladesh	1971	1971
Yom Kippur War	1973	1973
Turco-Cypriot	1974	1974
War over Angola	1975	1976
Second Ogaden War, Phase 2	1977	1978
Vietnamese-Cambodian	1977	1979
Ugandan-Tanzanian	1978	1979
Sino-Vietnamese Punitive	1979	1979
Iran-Iraq	1980	1988
Falkland Islands	1982	1982
War over Lebanon	1982	1982
War over the Aouzou Strip	1986	1987
Sino-Vietnamese Border War	1987	1987
Gulf War	1991	1991
Bosnian Independence	1992	1992
Azeri-Armenian	1993	1994
Cenepa Valley	1995	1995
Badme Border	1998	2000
War for Kosovo	1999	1999
Kargil War	1999	1999
Invasion of Afghanistan	2001	2001
Invasion of Iraq	2003	2003

(Source) The Correlates of War Project

【54】 戦後の戦争国数の推移

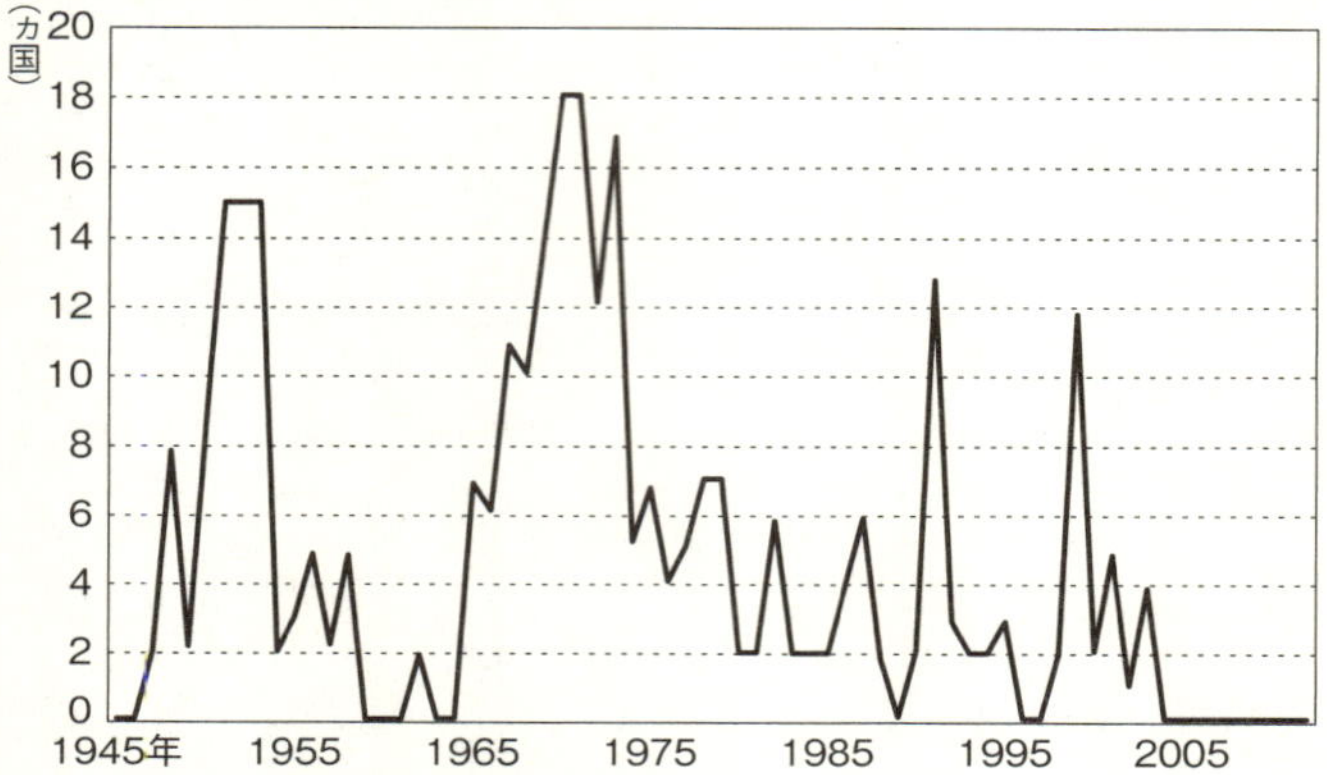

（資料） The Correlates of War Project
（注） 同一年で複数の戦争を行っている国は複数国とカウントしている

【55】 戦後の戦争の地域分布

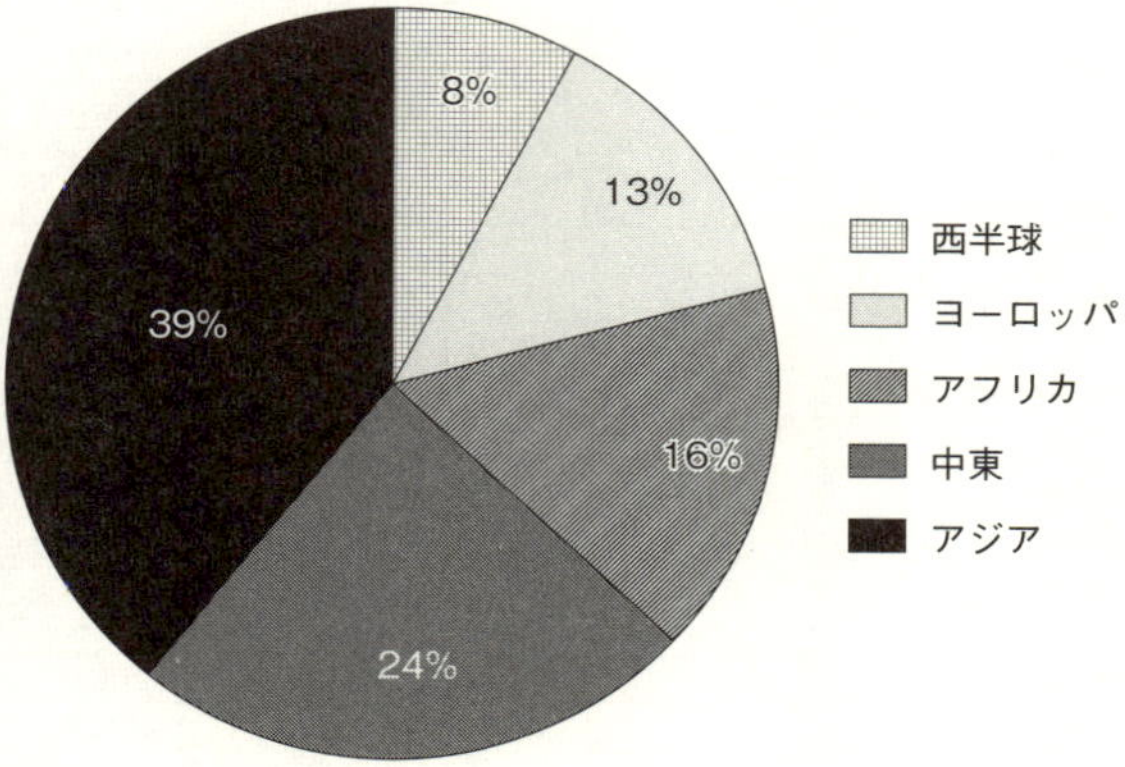

（資料） The Correlates of War Project

【56】 Wars in Asia

War Name	Side1 State Name	Side2 State Name	Start Year	End Year
First Kashmir	India	Pakistan	1947	1949
Korean	United States of America, Canada, Colombia, United Kingdom, Netherlands, Belgium, France, Greece, Ethiopia, Turkey, Philippines, South Korea, Thailand, Australia	China, North Korea	1950	1953
Off-shore Islands	Taiwan	China	1954	1955
Taiwan Straits	Taiwan (ROC)	China (PRC)	1958	1958
Assam	India	China (PRC)	1962	1962
Vietnam War, Phase 2	United States of America, South Korea, Thailand, Cambodia, South Vietnam, Philippines, Australia	Vietnam	1965	1975
Second Kashmir	India	Pakistan	1965	1965
Second Laotian, Phase 2	United States of America, Thailand, Laos	Vietnam	1968	1973
Communist Coalition	United States of America, Cambodia, South Vietnam	Vietnam	1970	1971
Bangladesh	India	Pakistan	1971	1971
Vietnamese-Cambodian	Cambodia	Vietnam	1977	1979
Sino-Vietnamese Punitive	Vietnam	China	1979	1979
Sino-Vietnamese Border War	Vietnam	China	1987	1987
Kargil War	India	Pakistan	1999	1999
Invasion of Afghanistan	United States of America, Canada, United Kingdom, France, Australia	Afghanistan	2001	2001

(Source) The Correlates of War Project

【57】戦後アジアの戦争国

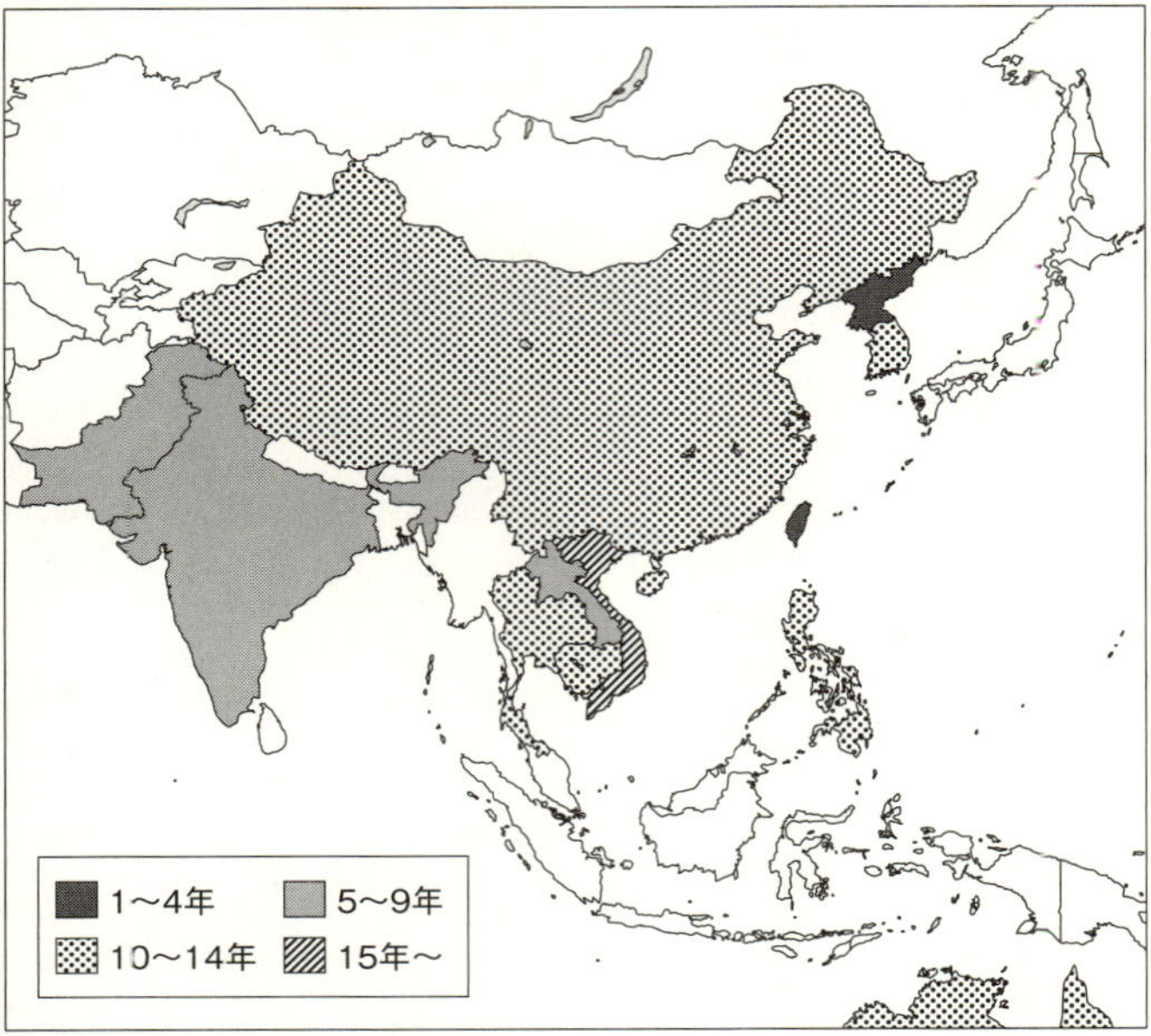

（資料）The Correlates of War Project

ベトナム、中国、韓国、フィリピン、タイ、カンボジアの回数が多い。また、アジアではないがオーストラリアも多い。これらの国は、世界の中で見ても、目立った戦争関与国である。それは、世界の国と比較した【58】からわかる。

アジアは戦争が多い地域であり、しかも、日本のまわりには、戦争関与国が多いことがわかる。特に、中国の脅威は無視できない。例えば、中国機に対する自衛隊のスクランブル回数は、最近急増して

【58】戦後世界の戦争国の分布

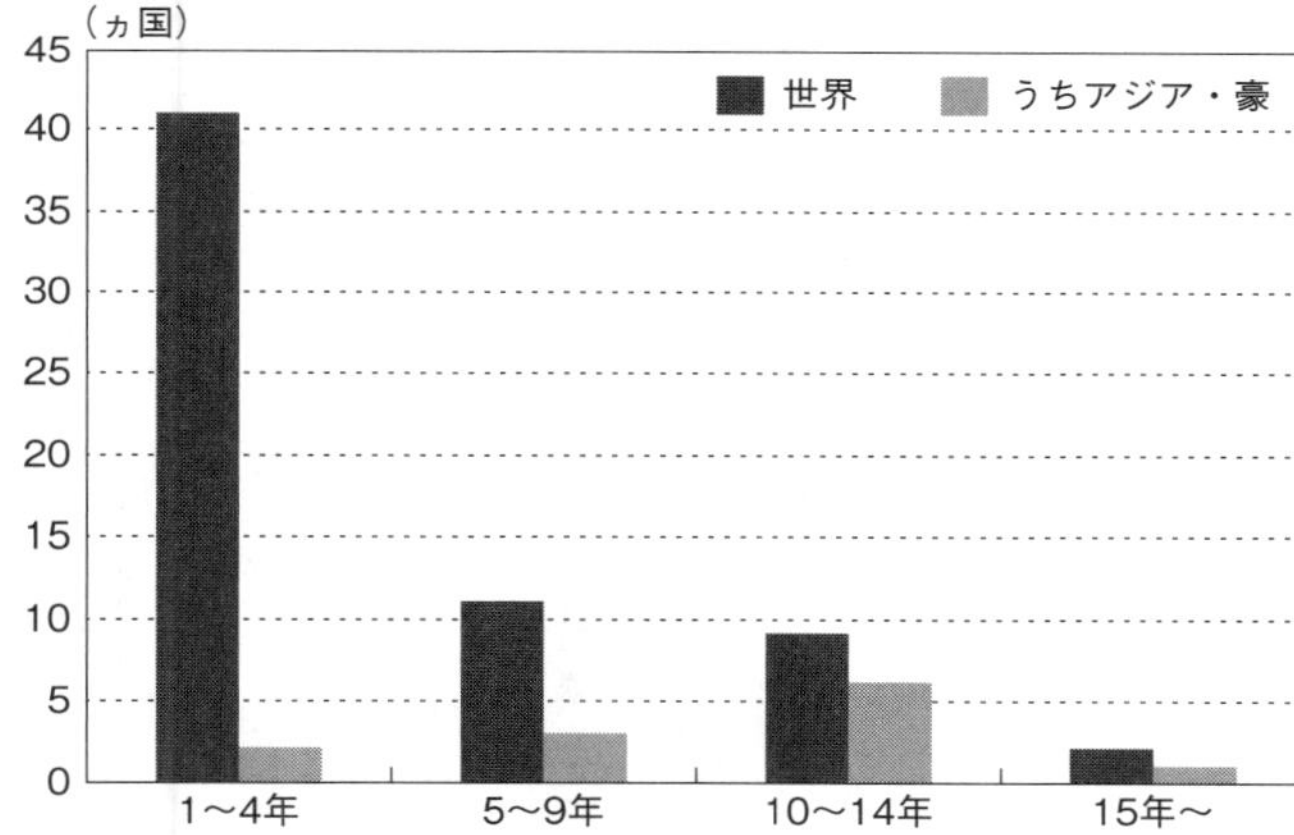

(資料) The Correlates of War Project

【59】自衛隊のスクランブル回数とその内訳

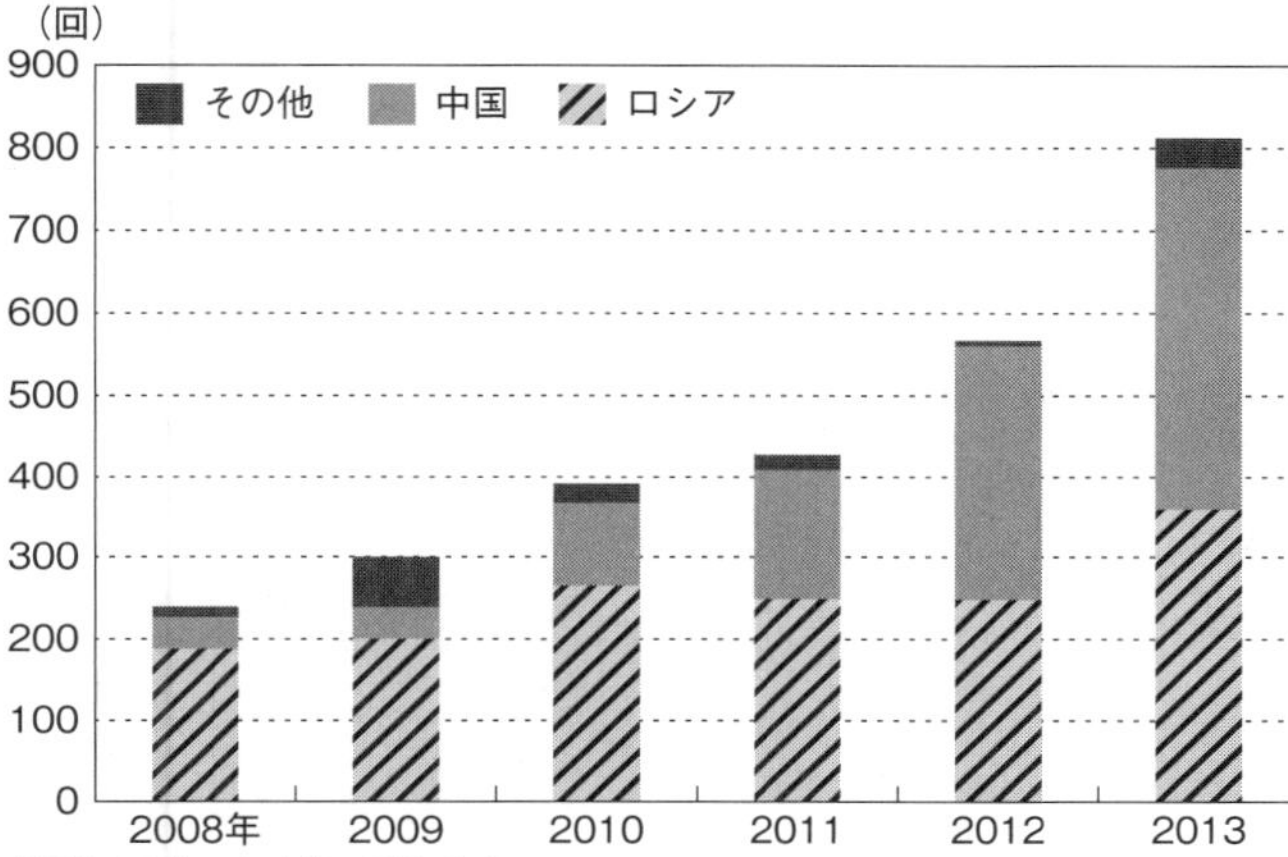

(資料) 平成26年度版　防衛白書

いる【59】。

中国を特に重視するのは、国際政治・関係論から見て、十分な根拠がある。民主主義国間では戦争は起こらないと主張する「民主的平和論」(democratic peace theory) だ。

これは、古くはカントの『永遠平和のために』を源流として、筆者がプリンストン大学時代にお世話になったマイケル・ドイル教授（現コロンビア大学教授）が現代に復活させ、今や国際政治・関係論では、もっとも法則らしい法則と見なされるものだ。

戦争を考えるうえで最も重要な理論

アジアにおいては、民主主義とはかけ離れた国として、中国、北朝鮮、ベトナムなどがある。日本にとって、中国や北朝鮮との距離は目と鼻の先であり、戦争について十分に警戒すべき国である。

民主的平和論については、民主主義の定義が曖昧とか、例外はあるなどという批判を受けてきた。ところが、ブルース・ラセットとジョン・オニールは、膨大な戦争データから、「民主主義国家同士は、まれにしか戦争しない」事実を実証した。その集大成が、両氏によって2001年に出版された"Triangulating Peace"という本だ。筆者はプリンストン大学時代に同書に出会うことができて、幸運だった。

【60】カントの三角形

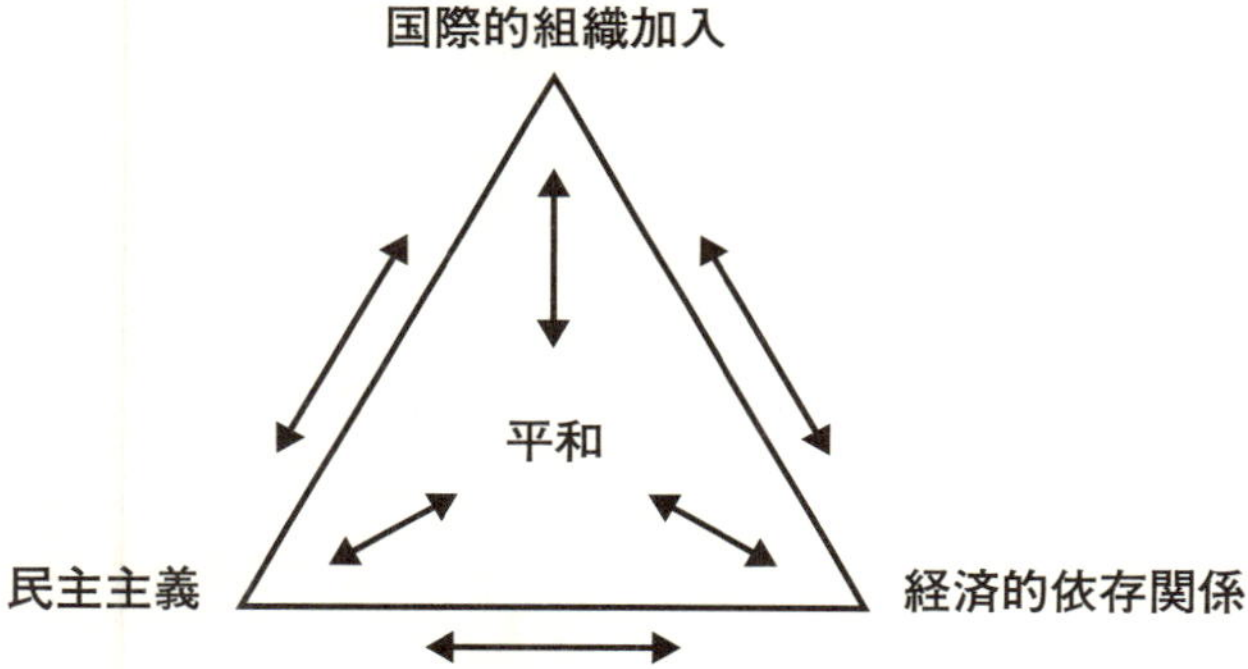

（資料）B. Rusett and J. Oneal "Triangulating Peace" 2001

同書は、従来の考え方を統合整理している。従来の国際政治・関係論では、軍事力によるバランス・オブ・パワー論に依拠するリアリズムと、軍事力以外にも貿易などの要素を考慮し平和論を展開するリベラリズムとが対立してきた。

同書では、1886年から1992年までの戦争データについて、リアリズムとリベラリズムのすべての要素を取り入れて実証分析がなされている。すると、リアリズムの軍事力も、かつてカントが主張していた「カントの三角形」【60】も、すべて戦争のリスクを減らすためには重要である――という結論が導き出されたのである。なお、カントの三角形とは、民主主義、経済的依存関係、国際的組織加入の3点が平和を増すという、リベラリズムに近い考え方である。このうち、民主主義と戦争の関係が、「民主的平和論」として知られている。

同書によれば、軍事力（リアリズム）は、①同盟関係を持つこと、②相対的な軍事力、そしてカントの三角形（リベラリズム）は、③民主主義の程度、④経済的依存関係、⑤国際的組織加入という具体的な要素に置き換えられ、それぞれ、戦争を起こすリスクに関係があるとされたのだ。

より具体的にいえば、きちんとした同盟関係をむすぶことで40％、相対的な軍事力が一定割合（標準偏差分、以下同じ）増すことで36％、民主主義の程度が一定割合増すことで33％、経済的依存関係が一定割合増加することで43％、国際的組織加入が一定割合増加することで24％、それぞれ戦争のリスクを減少させるということが、"Triangulating Peace"では述べられている。

国際関係の最終理論

ラセットとオニールによる"Triangulating Peace"は、国際政治・関係論の中において、すべての考え方を統一的にとらえた最終理論のようにも思える。

①同盟関係については、対外的には抑止力を持つので侵略される可能性が低くなるとともに、対内的にはそもそも同盟関係になれば同盟国同士では戦争しなくなるから、戦争のリス

クを減らす。②相対的な軍事力については、差がありすぎると属国化して戦争になりにくい。③民主主義については、両国ともに民主主義だと滅多に戦争しないという意味で、古典的な民主的平和論になる。一方の国が非民主主義だと、戦争のリスクは高まり、双方ともに非民主主義国なら、戦争のリスクはさらに高まる。アジアにおいては中国とベトナムとが何度も戦争しているが、まさにこの例だろう。④経済的依存関係、⑤国際的組織加入については、従来のリアリズムから重要視されていなかったが、実証分析では十分に意味がある。

要するに、国の平和のためには、①〜⑤までを過不足なく考慮する必要がある。ここで、重要なのは、属国化を望まないのであれば、①同盟関係と、カントの三角形③〜⑤を両方ともに考えなければいけないということだ。カントの三角形だけで、①同盟関係の代替はできない。しかも、非民主主義国が相手の場合には、カントの三角形が崩れているので、①同盟関係にかかる比重は、ことさら大きくならざるをえない。

なお、最近の中国を見ると、④経済的依存関係では、戦争のリスクは減少しているが、⑤国際的組織加入において、中国のＡＩＩＢ（アジアインフラ投資銀行）の独自設立は不安定要因にもなりうるだろう。

こうした国際政治・関係論の観点から、民主党の主張を考えてみよう。

民主党は、集団的自衛権の行使をすると、戦争のリスクが高まるという主張を行っている。しかし、過去の戦争データでは、先に述べたように同盟関係の強化は戦争リスクを減少させると否定されている。

であれば、その理由、および説得力を持つデータを民主党は出す必要がある。維新の党についても同じだ。リスクについて、彼らは何か勘違いをしているのではないか。

また、戦争のリスクとの関係で、集団的自衛権を行使すると、戦争に巻き込まれるとも言う。この点は、戦後、アメリカが関与した戦争の表を見てみよう【61】。

たしかに、アメリカが関与した戦争は米単独ではなく複数国が関わっている。ただし、イギリスやフランスを別にすれば、その地域に密接した国が参加している。例えば、ドイツは湾岸戦争には参戦せず、コソボ戦争には参戦した。朝鮮戦争は、日本の海上保安庁は機雷掃海しているので、参加国に載っていても不思議ではないが、所詮その程度までである。

防衛費でGDP1%以内という事実上の枠があったので、自衛隊は十分な戦力投射能力を持っていない。それが現実なので、軍事行動に関してアメリカから期待されることはまずない。「地球のウラまで」というのは、現実的にありえない話である。

アメリカが複数国とともに戦争してきたという事実は、日本に対する抑止力向上になる。実際、アメリカはベトナムを除いて同盟国への侵略をさせていない。

集団的自衛権の行使のポイントは、①抑止力の向上、②防衛費の節減、③個別的自衛権の

【61】 Wars by US

War Name	Side1 State Name	Side2 State Name	Start Year	End Year
Korean	United States of America, Canada, Colombia, United Kingdom, Netherlands, Belgium, France, Greece, Ethiopia, Turkey, Philippines, South Korea, Thailand, Australia	China, North Korea	1950	1953
Vietnam War, Phase 2	United States of America, South Korea, Thailand, Cambodia, South Vietnam, Philippines, Australia	Vietnam	1965	1975
Second Laotian, Phase 2	United States of America, Thailand, Laos	Vietnam	1968	1973
Communist Coalition	United States of America, Cambodia, South Vietnam	Vietnam	1970	1971
Gulf War	United States of America, Canada, United Kingdom, France, Italy, Morocco, Egypt, Syria, Kuwait, Qatar, United Arab Emirates, Oman	Iraq	1991	1991
War for Kosovo	United States of America, United Kingdom, Netherlands, France, Germany, Italy, Turkey	Yugoslavia	1999	1999
Invasion of Afghanistan	United States of America, Canada, United Kingdom, France, Australia	Afghanistan	2001	2001
Invasion of Iraq	United States of America, United Kingdom, Australia	Iraq	2003	2003

(Source) The Correlates of War Project

抑制の3つだ。この3点について、野党の対案は、政府案よりすぐれているのかどうか、是非、参院は良識の府としての矜恃《きょうじ》を示してもらいたい。

14 日本の集団的自衛権行使に反対なのは中韓だけ

（2015年7月27日）

前回の本コラムについて、ある国際政治関係者から「今の日本の安全保障論争のみならず、論点を明確に言えない日本の国際政治・関係論への挑戦にもなっている」と冷やかされた。

日本は不思議な国

世界の多くの国がどこかの国と何らかの同盟関係をなぜ結ぶかと言えば、そのほうが戦争のリスクを減らせるからである。集団的自衛権の行使は同盟関係の基本中の基本なので、何らかの同盟関係を結んでいる国では、本来、議論にさえならない。

この点、日米同盟がありながら、集団的自衛権の行使の是非を議論する日本は実に不思議な国だ。多くの国では、「日本が集団的自衛権を行使する」と言ったら、同盟関係がありながら集団的自衛権の行使を認めてこなかったこれまでの「非常識」を、世界の常識に変えるくらいにしか思わないだろう。

何度も指摘しているが、集団的自衛権の行使は、①戦争のリスクを減少させ、②防衛費を安上がりにし、③個別的自衛権の行使より抑制的である——だから望ましいのだ。

このような事情があるので、世界の国では、日本の集団的自衛権の行使について、ほとんどの国が賛同している。ここ1〜2年のニュースを調べただけでも、アメリカ、カナダ、イギリス、ドイツ、オーストラリア、ニュージーランド、フィリピン、シンガポール、ベトナム、マレーシア、タイ、インドネシア、ミャンマー、インドなどの国のほか、EU（欧州連合）、ASEAN（東南アジア諸国連合）も賛同のコメントを出している。

つまり、世界では集団的自衛権は広く認知されているのである。

なぜ韓国まで反対するのか

しかし、例外もある。中国と韓国は日本の集団的自衛権の行使について支持していない。

まず、中国が反対であるのは、中国が海洋権益を拡大するには日本が障害になるので、中国の国益を考えると納得できる。中国は武力衝突も国益のためにはやむをえないと考えるので、日本の防衛力強化には反対なのだ。逆に日本にとって、これは看過できない。

中国が反対で、世界の国が賛成ということは、日本の集団的自衛権の行使は間違っていないという何よりの証になるだろう。もし、集団的自衛権の行使で、日本が戦争する国となるならば、世界の国が賛成するはずはないからだ。

それにしても不思議なのは韓国である。一応、民主主義かつ資本主義国である。韓国は、ベトナム戦争では集団的自衛権を行使している。

前回の戦争の表【61】で示したように、朝鮮戦争において、日本は参加していないとされているが、日本の海上保安庁が朝鮮水域において国連軍のために機雷掃海を行ったことは周知の事実である。これは、日本が韓国のために集団的自衛権を行使したと言ってもいいかもしれないほどだ。

こうした事実がありながら、韓国は日本のことになると、何でも反対でまったく理性がなくなるとしか言いようがない。朝鮮半島の地政学的な位置や、常に中国の強い影響下で行動してきた歴史など、中国の態度を過度に恐れているのかもしれない。

ただし、日本の集団的自衛権の行使を認めようとしない韓国の感情的な反応は、朝鮮半島が有事になると一気にすっ飛ぶはずだ。

日本には、米軍の他に国連軍もいることはすでに触れたが、国連軍司令部は韓国にある。こうした国連軍の体制は、1953年7月に朝鮮戦争が休戦となり、休戦協定が発効した翌54年2月以来のことである。朝鮮戦争は今でも休戦状態であり、終戦したわけではないのだ。

韓国のロジックは破綻している

もし朝鮮半島で有事になれば、「国連軍地位協定（日本国における国際連合の軍隊の地位に関する協定）」によって、これらの米軍基地は、日本政府の同意を得て使用されるはずだ。つまり、日本の基地使用について事前協議にかかるわけだ。ここで、韓国が、日本の集団的自衛権の行使を認めないとなると、事前協議において、日本が同意できなくなってしまう。

こうしたロジックについては、安倍首相も14年7月15日の参議院予算委員会で、次のように答弁している。

「集団的自衛権の行使をしない国というのはスイスをはじめ極めて少数でございまして、そのほとんどは行使が可能という国でありまして、日本はそうした国々よりも極めて制限的に行使を今回認めることになったのでございますが、そうしたことも含めて、これは韓国にとってどういうことなのかということもしっかりと韓国に理解していただけるようにしたいと思いますし、そもそもそうした事態において、救援に来援する米国の海兵隊は日本から出ていくわけでありまして、当然これは事前協議の対象になるわけでありますから、日本が行くことを了解しなければ韓国に救援に駆け付けることはできないわけでありまして、その上においても、本来、日米韓の緊密な連携は必要だと、こういうことも含めて理解を求めていきたいと、このように考えております」

国連軍について、日本は、オーストラリア、カナダ、フランス、ニュージーランド、フィリピン、タイ、トルコ、アメリカ、イギリスの9ヵ国と国連軍地位協定を締結している。米軍の横田基地には、日本とアメリカの国旗とともに、国連旗が立っている。

これらの国では、これまでの日本の集団的自衛権の考え方は、かなりおかしいと思っていたはずだが、今回の安保関連法案で少しはマシになると考えているだろう。まして、韓国が反対するとは、思っていないはずだ。だから、これらの国では、朝鮮半島が有事になれば、ほぼ自動的に日本は基地利用を認めるはずと思っている。もし韓国が日本の集団的自衛権の行使に反対と聞いたら、さぞかしびっくりするだろう。

確率論がわからないマスコミ

それにしても、日本の左派マスコミ・知識人の反対ぶりはちょっと異常だろう。これだけ、戦争のリスクを減らすものとして世界で支持されているのに、根拠もなしに「戦争法案」などとレッテル貼りをするのだから酷い。

まあ、確率論が苦手なのは仕方ない。当たり前の正当防衛（英語でいえばself-defense、

【62】同じグループで同じ誕生日の人がいる確率

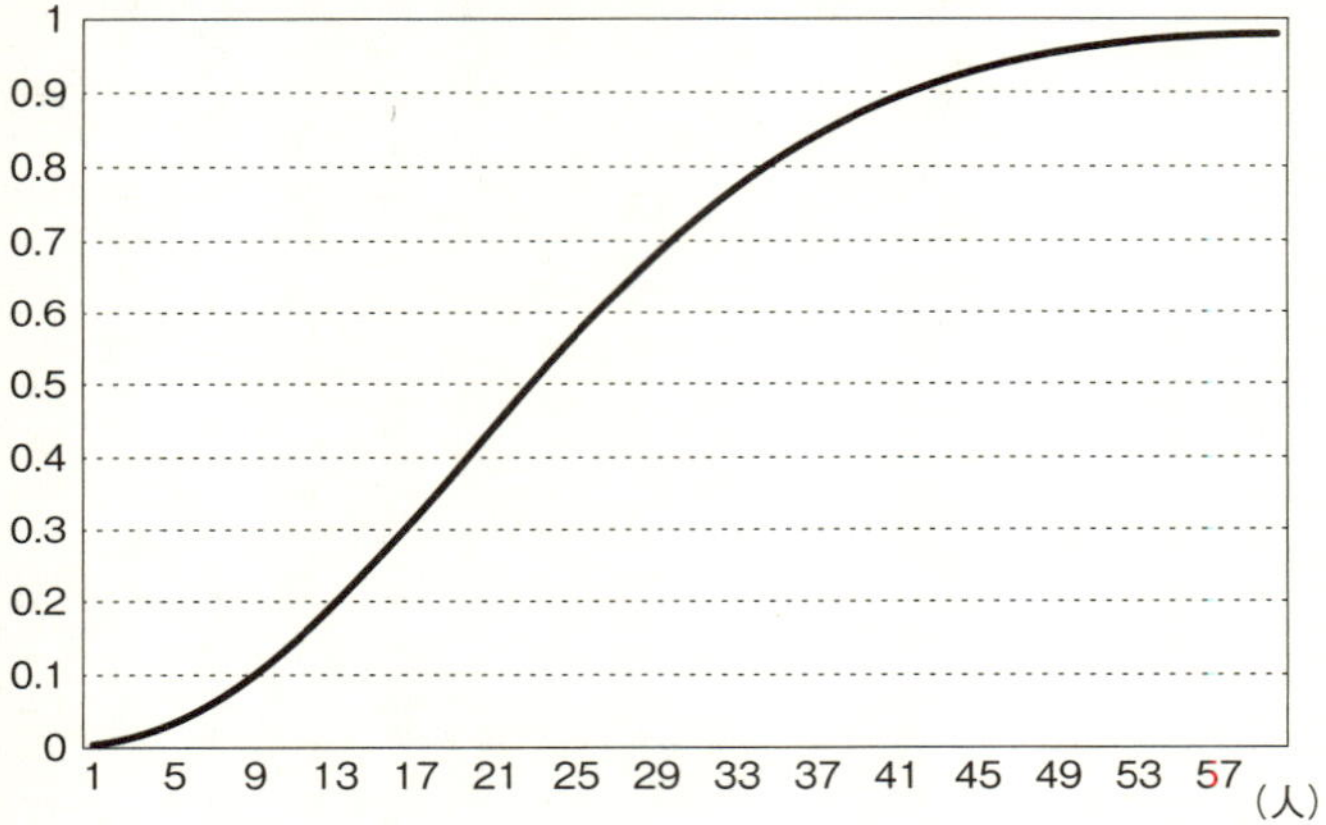

自衛権と同じで「他衛」も含む）であっても、他衛のリスクだけに気を取られて、抑止力で攻撃されないという重要なメリットを忘れてしまう。

　こうした確率論をしっかり認識できない例はしばしばある。例えば、「誕生日パラドックス」として知られていることだが、ある人数のグループで同じ誕生日の人がいる確率が50％を超えるのは何人以上のグループかと聞くと、多くの人は正解（23人である。41人で90％を超え、57人で99％を超える）より大きな人数を答える。

　そんなはずはないと思うかもしれないが、多くの人は「自分と同じ誕生日」と誤解して、自分以外の2人が同じ誕生日になることを考えられないのだ。ちなみに、ある人数で少なくとも1組が同じ誕生日になる確率は【62】のようになる。

　集団的自衛権の行使は戦争になるという人は、

「攻められなくなって戦争をしなくなる」という場合を考えていないだけだ。もっとマジメに戦争のリスクを考えたければ、前回の本コラムで紹介した戦争に関する多量のデータを見る必要がある。

「川を上れ、海を渡れ」

それにしても、世界のほとんどの国が、集団的自衛権の行使に賛同しているという事実さえ押さえておけば、今の日本の左派マスコミや知識人の論調はありえない。本当に戦争法案なら世界の国が賛成するはずない。日本の左派マスコミ・知識人は、中国と特別な利害関係があると邪推してしまいそうだ。

そう言えば「世界の国々では、日本の集団的自衛権の行使に賛成している」という報道は目立たない。安倍首相も答弁しているように、「集団的自衛権の行使をしない国というのはスイスをはじめ極めて少数でございまして、そのほとんどは行使が可能という国」という事実も、あまり国民に知らされていない。まして、筆者のように、戦争リスクの低下を定量的に示す意見もマスコミでは報道されない。

筆者が役人時代に教えてもらって役に立った教訓は、「川を上れ、海を渡れ」だ。「川を上れ」とは過去の経緯を調べること、「海を渡れ」とは海外の事例を調べることだ。これらさえやっておけば、そのロジックがわからなくても、判断に迷うことはないというものだ。

集団的自衛権の行使に当てはめると、川を上れば、朝鮮戦争での機雷掃海、日本での米軍・国連軍の駐留から「集団的自衛権を行使しない」という従来政府答弁のおかしさがわかる。海を渡れば、世界の事例の多さにそのおかしさを直す確信が得られる。しかも、国際政治・関係論からデータもたっぷり存在するうえ、集団的自衛権行使の合理性もわかる。

これらを報道しない左派マスコミはかなりおかしい。

15 自殺者を増やしてしまった民主党に安保の議論をする資格はあるのか

（2015年8月3日）

「非人間的」と言われて

安保関連法案について「ママたちもデモ」という記事があったので、「戦争になる、徴兵制になるとの間違った知識を前提にしてデモを行うとは、暑い中でご苦労なことだ」とツイートしたら、筆者を非人間的と決めつけるようなリアクションがあった。

ここでの論点は、安保関連法案を認めると、本当にA「戦争になる」、B「徴兵制になる」のか否かである。

筆者の立場は右でも左でもない。データや事実を合理的に考えて判断を下すだけである。AとBはともに間違いだから、炎天下のデモはやらないほうがいいと思う。

まず、A「戦争になる」については筆者は何度も指摘しているが、集団的自衛権の行使は①戦争のリスクを減少させ、②防衛費を安上がりにし、③個別的自衛権の行使より抑制的だから、戦争になるリスクは減ると考えている。

安全になってコストが安いのなら、安保関連法案に反対すべき理由はない。中国と韓国を除く世界の国々が、日本の安保関連法案に賛成するのも、この理由からだ。しかも、根拠になっている数量的データも示している。この数量的データと違うものを出されたら、筆者としても考え直す余地はあるが、まだそれを見たことがない。

国会の議論も「戦争に巻き込まれる論」ばかりだ。ちょっと調べてみたら、1960年安保条約の改定時の国会でも反対の野党は「戦争に巻き込まれる」論を叫んでいた。しかし、その後の歴史を振り返れば、安保改定論者が正しく、反対論者は間違っていた。

ところがNHKの討論番組を見ていると、あいかわらず、一部の野党は「自衛隊が危険に巻き込まれるリスクが高まる」という主張ばかりだ。筆者の「戦争のリスクが低下する」という考えとは、まったく議論がかみ合わない。それは、一部の野党が「戦争のリスクが高まる」という全体を見通した議論をしているのではなく、「不測の場合における自衛隊のリスク」に問題を矮小化して議論しているからだ。この点については、すでに本書11章「あの中国に集団的自衛権ナシでどう立ち向かうというのか」の表【48】で説明済みなので繰り返さない（106～108ページ参照）。民主党などの野党は、集団的自衛権によって安全になるケースをまったく考慮していない。高校レベルの確率論が理解できれば一目瞭然の話なのに――である。

徴兵制はありえない

次に、Ｂ「徴兵制になる」であるが、兵器技術の進歩した近代においては専門性に欠ける兵士は必要ない。はっきり言えば、素人は現代戦では足手まといなのだ。自民党の佐藤正久元防衛政務官（元陸上自衛隊イラク先遣隊）も、現代戦では、高性能の兵器やシステムを使いこなすスキルが求められ、それに要する期間は10年程度が必要と喝破している。

主要国を見ても、カナダ、フランス、ドイツ、イタリア、日本、アメリカ、イギリスのＧ7はすべて徴兵制ではない。Ｇ20では、欧州連合、文献によって採用と不採用が不明なインドネシアを除く18ヵ国で見ると、ブラジル、韓国、メキシコ、ロシア、トルコの5ヵ国が徴兵制の国だが、日本のほか、アルゼンチン、オーストラリア、カナダ、中国、フランス、ドイツ、インド、イタリア、サウジアラビア、南アフリカ、イギリス、アメリカの13ヵ国が徴兵制を実施していない。

集団的自衛権の関連で考えると、徴兵制が敷かれる事態はますますありえなくなる。

集団的自衛権の典型を考えるとき、北大西洋条約機構（ＮＡＴＯ）が便利だ。二国間の安全保障条約では、日本のように「アメリカが許してくれているから、特別に集団的自衛権の行使はしなくてもいい」というお花畑解釈を、戦後左の人たちは主張してきた。

だがNATOのような多国間安全保障条約になると、集団的自衛権の行使をしないとか、そのようなエゴはありえなくなる。そうしたNATO国と、NATOに入っていないヨーロッパ各国の徴兵制を調べたのが【63】だ。NATO28ヵ国中、徴兵制でない国22ヵ国、徴兵制の国5ヵ国、今は徴兵制でないがウクライナの脅威で再開する国1ヵ国である。徴兵制でない国では、フランス、ドイツなど最近になって徴兵制を止める国が増えている。

ヨーロッパでNATOに入っていない国、つまり集団的自衛権の行使は否定しないが、それに頼らずに個別的自衛権で防衛する国では、スウェーデン以外の4ヵ国は徴兵制だ。

このような世界の現実を見れば、日本で徴兵制がとられるという「前提」がちょっとおかしいと言わざるをえない。安全保障の議論の時はいつもそうなのだが、立憲主義者の議論はリアルではなく、極端な事例ばかりだ。この徴兵制もその典型であり、議論にならないはずのものを無理矢理もってきて、恐怖感を煽っている。

むしろ、集団的自衛権に頼らず防衛を行おうとすると、そのほうが徴兵制になる可能性が高いのではないだろうか。

【63】NATO国の徴兵制

アルバニア	×（2010年廃止）
ベルギー	×（1994年廃止）
ブルガリア	×（2008年廃止）
カナダ	×
クロアチア	×（2008年廃止）
チェコ	×（2005年廃止）
デンマーク	×（注）
エストニア	○
フランス	×（2001年平時停止）
ドイツ	×（2011年平時停止）
ギリシャ	○
ハンガリー	×（2004年平時停止）
アイスランド	×
イタリア	×（2005年平時停止）
ラトビア	×
リトアニア	△（2015年9月から再開予定）
ルクセンブルク	×
オランダ	×（1997年廃止）
ノルウェー	○
ポーランド	×（2009年廃止）
ポルトガル	×（2004年廃止）
ルーマニア	×（2007年廃止）
スロバキア	○
スロベニア	×
スペイン	×（2001年廃止）
トルコ	○
イギリス	×（1960年廃止）
アメリカ	×（1973年廃止）

NATO非加盟国の徴兵制

オーストリア	○
キプロス	○
フィンランド	○
スウェーデン	×（2010年廃止）
スイス	○

（注）徴兵制と言われるが、ほぼすべてが志願兵
（資料）国会図書館「外国の立法」

誤った経済政策は人を殺す

ところが最近、「徴兵制はありえないかもしれないが、経済的徴兵制はありうる」と反論する人たちがでてきた。この言葉は、英米の反戦的な人が言い出したもので、政府がわざと失業を放置するため、大半の国民が生活のために志願兵にならざるをえなくなる——という主張だ。先進国で徴兵制がなくなりつつある現実のなか、どうしても「徴兵制」という言葉を使いたいようで、強制的ではない「経済的」と、強制的な「徴兵制」をあわせて造語した、矛盾に満ちた言葉である。

もっとも、日本でこの言葉について考えるとは、場違いも甚《はなは》だしい。先進国の中でも、日本の失業率は低い【64】。もちろん、失業率の水準は各国の固有の状況があるので、単純に比較できるものではないが、政府が失業を作り出しているという批判はあたらない。

特に、安倍政権の場合、異次元金融緩和によって大きく就業者数を増加させ、民主党政権に比べて完全雇用に近い水準にしていることは疑いのない事実だ【65】。失業者の職業選択が自衛隊しかないというのは、日本ではありえないので、経済的徴兵制の状況にはほど遠い。

ちなみに、金融緩和していなかったなら、ある意味で、戦争よりもっと悲惨になっていた

【64】失業率の国際比較（OECD諸国、2014年）

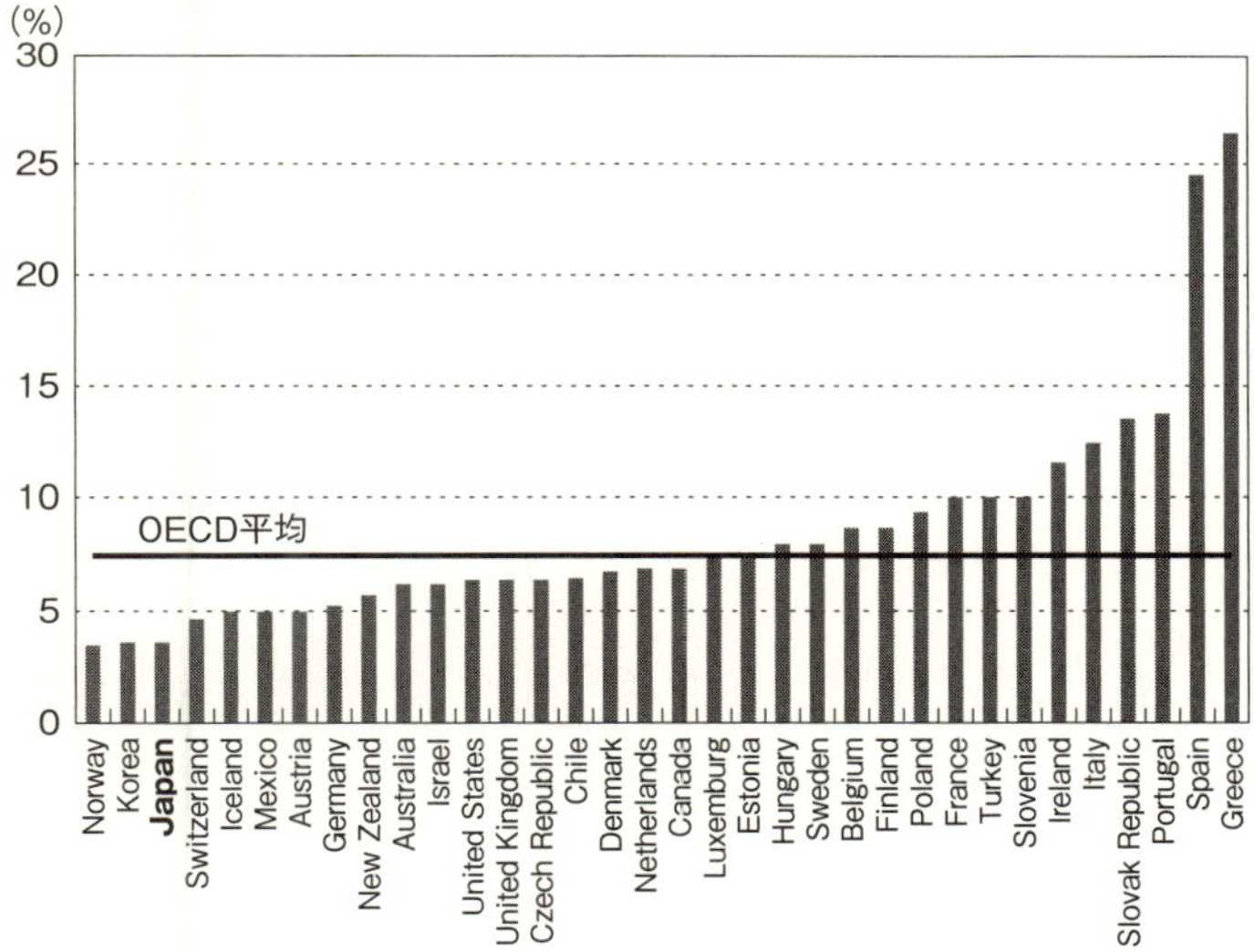

（資料）OECD, Economic Outlook No. 97

かもしれない。間違った経済政策は人を殺すのだ。過度な緊縮財政は人々の健康を害し、その結果死亡率を高めることも知られている。また、金融政策は失業率に影響するが、失業率の変動は自殺率にも関係する。結果として、金融政策は人を生かしも殺しもする。

民主党時代の２０１０年から３年間における平均の自殺者数は２万８３００人／年、自殺率は10万人当たり22・４人だったが、安倍政権の２０１３年から２年間におけるそれらは、２万５２００人／年、20・１人と大きく改善している。これらの自殺者数の減少は、

【65】就業者数（万人）の推移

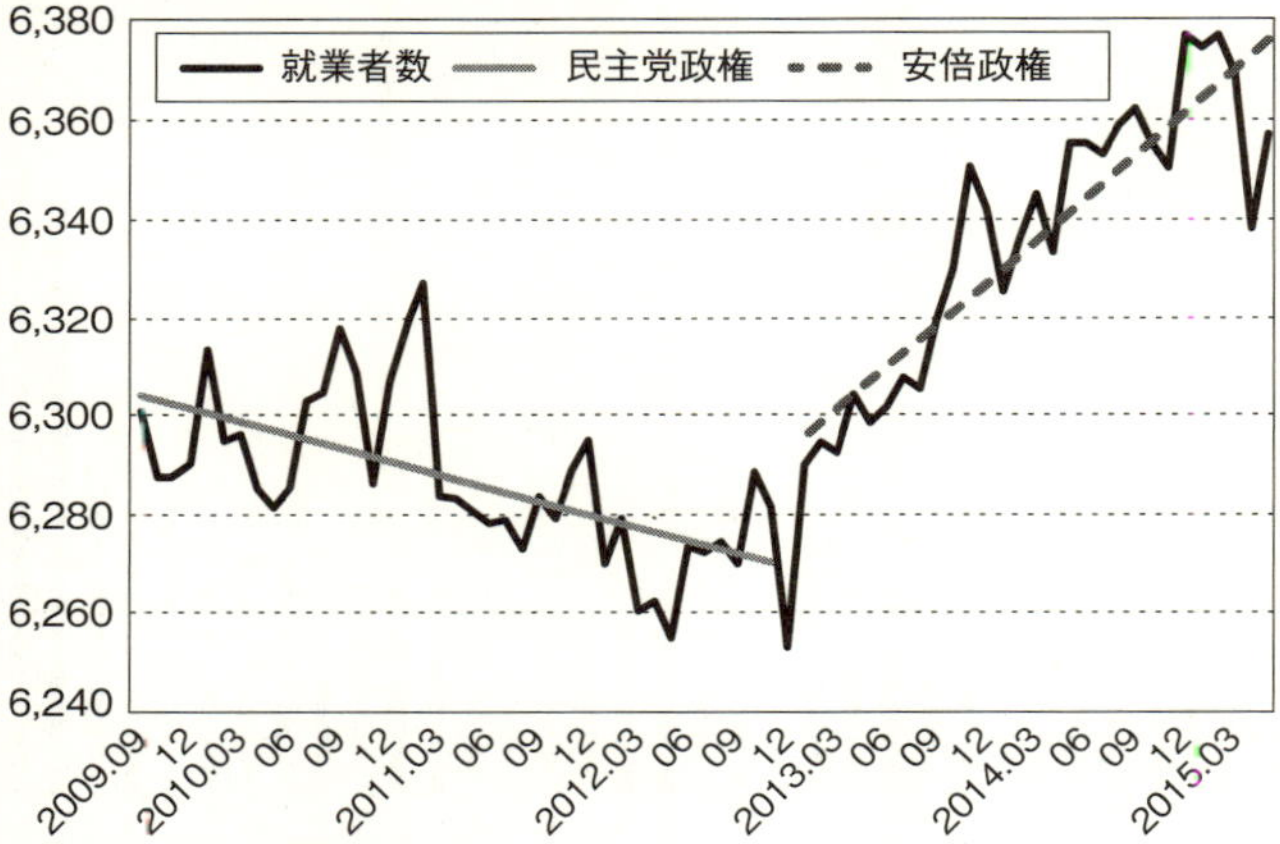

（資料）総務省「労働力調査」

【66】失業率と自殺率の推移（1980－2014年）

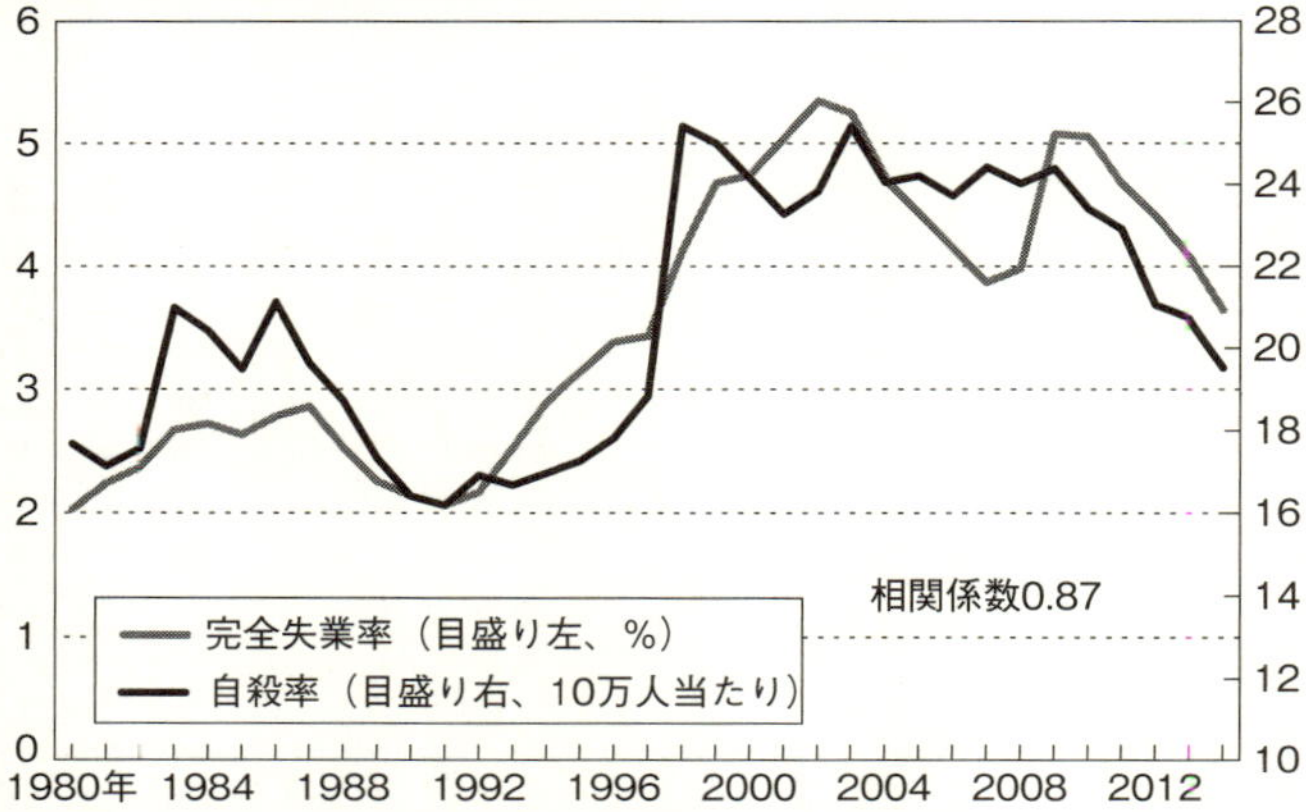

（資料）厚生労働省「人口動態統計」、総務省「労働力調査」

金融緩和によるものであり、事前に予想されたとおりの効果である【66】。

安保関連法案に対して、一部野党からのA「戦争になる」、B「徴兵制になる」という批判は、集団的自衛権が戦争リスクを減少させるという国際政治・関係論の常識から見れば間違っている。それは、金融政策について無理解で、間違った金融政策を行い、結果として人を多く殺したのと、人の命を大切にしないという点において、筆者にはダブって見える。

年間自殺者数を3000人以上も安倍政権より増やしておきながら、今度も、戦争リスクを減らす安保関連法案に反対するのは、命を大切にする観点から、民主党にとっては2度目の大間違いになるのではないか。

16

中国経済は大きな「マイナス成長」局面に入っている

（2015年8月24日）

中国経済の落ち込みは、実に深刻

日本の2015年4－6月期GDPがすこぶるよくない。

8月17日に発表された4－6月期GDPは、前期比で▲0・4%。その内訳を寄与度で見ると、民間消費▲0・4%、民間設備など＋0・1%、公的消費・投資＋0・2%、純輸出▲0・3%である。「民間消費」と「純輸出」が悪かった。

「民間消費」が悪いのは、14年4月からの消費増税の影響である。97年の時にもそうだったが、消費増税は恒久的な影響があるので、そう簡単に悪影響はなくならないのだ。

ただ、アベノミクスの円安のおかげで、外国為替資産特別会計の20兆円が使えるので、政府として手の打ちようはある。今のところ、GDPギャップ（潜在GDPと実際のGDPの差）は10兆円くらいある【67】ので、5兆～10兆円の対策をしても、財源の心配は必要ない。

【67】GDPと潜在GDPの推移（兆円）

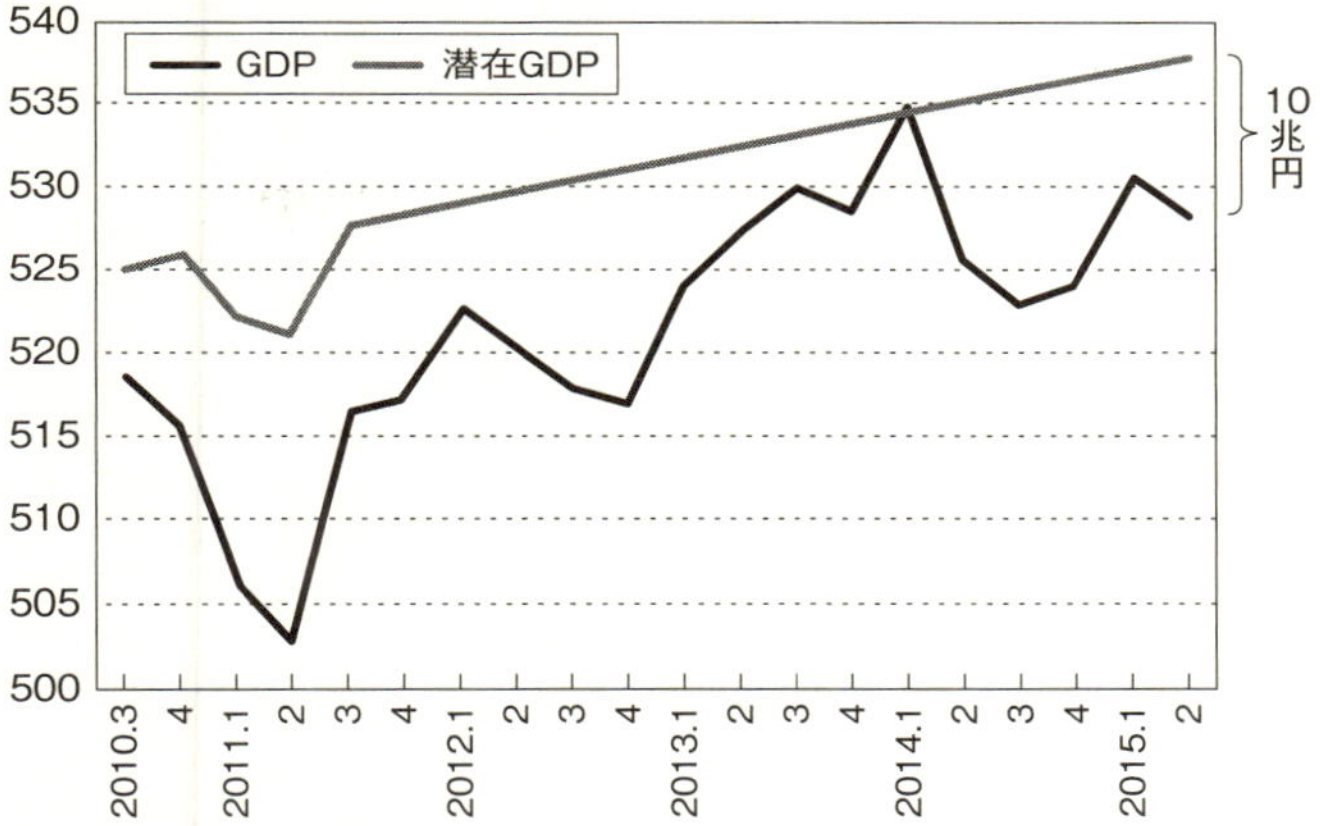

（資料）内閣府「GDP統計」、潜在GDPは筆者試算

深刻なのは、「純輸出」の減少の原因となっている、中国経済の落ち込みである。上海株が再び下落し、製造業の景況感指数も悪化するなど、中国経済への懸念が広がっている。その不安は、世界の株安にまで広がっているようだ。株価に一喜一憂しても意味はない。中国の株式市場は管理相場なので、下がると次は上がるかもしれない。

ただ、当面の株価ではなく、中期的な中国経済の先行きがどうなるか、リーマン・ショックのように世界経済に悪影響を及ぼすおそれはあるのかを考えておきたい。

経済統計がまったく信用できない国

まず、世界貿易における中国の位置を確認しておこう。

中国の輸出入額を合計した貿易総額は4兆ドルを超えて、世界第1位である。輸入額については、アメリカに次いで世界第2位。輸入のうち、アジアからが5割を超えている。中国の輸入は相手国から見れば輸出であり、国別で見ると、韓国、日本、台湾、アメリカの順である。また、東アジアの高成長国も中国への輸出が多く、中国依存度は大きい。

中国経済が不調になった場合、輸入の減少につながるが、相手国では輸出の減少となって、GDPを低下させる。その輸出国のGDP低下は、その国の輸入を減少させることになり、それがさらに第三国の輸出を減少させるといった「波及効果」がある。

要するに、貿易面から見れば、中国経済の失速はアメリカのそれと大差ないくらい、世界経済に与える影響は大きなものになる、ということだ。しかも、その影響は、中国との貿易依存度が大きい、アジアでより深刻になるだろう。

現在の中国の株式市場は、ほとんど機能不全に陥っている。もっとも、海外投資家から見れば、中国市場への投資は、個別に中国企業の財務諸表を見たりして行っているわけではないだろう。そうしたデータはほとんど信用できないからだ。投資戦略としては、中国当局の色のついた投資家が買っている銘柄を、後追いして買うだけだ。

そうした状態になると、外国人投資家はいつ中国から逃げ出してもおかしくない。個別企業のみがわからないのではなく、中国経済全体の統計数字もあてにならない。

【68】中国のGDP、電力消費、鉄道貨物輸送量とM2（対前年同期比）の推移

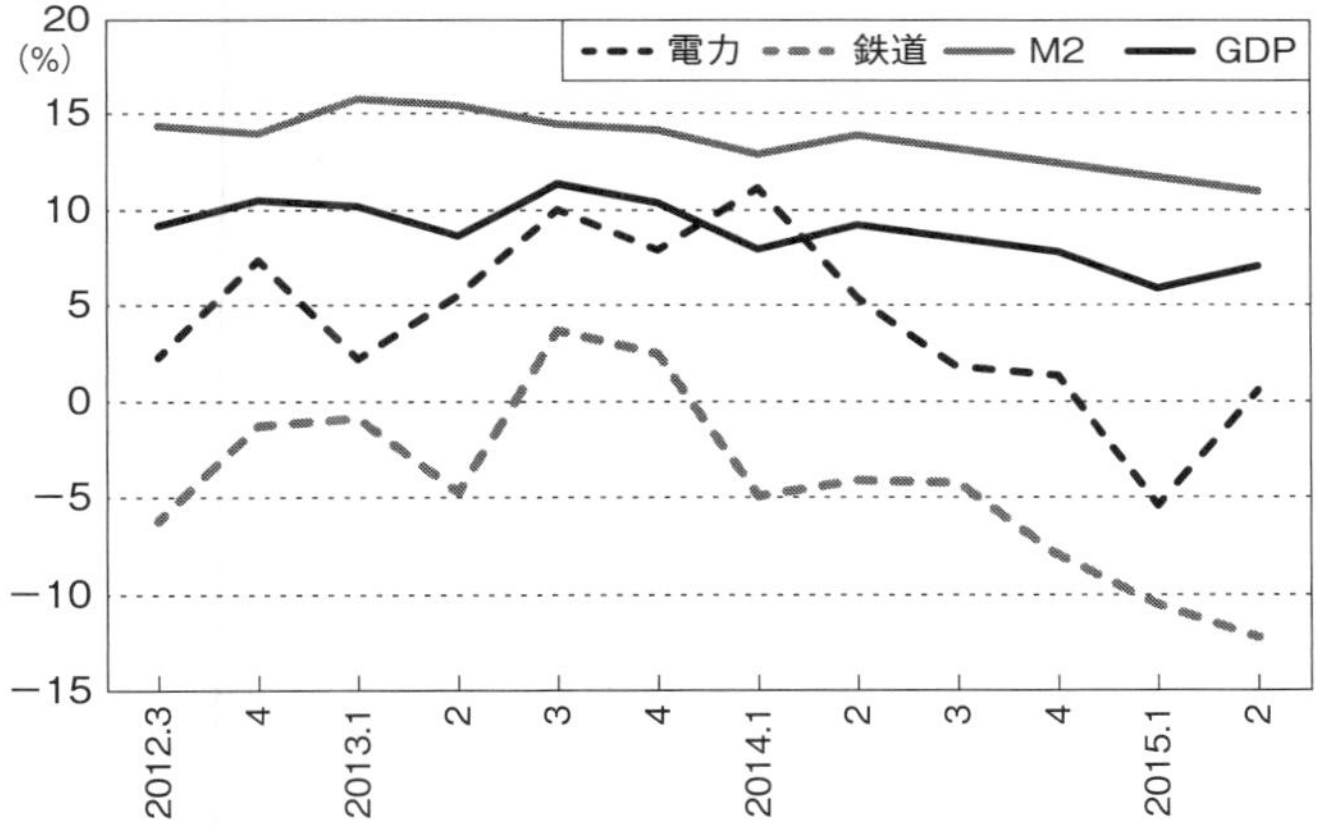

（資料）中国国家統計局

筆者のようにデータをベースに分析する者にとって、中国経済の統計データは鬼門である。GDP統計はまったくのウソで、電力消費、貨物輸送量、銀行融資だけがまともな統計と言われる。これは、中国の統計の実態を告白したとされている、李克強首相による「ウィキリークス」での有名なエピソードである。

これらの数字は中国国家統計局が公表しており、その動きはGDPの数字とかなり連動している【68】。統計的に見て、電力消費、貨物輸送量、銀行融資が正しいのであれば、GDPが捏造されているとはにわかに言いがたい。

【69】先進国における輸入伸び率（横軸）とGDP伸び率（縦軸）の関係（2010－2012年）

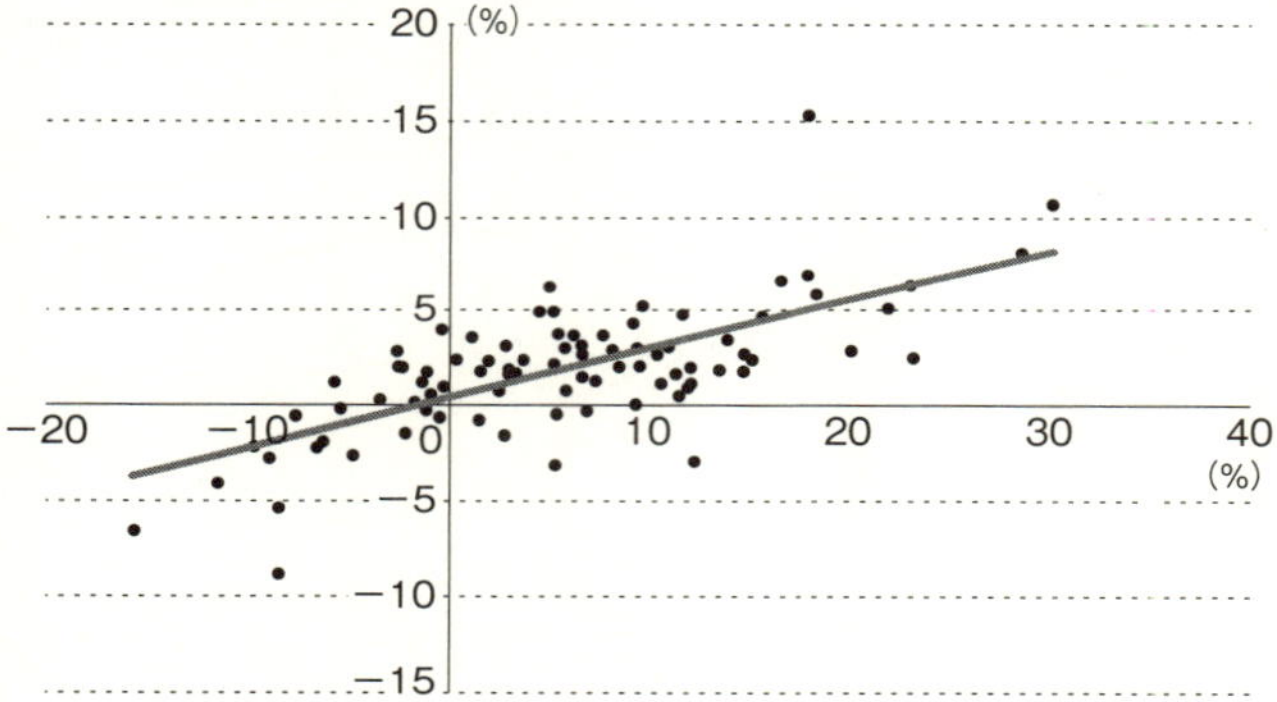

（資料）IMF World Economic Outlook Database

中国のGDPはマイナス3％？

実は、筆者が注目しているのは、輸出入統計である。これは、相手国があるので、そう簡単には誤魔化せない統計である。その数字を見ると、2015年1月から7月までの中国の輸入は前年比14％も減少している。

輸入の伸び率とGDPの伸び率との間には、かなり安定的な正の関係（GDPが伸びているときには、輸入が伸びている）がある。GDP統計が比較的正しいと思われる先進国の2010―2012年の輸入の伸び率とGDPの伸び率をプロットしたのが、【69】である。

これを見ると、輸入が前年比10％以上も減少しているときに、GDPがプラス成長とい

【70】成長率とその要因の推移

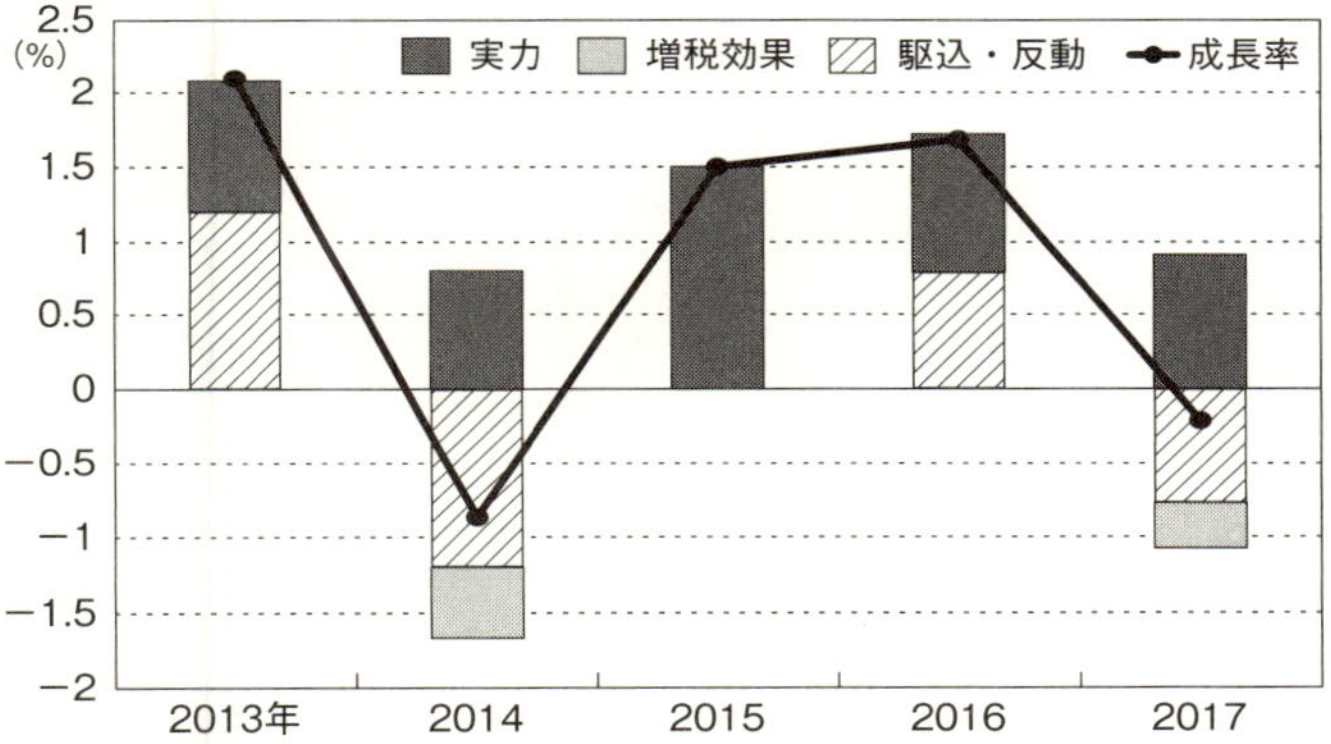

（資料）内閣府　成長率について、2013～14年度は実績。2015～16年度は政府見通し、2017年度は筆者見通し。要因分解は、2015年度経済財政白書などから筆者試算

うのはまずありえないということがわかる。

世界の先進国のデータから、その安定関係を推計して、中国の輸入の伸び率からＧＤＰの伸び率を算出すると、２０１５年は７％成長どころか、マイナス３％成長である。もしこの推計が正しければ、中国経済は大変な減速局面になっている。

リーマン・ショック後の２００９年、アメリカのＧＤＰは３％程度減少、輸入も15％程度減少した。今の中国の経済減速は、リーマン・ショック後のアメリカと似ている状況だ。

さて、日本の場合、２０１７年４月からの10％への消費増税を控えている。中国ショックの可能性を考えれば、とても増税を行える環境ではない。

２０１５年の経済財政白書では消費増税の影響が分析されているが、その分析を参考にして成長率試算をすると、かりに中国ショックがなかったとしても、17年度は再びマイナス成長になってしまう【70】。

中国ショックがあれば、ダブルパンチになるので、日本経済は完全に沈没である。そうなると、金融緩和に支えられている雇用のポジティブなパフォーマンスも確実に失われるだろう。

今の景気の足踏みに加えて、「起こりうる」中国ショックに備えるために、２０１５年の秋は大型の補正予算が必要だろう。その財源としてアベノミクスの成果である外国為替資金特別会計の含み益20兆円があるので、安倍政権の意向ひとつで容易に組める。

やるかやらないかは、安倍首相次第である。

17 消費増税がもたらす深刻な「負のインパクト」をはっきりさせよう

（2015年8月31日）

日経平均と「半年先の失業率」の関係

先週、株価がやや戻ったので、株式関係者はほっと一息だろう。日経平均の終値ベースで見ると、8月10日2万808円69銭の後、20日2万33円52銭、21日1万9435円83銭、24日1万8540円68銭、25日1万7806円7銭と大台を3日連続で割り込んだ。その後反発し、28日1万9136円32銭となった。3000円下げて、半分戻したというところだ。

筆者は株式関係者ではないので、株価そのものに興味はない。株価が実体経済の先行きを示すことがあるので、そのかぎりで注視しているにすぎない。

例えば、経済統計として最重要な統計をあげれば、就業者数である。本書でも何度となく述べたように、経済政策は、なにより雇用確保のためにあると言っても過言ではない。この就業者数の半年先の姿を株価はよく映し出している。このデータは、筆者が官邸勤務の時に

【71】日経平均株価（左軸、円）と6ヵ月先就業者数（右軸、万人）

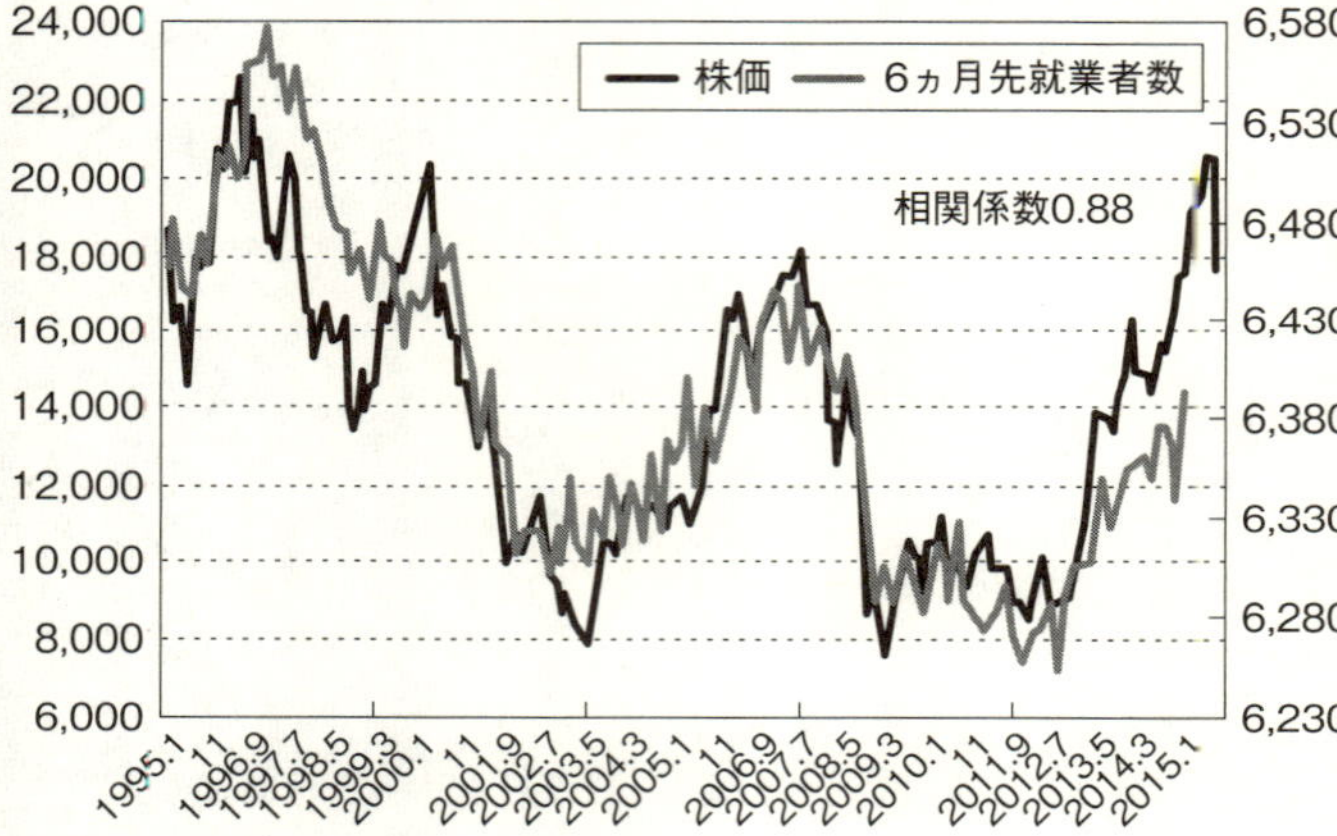

（資料）日本経済新聞社、総務省

経済予測をしていたときにも利用していた。

ただし、【71】を見ると、最近は、株価と6ヵ月先就業者数で乖離《かいり》が出ている。これを一時的な誤差と見るのか、それとも株価のオーバーシュートと見るのかは、悩ましい問題だ。

もちろん、雇用は重要なので、一つの予測方法ではなく、複数のものを用いていた。その一つであるGDPギャップ（潜在GDPと実際のGDPの差）からも、推計はできる。

GDPギャップを算出するには、潜在GDPの求め方が重要になるが、ここでは内閣府の方法に準じて筆者が推計したもので考える。日銀が算出している潜在GDPは、内閣府や筆者のものより小さい数字となっている。

【67】GDPと潜在GDPの推移（兆円）

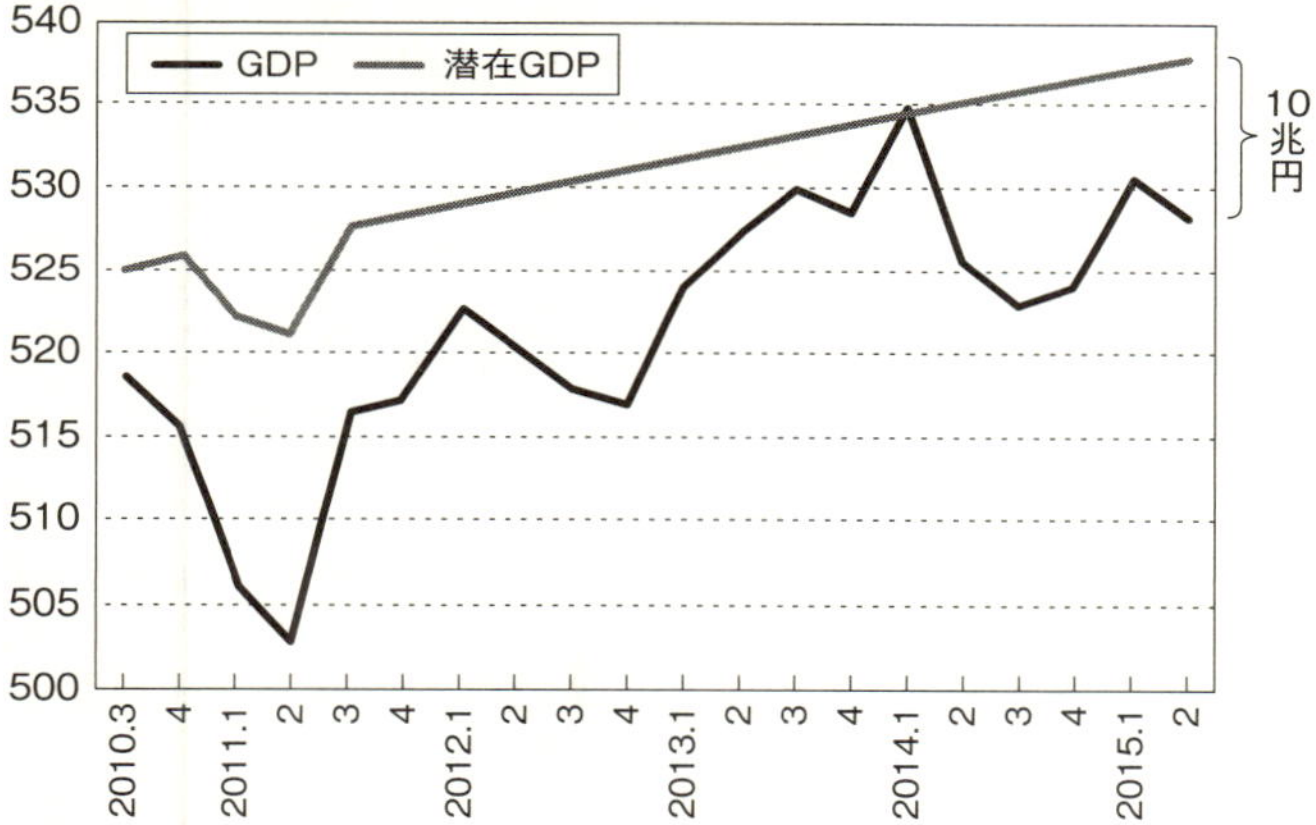

（資料）内閣府「GDP統計」、潜在GDPは筆者試算

なお、潜在GDPという名称はややミスリーディングであることに留意しておいてほしい。というのは、潜在GDPが完全雇用に対応するGDP水準ではなく、現実GDPの上限ではないからだ。実際のGDPがこれを超えることもしばしばある。

潜在GDPそのものは過去のGDP水準から傾向的な水準として算出されるにすぎない。この意味で、潜在GDP水準を超えられないものと見るべきでない。言ってみれば、GDPギャップはその水準ではなく、変化方向を見るべきものだ。

【67＝再掲】は、上に述べた方法で筆者がGDPギャップを試算したものだ。14年4月からの消費増税のために、最近ではGDPギャップが拡大していることがわかる。

【72】GDPギャップ率と失業率（6ヵ月後）

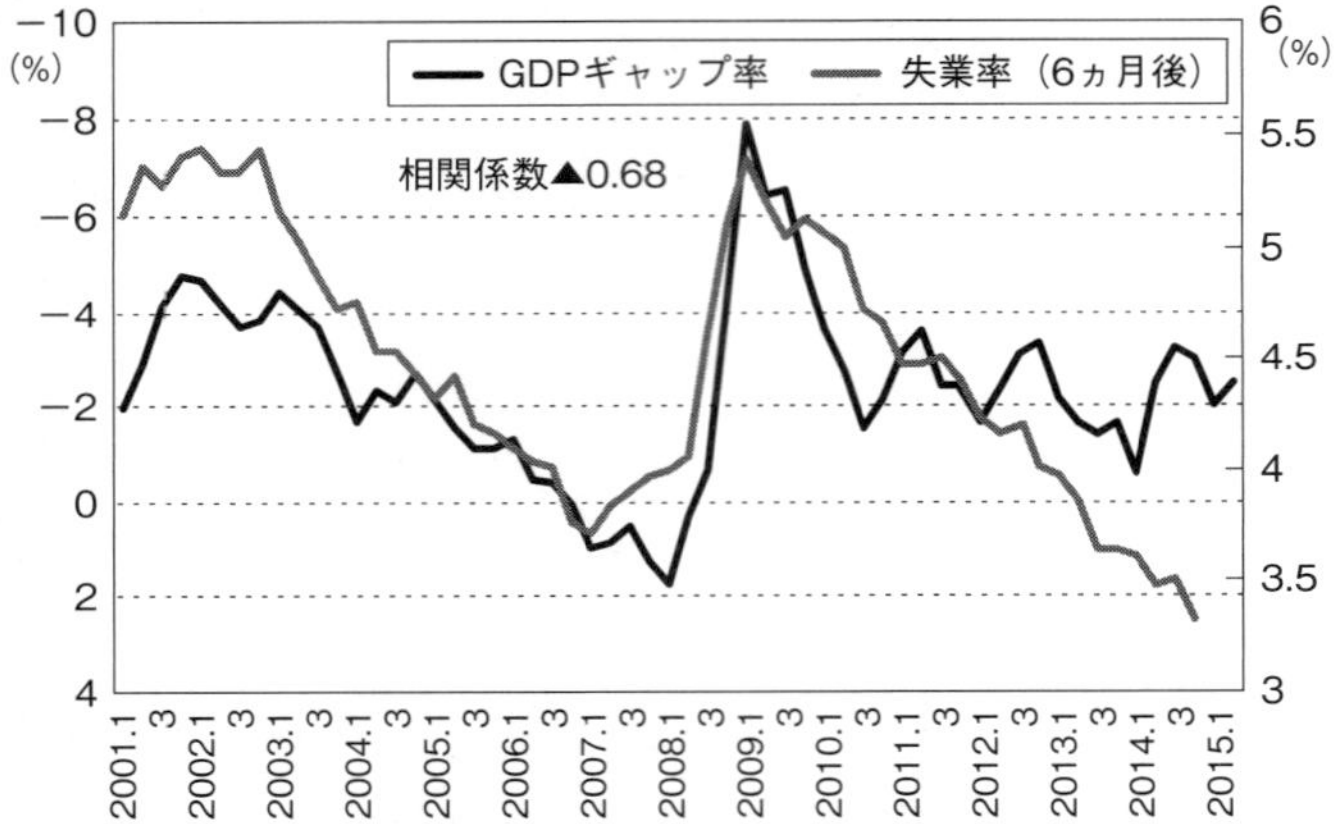

（資料）内閣府「国民経済計算」、総務省「労働力調査」、GDPギャップ率は筆者推計

次に、このGDPギャップと、半年先の失業率の関係を見てみよう。2000年以降四半期ベースで見たGDPギャップ率と半年先の失業率の関係を示すと、【72】になる。右軸にGDPギャップ率、左軸に失業率をとっている。図をわかりやすくするために、左軸は正負を逆転させて表示しているが、GDPギャップ率はやはり半年後（2四半期後）の失業率ともかなりの逆相関関係がある。

ただし、この図でも最近ではGDPギャップ率と失業率の間で乖離が目立つ。GDPギャップ率が拡大しているので、失業率は下げ止まりか、そろそろ反転するかもしれないと見ることができるだろう。

あの消費増税がなければインフレ率は今頃？

ついでに、ＧＤＰギャップと半年先の失業率を見るときには、ＧＤＰギャップ率と半年先のインフレ率（消費者物価総合指数の対前年同期比）も同時に見ることにしている。

失業率とインフレ率は逆相関の関係になっていることが知られている（フィリップス曲線）。これを子細に見ていくと、両者の間は、ＧＤＰギャップを介在して、逆相関なのだ。例えば、ＧＤＰギャップがマイナスで大きいと将来の物価が下がり、将来の失業率が高くなる。逆にＧＤＰギャップがプラスで大きいと将来の物価が上がり、将来失業率が低くなる。

【73】は、２０００年以降四半期ベースで見たＧＤＰギャップ率と半年先のインフレ率の関係である。右軸にＧＤＰギャップ率、左軸にインフレ率（消費者物価総合指数の対前年同期比）をとっている。ＧＤＰギャップは半年後のインフレ率とかなりの相関関係がある。

この関係に、マネタリーベースの伸び率を加えて、インフレ率を予測したものが、【74】である。その際、消費増税の影響を入れたものと入れないものを示している。消費増税がなければ、今頃のインフレ率は１〜１・５％程度になっていたものと思われる。

消費増税はＧＤＰを減少させ、ＧＤＰギャップ率を拡大させ、同時にインフレ率を低下させたようだ。

【73】GDPギャップ率とインフレ率（6ヵ月後）

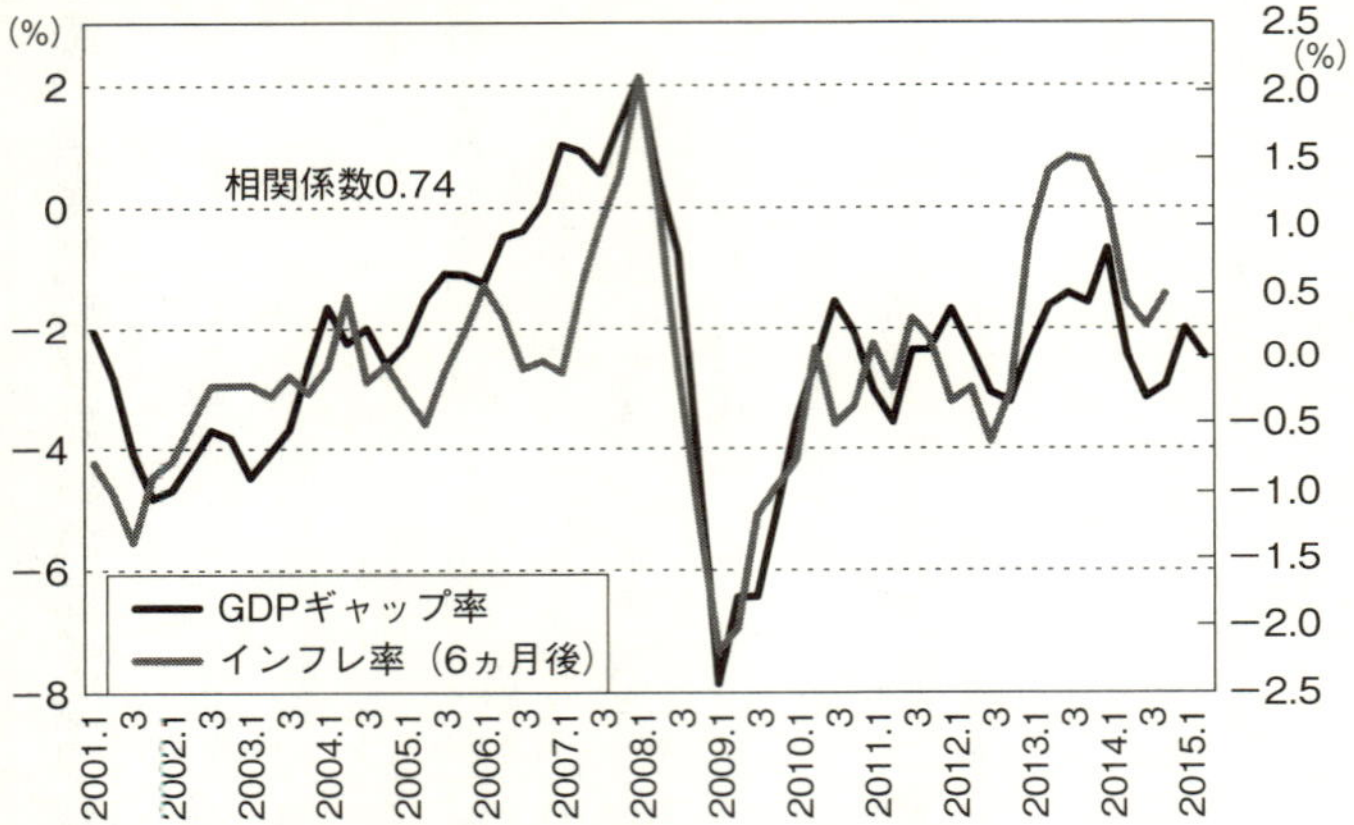

（資料）総務省「消費者物価指数（総合）」、内閣府「国民経済計算」、GDPギャップ率は筆者推計

【74】インフレ率（現実と予測値）の推移

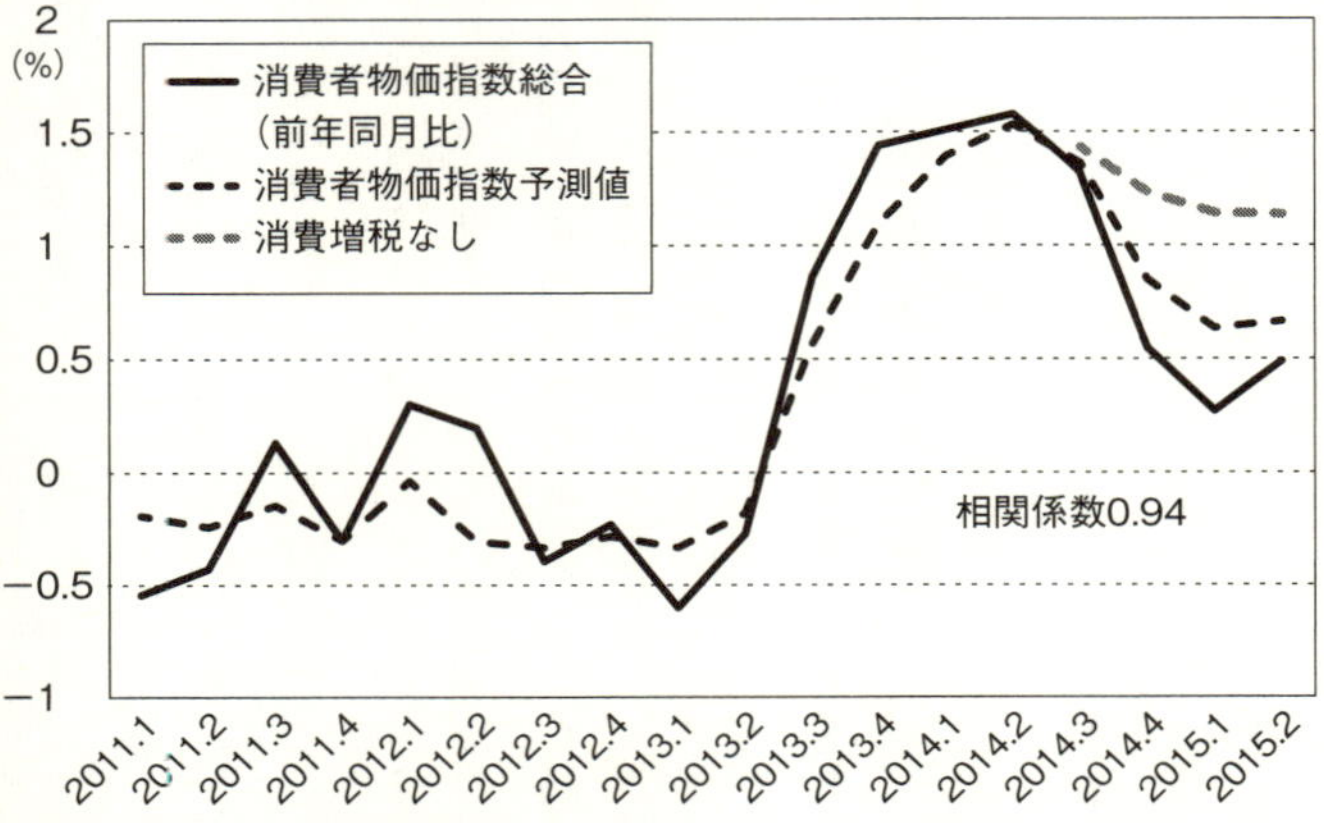

（資料）総務省「消費者物価統計」、予測値は、マネタリーベース伸び率、GDPギャップ率、消費増税から筆者試算

いずれにしても、前章に書いたように、今景気が減速しているのは、消費増税と中国経済の影響である。その際、中国経済については、過度に楽観視するのは危険である。

日銀の黒田総裁は、2015年8月26日、ニューヨークで講演し、中国経済について「市場は悲観的になりすぎている。中国経済は今年から来年にかけて6〜7%の高い成長が見込まれる」と語り、日本への輸出についても「甚大な影響はない」と語ったと伝えられている。

しかし、中国経済については、その統計が信頼できないことが最大の不透明要因である。もし、中国政府の言うことが信用できるならば問題ないが、それが問題の本質なのだ。

統計の問題は、かつての社会主義体制のソ連と同じである。国家が経済活動に当事者として関与しすぎると、統計作成の主体にふさわしくなくなるのだ。経済活動の当事者と客観的な統計調査者の間には大きな利益相反がある。

しかも、中国の場合、GDP統計の発表が早すぎる割に、その改定がまずないのも疑問に拍車をかけている。例えば、2015年4−6月期のGDPについて、中国は7月15日に公表された。日本は8月17日、アメリカは7月30日、イギリスは7月28日、ユーロ圏、ドイツは8月14日である。

消費増税＋中国発不況のダブルパンチが怖い

日銀の黒田総裁はかつて財務省の言うままに、消費増税の影響も見誤った。今度も中国政府の言うことを鵜呑みにして、政策運営を間違ってほしくない。

金融政策としては、就業者数が増加、失業率が低下などの雇用環境が良く、物価がそれほど上がらないというのは、結果としてはそれほど悪くない。ただし、物価が上がっていないのは消費増税によるGDP低下のためであり、そのGDPギャップ率の拡大は、将来の雇用を悪化させる可能性が高いという点には注意が必要である。

今のままのGDPギャップ率であれば、遅かれ早かれ、雇用は悪化し出す可能性が高い。その際、もし中国経済が統計どおりにいかず、さらに悪い事態にでもなれば、目も当てられない結果になる。

消費増税による影響と海外経済低迷による影響がダブルパンチできたら、日本経済は大変だ。過去におけるそうした事例は、1997年のアジア危機である。97年4月には消費税率の3%から5%への増税があり、アジア危機とのダブルパンチだった。

98年の経済成長率は、日本を含めたアジア各国でマイナスであった。このマイナス成長について、現時点での日本の学界での通説は、アジア危機の影響、ということになっている。

もっとも、これは、ほとんど当時の大蔵省見解を学者がなぞっただけだ。

実は、その当時、筆者は大蔵省官僚として検討作業に少し参加した。当時の役所内の雰囲気は、消費増税の影響ではなく「アジア危機の影響にしよう」というものだった。

筆者は、その雰囲気に違和感を覚えた。そして、その時に着目したのは、アジア諸国の経済変動だった。もしも、アジア危機を原因として経済苦境に陥ったのであれば、震源地のタイや韓国と関係の深い国ほど影響は大きかったはずである。しかし、日本が受けた影響は、他のアジア諸国より大きかった。

ちなみに、98年の経済落ち込みは、日本も含めてアジア諸国で起こった。だが、翌99年も日本だけはマイナス成長であったのに対し、他のアジア諸国は大きく回復している【75】。

しかも、この図を見ればわかるが、アメリカ、中国、台湾は、タイや韓国との関係において日本と同じような状況でありながら、経済が落ち込んでいるわけではない。

さらに言えば、98年の経済落ち込みを経験した国で、99年の回復度合い（98→99の経済成長率アップ）／（97→98の経済成長率ダウン）という指標で見ると、香港76％、インドネシア78％、韓国147％、マレーシア92％、フィリピン64％、タイ164％なのに対して、日本はわずか50％で最低である。

これは日本にアジア危機という外的要因以外に固有な「何か」が存在することを示してい

【75】アジア諸国とアメリカの成長率推移

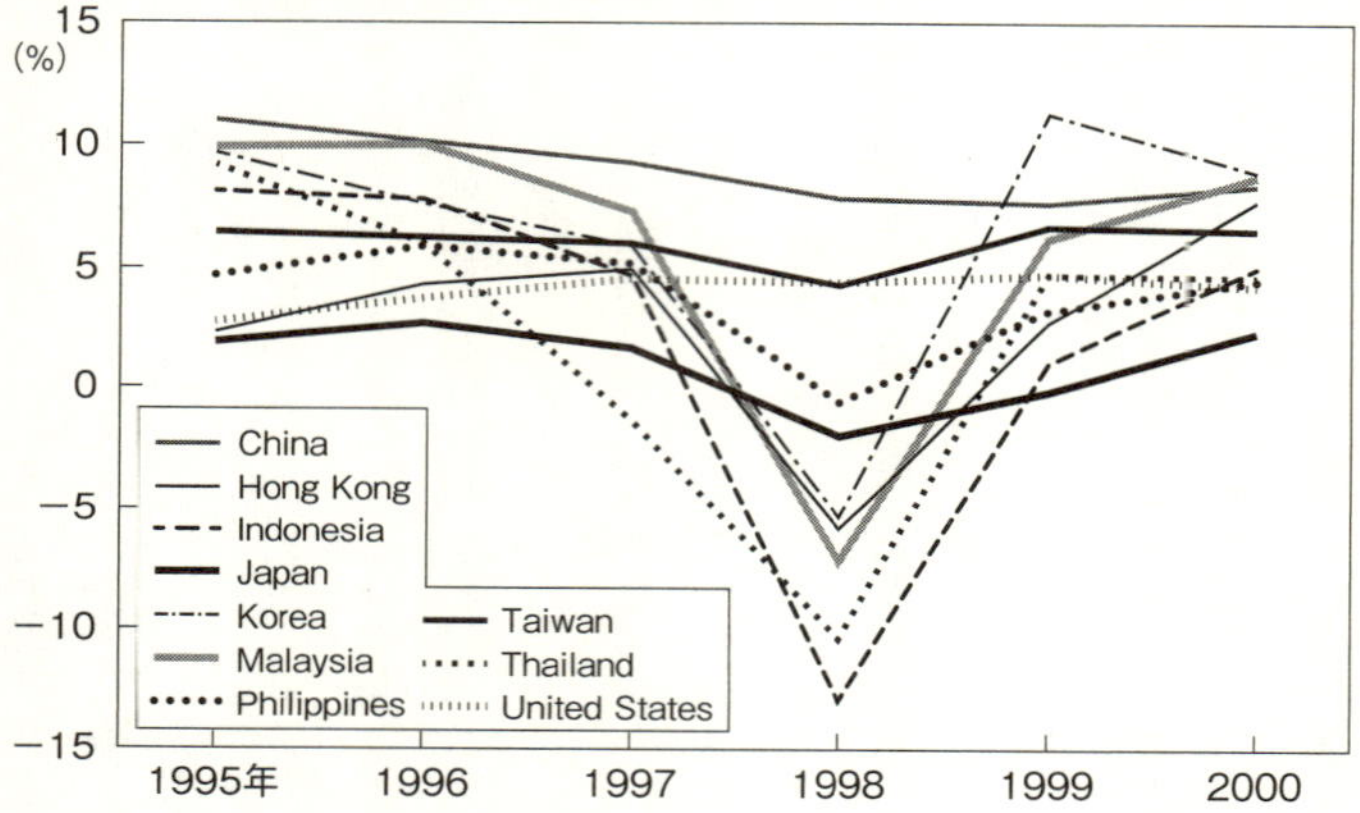

（資料）IMF World Economic Outlook Database

るが、それに相当するものは97年4月からの消費増税以外にはなかった。

今回の中国ショックが同じような危機になるかどうかについては、正直に言えば誰にもわからないが、万が一に備えて準備すべきだ。

前回のコラムで書いたように、外国為替資金特別会計の含み益を活用して、補正予算を今国会中に組むことがベストだ。この場合、即効性があり有効需要を作りやすい、減税・給付金などの政策が望ましい。補正予算は、政府に歳出権限を与えるだけなので、もし実際に使わなくてもまったく問題はない。それにあわせて追加金融緩和を検討したらいい。

備えあれば憂いなしだ。

18 データが示す、日本の学術研究の「暗い未来」（2015年10月12日）

世界の大学ランキングで東大が低迷する理由

先週は、日本中がノーベル賞受賞で沸いた。生理学・医学賞に大村智《さとし》・北里大学特別栄誉教授が、物理学賞に梶田隆章《かじたたかあき》・東京大学宇宙線研究所所長が輝いた。昨年に続く快挙である。

しかし、今回の受賞を日本の研究水準の高さを示すものとして素直に喜んでよいものだろうか？

というのも、先々週に発表された世界大学ランキングで、東大は昨年から大きく順位を落としたほか（23位→43位）、上位200校に入った日本の大学も2校（東大と京大）に減ったと報じられた。政府は2013年、「今後10年間で世界大学ランキングトップ200に10校以上を入れる」ことを目標としているが、この2つのニュースをどう考えたらいいのか？

学問の世界では論文を書くことで評価されるが、発表される日本人学者の論文数が、この

2つのニュースのカギになっている。

世界大学ランキングには有名なものだけでも十数種類あるが、今回報道されたのは、そのうちの1つで、イギリスの高等教育専門週刊誌『タイムズ・ハイアー・エデュケーション』が2004年から毎年秋に公表しているものだ(World University Rankings 2015−16)。

英米以外の国の大学にとって、ランキング入りはなかなか厳しい。今年のベスト100では、アメリカ39校、イギリス16校、ドイツ9校、オランダ8校、オーストラリア6校、カナダ4校、スウェーデン3校、日本2校、中国2校、香港2校、シンガポール2校、スイス2校、ベルギー1校、デンマーク1校、フィンランド1校、フランス1校、韓国1校という内訳だ。

評価基準は、教育、研究、論文被引用数、国際性、産業界からの収入の5項目で、各項目100点が満点で、それぞれ30%、30%、30%、7・5%、2・5%のウエイトが付けられており、総合点が算出される。

例えば、今年の東大は、教育81・4、研究83、論文被引用数60・9、国際性30・3、産業界からの収入50・8で、総合点71・1だ。昨年はそれぞれ81・4、85・1、74・7、32・4、51・2、76・1だった。順位を下げたのは、ウエイトの大きな論文被引用数が大きく減少したためである。

5項目について今年の東大のベスト100校における順位を言えば、教育13位、研究22位、論文被引用数96位、国際性98位、産業界からの収入53位だ。やはり、論文被引用数がふるわなかったのが響いた。

ちなみに、昨年の東大のベスト100校における順位は、教育14位、研究15位、論文被引用数78位、国際性96位、産業界からの収入53位だった。京大について見ても、論文被引用数が大きく減少したことが順位を下げた原因であった。

重要なのは、論文数のシェア

次にノーベル賞であるが、こちらは最近、日本人の受賞者が多くなっている。2000年以降、日本のノーベル賞受賞者は自然科学では14人だ（アメリカ国籍になった元日本人を含めると16人）。これはアメリカに次いで多い。

トムソン・ロイター社は論文の被引用数などから、02年から毎年、引用栄誉賞としてノーベル賞受賞者予想を発表している。これが結構当たっている。

生理学・医学賞はのべ74人が引用栄誉賞を受賞、そのうち12人が、物理学賞はのべ65人が受賞し、そのうち12人が、化学賞はのべ55人が受賞しそのうち3人が、経済学賞はのべ62人が受賞しそのうち11人がそれぞれノーベル賞を受賞している。

やはり論文を書いて、引用されるほど評価が高まることが、ノーベル賞につながるのだ。この点をかなり明快に分析しているものとして、豊田長康《とよだながやす》・鈴鹿医療科学大学学長のブログ記事「はたして日本は今後もノーベル賞をとれるのか?」を紹介しておこう。豊田氏のこの記事は、日本全体の論文数の世界シェアが結果としてノーベル賞につながったことをはっきりと示している【76】。

研究成果の評価は論文被引用数であるが、論文を書かなければ被引用数も伸びないので、結局、論文数、それも世界シェアが重要なのだ。

それでは、先々週の世界ランキングにおける日本の大学の低迷と先週のノーベル賞連続受賞はどう考えたらいいのだろうか? それは、論文シェアの現在と過去の違いである。【76】を見ても、日本は2000年ごろまで論文数シェアを伸ばしていて、世界2位をキープしていたが、今ではこれらの国の中でも4位である。最近は論文数が伸びるどころか減少しており、そのうち韓国にも抜かれてしまうかもしれない。

ノーベル賞受賞対象の研究は、受賞した年から遡って10~30年くらい前に行われていることが多い。

1985年以降、20年以上前の業績を評価されたのは、物理学賞で60%、化学賞で52%、生理学・医学賞で45%となっている。ノーベル賞は存命人物のみを対象としているので、優

【76】物理・化学関連5分野論文数シェアの推移とノーベル賞受賞研究がなされた時期

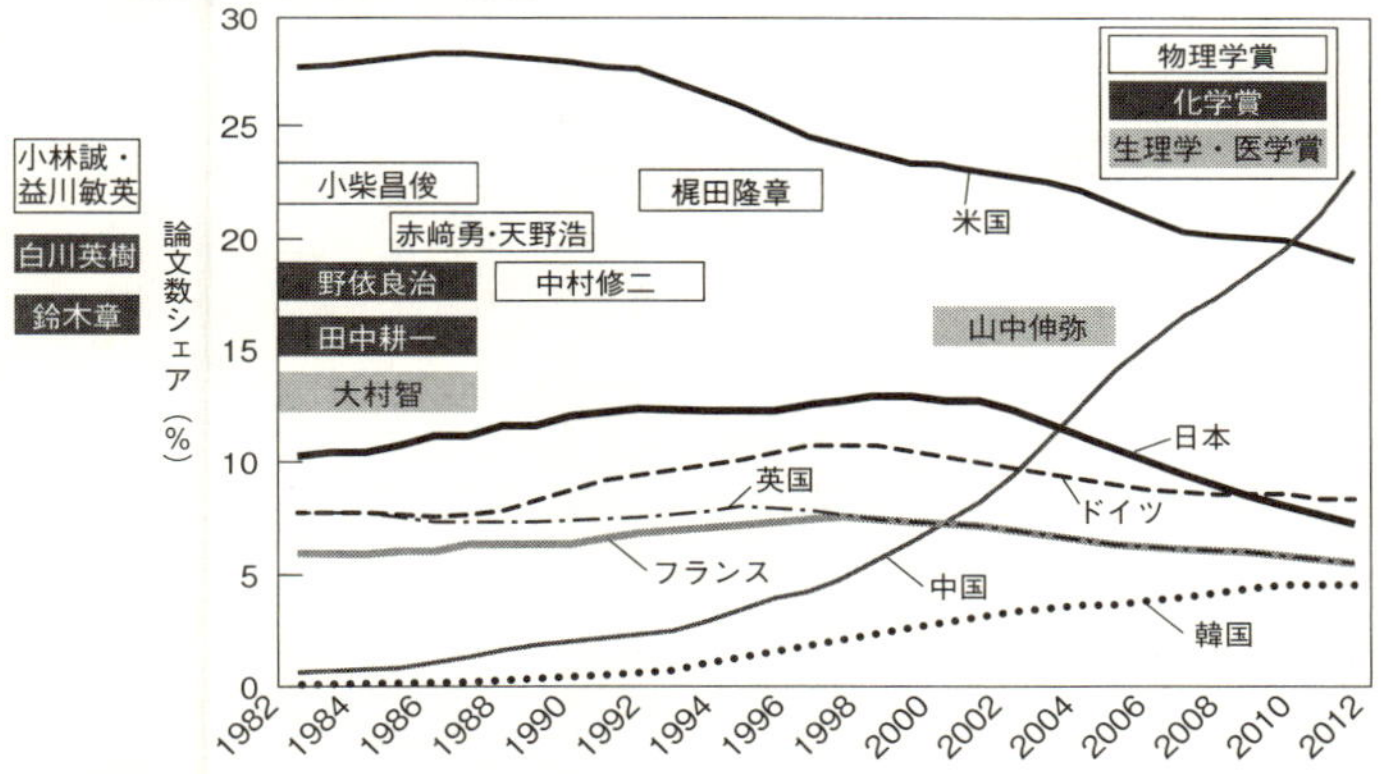

注）論文数シェアはトムソン・ロイター社の InCites™ にもとづき、世界全体の論文数に占める日本の論文数の割合を計算した（3年移動平均値）。物理・化学関連 5 分野としては、essential science indicators の22分野から、「物理学」「化学」「物質科学」「生物・生化学」「宇宙学」の5 つを選んだ。自然科学ノーベル賞で2000年以降の受賞者（敬称略）について、受賞対象となった研究が日本でなされたと考えられるおよその時期に名前を貼り付けた。受賞対象研究が1980 年以前の研究成果と考えられる受賞者を欄外に記した。また、ノーベル賞対象研究が海外での研究成果であると考えられる南部陽一郎氏、下村脩氏、根岸英一氏は貼り付けなかった。なお、白川氏の受賞対象研究は海外でなされているが、日本における研究も関連していると考えられる。ノーベル生理学・医学賞受賞者も参考までに記した。
＊この図は豊田氏のブログ（http://blog.goo.ne.jp/toyodang/e/5d3d11c6983ad788103f992083f82b84）から引用

れた研究をして長生きした人へのご褒美とも言われている。

いずれにしても、ノーベル賞研究は、過去の功績を十分精査されるので、研究時期と受賞時期にズレがある。２０００年代以降、ノーベル賞受賞が増えたのは１９７０～80年以降の研究が花開いた結果と言えよう。

ニュートリノの思い出

理系出身の筆者は、自然科学が脚光を浴びるのはそれだけでうれしいが、今回の梶田氏の受賞対象であるニュートリノには、特に官僚時代の思い出がある。

筆者が大蔵省（現財務省）に入省した直後の１９８３年ごろ、面白い研究や企業を選んでどこでも出張していいと言われた。科学技術の変化がどのように社会に影響を与えるかを調べてこいという出張命令だった。

今から考えても、それが旧大蔵省の仕事とどう関係するのかよくわからないのだが、とにかくその当時建設中だったカミオカンデ（岐阜県神岡鉱山地下の観測施設）に光電管を納入する浜松ホトニクスを選んだ。

カミオカンデには残念ながら行けなかったが、カミオカンデ建設の目的が、陽子崩壊を観測することだったことは知っていた。

陽子崩壊は、物理学での究極理論である大統一理論（自然界の電磁気力や重力などを統一的に説明する理論）の構築に役立つだろうとの科学雑誌の記事を見て、それに協力する企業はどのようなところなのかと興味をもったのだ。

企業とは利益を追求するものなのに、利益追求とまったく無縁な基礎研究の典型である大統一理論に貢献するというアンバランスが面白かった。

実際、浜松ホトニクスに行った時には、実験に必要な光電管を作る技術が会社の製品にも生かせるというような一般論かと思っていたら、そうした商売の話ではなく、本格的な素粒子論が聞けて面白かった思い出がある。

もちろん、筆者の出張レポートには、理系青年らしく、基礎研究の重要性を書いた記憶がある。

急増する中国の論文は「ホンモノ」か？

まだ１９８０年代はよかった。日本は経済成長し、科学技術予算もそれなりにあった。

理系の人にはわかると思うが、自然科学はとにかく楽しいのだ。だから、研究と言われても遊びの延長であって、やるのは名誉のためではなく、単に楽しいからという理由が多いだろう。研究する人の多くの不安は、「遊んでいて」食っていけるかどうか、というものだ。

そこで公的支援が必要になるが、かつての高度成長時代であればよかったのだ。

ところが、経済成長が難しくなるにつれ、じわじわと公的支援が伸びなくなった。その結果、論文数が出なくなったわけだ。実際、２０００年代の各国の研究開発費の増加率と論文数の増加率にはかなりの相関【77】があり、それらは同じ程度と言える。

当然のことながら、各国の公的支援は、各国の経済力に応じている。このため、各国の論文シェアは、かなり各国のＧＤＰシェアで説明できる。

ちなみに、各国のＧＤＰシェアの推移は【78】、アメリカ、中国、日本のＧＤＰシェアと

【77】大学研究開発費増加率と自然科学論文増加率（2000－2009年）

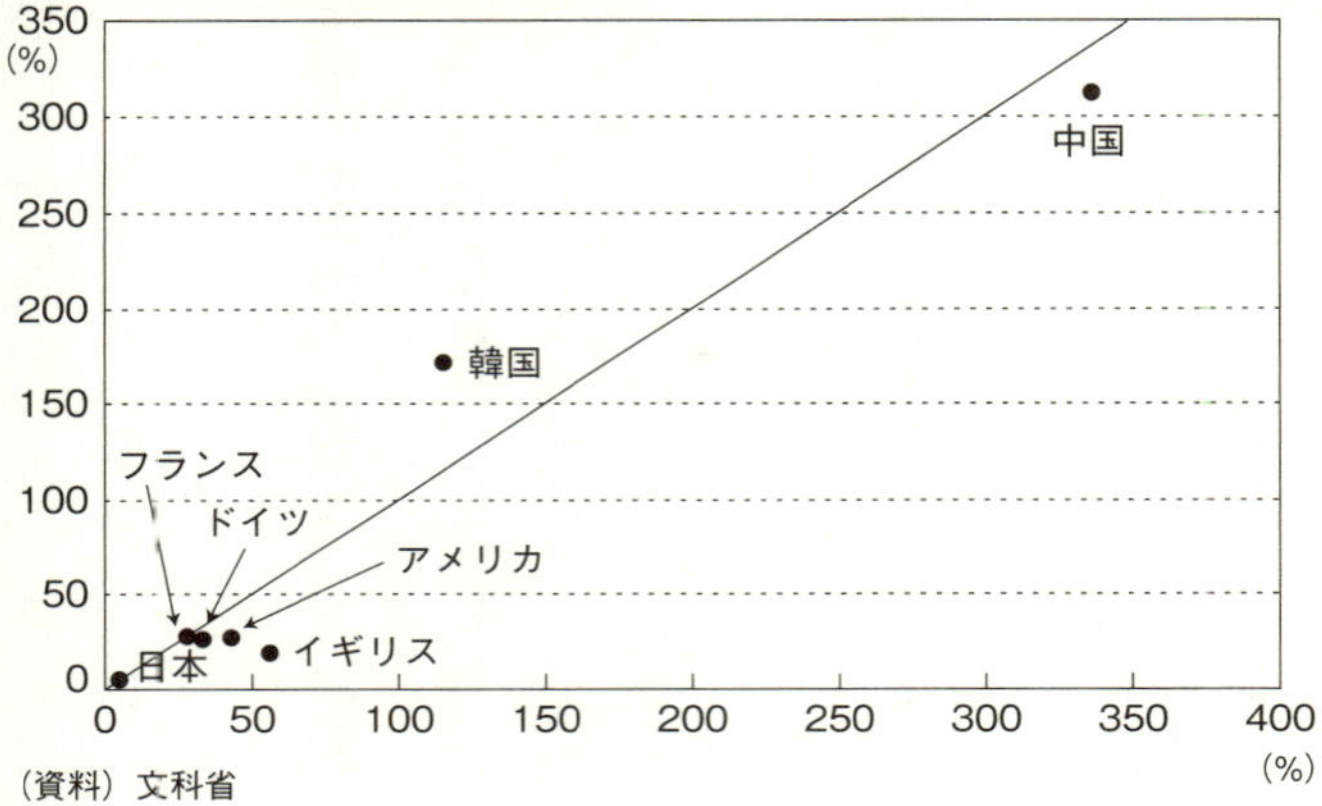

（資料）文科省

論文シェアの推移を見ると【79】になる。

これを見るかぎり、日本の論文シェアはピークアウトしているので、あと10年もすると、ノーベル賞は激減していくだろう。そしてそのころ、台頭するのが中国だろう。

日本もアメリカも、GDPシェアの変化に対する論文シェアの変化は同じようなものだ（【79】の傾向線の傾きが同じ）。

しかし、中国は、GDPシェアの変化に対する論文シェアの変化は、日米の4～5倍もある。これは、論文が粗製濫造であることを意味しているのかもしれない。そうであれば、中国は研究の質が日米より劣っていることになり、それほどノーベル賞受賞者が増えない可能性も十分にある。

【78】各国の名目GDPシェアの推移

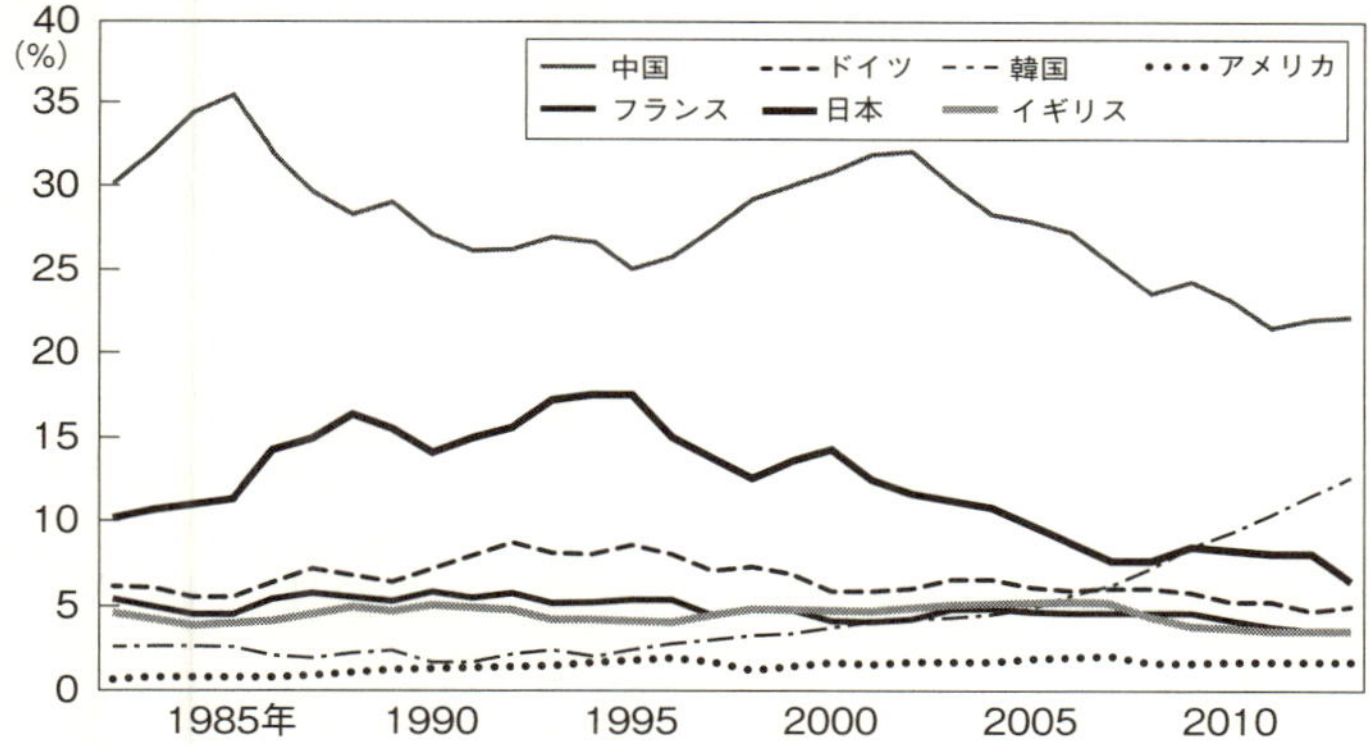

（資料）IMF World Economic Outlook Database Oct.2015

【79】米中日のGDPシェア（横）と科学論文シェア（縦）

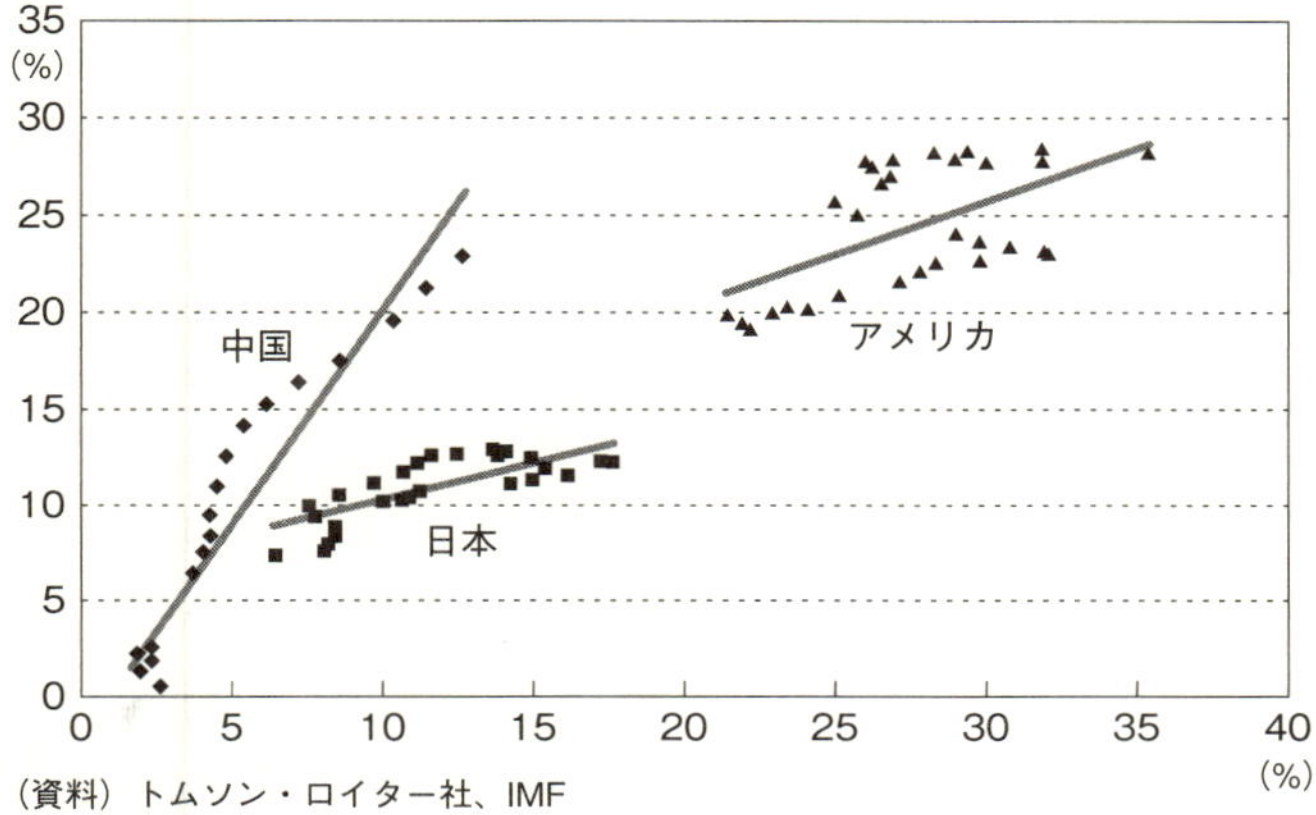

（資料）トムソン・ロイター社、IMF

求められる「パトロン的な視点」

ただ、日本が今後10年くらいすると、苦境に陥ることは確実である。これは、公的支援を従来の「選択と集中」方式で実行するのは限界があることを示している。

これは民主党時代の事業仕分けで露見したことだが、官僚や仕分け人に、良い研究費と悪い研究費を識別できる能力がないからだ。

その典型例が、行政刷新会議、事業仕分け作業ワーキンググループが「スーパーカミオカンデによるニュートリノ研究」を含む経費を予算縮減と評定したことだ。この仕分け人たちは、2002年の小柴氏のノーベル賞やニュートリノのことを知らなかったのだろうか。

通常の公的支援では、税金で集めて官僚や事業仕分けで研究費を配分するので、「選択と集中」というできない目標を目指してしまう。

今後の公的支援を考えるには、まず、経済成長である。と同時に、従来の「選択と集中」に代わる原則が必要だ。

それは、その研究が役に立つのかどうかわからないが支援するという「パトロン的な視点」である。そのためには、儲かっている企業や個人が大学の基礎研究に寄付して、それを税額控除すればいい。

税金で集めて官僚や事業仕分けで研究費を配分するのではなく、税を稼ぐ企業や個人が官僚を中抜きして直接配分するわけだ。これも立派な公的支援となる。

筆者は、かつて官僚時代にこの税制改正を予算要求したこともあるが、残念ながら実現しなかった。実は、この仕組みは、筆者が企画した「ふるさと納税」と同じ仕組みだ。

今の「ふるさと納税」の仕組みを使っても、地元の地方大学へ自治体経由で「ふるさと納税」しても、同じ効果が上げられる。地方創生の具体策として、政府としても後押ししてもいいだろう。

19 TPPをめぐる「3つのデマ」を斬る!
（2015年10月19日）

「盲腸の手術に700万円かかる」というのは本当か?

やっと環太平洋経済連携協定（TPP）が大筋合意に達した。そんな折に、ある人から「日本がTPPに参加すると、盲腸（の手術・治療）に700万円かかるようになるらしい」と聞いて驚いた。どうも関西のテレビ番組のなかで、TPPについてそんなことを解説するジャーナリストがいたそうだ。

もし本当なら大変なことだ。しかし、「盲腸に700万円かかるようになる」とは、いったいどういうことか。

この疑問と真偽については後で答えることにして、まず、TPPの日本にとってのメリットとデメリットを整理しよう。現段階で、TPPに関する情報は、内閣官房のサイトにしかない。ここにある「TPP協定の概要」が基本資料である。

これを見るかぎり、貿易関税は例外5品目を除き、概《おおむ》ね自由化される。となると、TPP

のメリットは自由貿易の恩恵、ということになる。自由貿易が恩恵をもたらすというのは、経済学の歴史200年間でもっとも確実な理論だ。

自由貿易でメリットを受けるのは輸出者、消費者で、今回の大筋合意に対しても、この両者には賛同意見が多い。一方で、デメリットになるのが輸入品と競合することになる国内生産者である。自由貿易の恩恵とは、メリットがデメリットを上回ることを言う。

この種の計算は古くから行われてきており、経済学の比較静学を使う。つまりTPP前の状態と、TPPを実施して輸入量が増え、国内生産者が減少するという調整を経た後の状態を比較するわけだ。

こうした計算は、国際機関でも行われており、そこではいろいろな国からの参加者がいるので、どこの国も極端に有利にならないように、比較的公正な計算が行われている。内閣府の試算もそれを参考にしている。

なお、経済産業省の試算は輸出者と消費者のメリットだけを、農林水産省の試算は輸入品と競合する国内生産者のデメリットだけをそれぞれ意味することがしばしばであるので、引用には注意したほうがいい。

筆者なりのイメージを含めて言えば、10年くらいの調整期間を経た後と現在とを比べると、輸出者、消費者のメリットとしてGDPが6兆円増加し、国内生産者のデメリットとしてＧＤＰが３兆円減少し、その状態が毎年続く。

政府試算の「概ね10年間で実質ＧＤＰ３兆円増」【80】とは、「概ね10年後に今よりＧＤＰが差し引きで３兆円増加し、それが年々続く」というもので、「10年間累積で３兆円」ではない。このメリットとデメリットも、政府の資料を見るかぎり、筆者の見立てとあまり変わっていない。

メリットがデメリットを年間３兆円ほど上回るので、デメリットを受ける人たちには補償が行われるのが普通である。それでも国全体としてＴＰＰは損な取り決めではないのだ。昨日のＮＨＫ討論で、農業関係者が「兆単位の予算は頼まない」と発言していたが、これは、デメリットがそれほどでもないことを感じさせる。

その番組内でＴＰＰ反対派が懸念していたデメリットは、「アメリカの言いなりになってしまうのではないか」ということだった。さすがに自由貿易におけるメリットがデメリットを上回るという定量的な部分は否定できないので、貿易ルールがアメリカ有利になって、日本がデメリットを受ける可能性が強調されていた。

そこで、冒頭に書いた「日本がＴＰＰに参加すると、盲腸に７００万円かかるようになる」という話が出てくるわけだ。

【80】政府TPP試算のイメージ

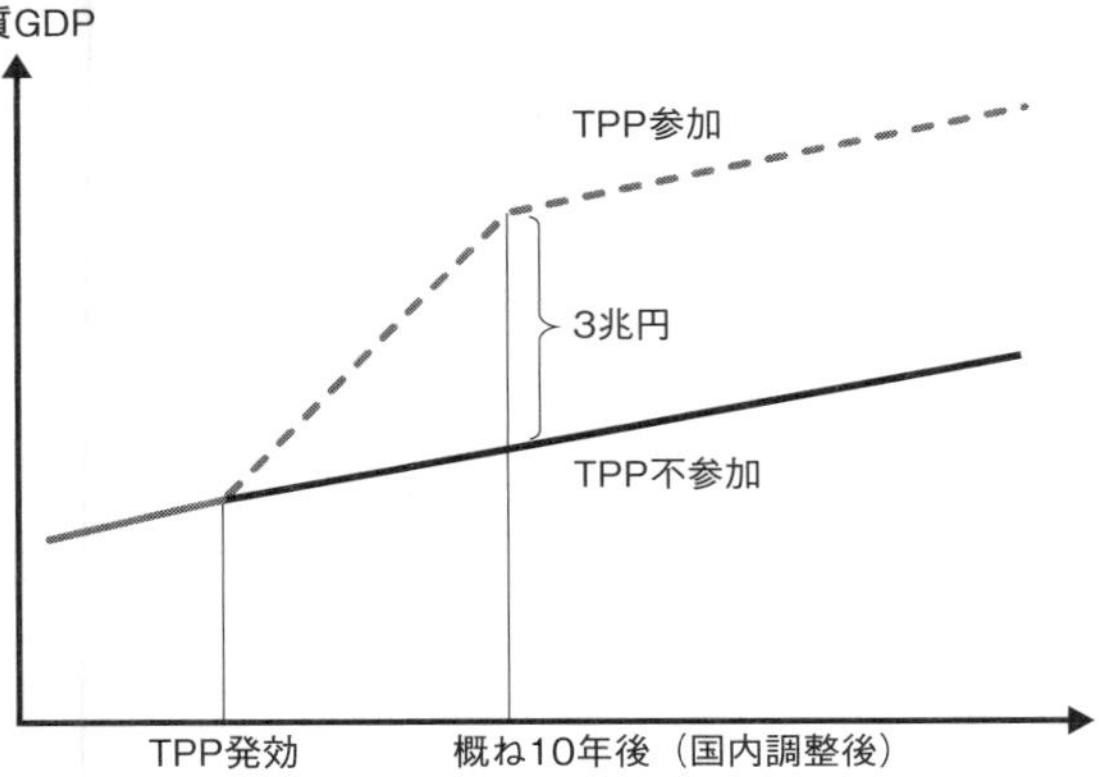

日本はそこまで愚かではない

この話の伏線をまず確認しておこう。医療保険のことをよくわかっていなかったのでピンとこなかったが、20歳のアメリカ人が盲腸になり、病院から受け取った請求書を見て仰天したというネット上の話を見て理解した。

この人物は、盲腸の手術で5・5万ドル（660万円）を請求され、保険などで4・4万ドル（528万円）を賄い、残りの1・1万ドル（132万円）を自腹で支払ったという。

アメリカ生活経験のある人ならわかるが、これはありうる話だ。海外に行くときには、保険は必須で、保険会社からも盲腸手術入院の都市別総費用例がでている。そこには、ニューヨークで216万円となっている。件の人物はちょっとボられすぎたと思うが、ウソではないだろう。

日本の盲腸総費用の自己負担は、せいぜい20万円である。日米でこうした差があるのは、公的保険制度の違いである。日本の公的保険は皆保険制度であり、よくできていると思う。一方、アメリカの公的保険には不備が多い。

オバマ政権で抜本的な改正（オバマケア）を試み、以前よりマシになったとはいえ、日本の皆保険制度にははるかに及ばないものだ。

では、なぜ「日本がＴＰＰに参加すると、盲腸に７００万円かかるようになる」のかというと、ＴＰＰに参加すると、アメリカが自国の保険会社のために日本に圧力をかけて、日本の公的保険を根幹から揺るがすというロジックである。

しかし、この程度の単純な話は、以前から知られており、日本政府は、ＴＰＰで日本の皆保険制度に影響がでないように交渉している。

実際、政府が以前から用意していたQ&Aには「ＴＰＰで、日本の公的医療保険制度や薬価制度などの医療の安心が脅かされませんか？」という想定質問がある。その回答には、「政府が現時点で得ている情報では、ＴＰＰ交渉においては、公的医療保険制度のあり方そのものなどは議論の対象になっていません」と書かれている。

実際の交渉でも、前掲「ＴＰＰ協定の概要」では、「金融サービス章の規定は、公的年金計画又は社会保障に係る法律上の制度の一部を形成する活動・サービス（公的医療保険を含む）、締約国の勘定、保証又は財源を利用して行われる活動・サービスには適用されないこととなっている」と書かれている。

よく考えてみれば、ＴＰＰに参加する国は、それぞれ公的保険があるので、日本以外の国もアメリカのとおりにするのはもちろん反対である。だから、それぞれ適用対象外とする見通しを立てるのは簡単だし、実際の交渉でもそうなっている。

アメリカも、他国の公的保険をアメリカ並みにせよなどというバカげたことは決して言わない。実際、米国担当者の話を調べれば、対象としないと何度も発言している。

あのクルーグマンも態度を変えた

なお、薬価制度に関連する医薬品の知的財産権の分野では、最後の最後までオーストラリアがアメリカと争ったので、結果として日本は漁夫の利を得ている。すべてアメリカの言うとおりになるのであれば、誰もＴＰＰに参加しなくなってしまうだろう。

ＴＰＰは多国間交渉であるから、対アメリカという観点では、二国間交渉より有利だ。むしろ、アメリカは知的財産権保護などで各国に妥協したので、アメリカ議会がＴＰＰを認めるかどうかが心配になるくらいだ。

なお、このアメリカの事情については、ノーベル賞学者ポール・クルーグマン教授のブログに興味深いことが書いてある。クルーグマンは、知的財産権で米国企業に有利にしようとしている点でTPPに消極的だった。ところが、米政府（ホワイトハウス）から、「今回の交渉では米政府の態度は、かつてとは違うものになった」と説明されたという。米国企業や共和党の怒りを見ると、この点が確認できるとしている。

これで、「日本がTPPに参加すると、盲腸に700万円かかるようになる」という話がいかにデタラメであるかがわかるだろう。テレビで話していいような話ではないし、政府にもし聞いたら、デタラメであると即答されるのがオチである。

ISD条項は日本に有利

しかし、これでも引き下がらないTPP反対論者もいる。彼らが持ち出すのが、ISD条項（国家対投資家の紛争処理条項）だ。簡単に言えば、日本がアメリカの企業に対して商取引で不当な差別を行った場合、そのアメリカの企業は受けた損害について日本に賠償を求める——そのための条項である。これを使って、日本に公的保険制度をなくすように仕向けてくるという筋書きだろう。ISD条項によってアメリカが好き勝手にできる、まるで治外法権だ——というのが彼らの言い分であるが、公的保険はそもそもTPPの適用除外なので、そのようなことはできないのをなぜ理解できないのか。

一般論としても、筆者はＩＳＤ条項を重大な問題と考えていない。

実は、ＩＳＤ条項はＴＰＰで初めて持ち出される概念ではない。これまで日本は25以上の国と投資協定を結んでおり、その中には既にＩＳＤ条項が入っているものもあるが、対日訴訟は一件もない。アメリカとは、今回のＴＰＰで初めてであるが、これまでも第三国を使って日本を訴えてきたことはない。一方で、世界ではＩＳＤ条項による訴訟は４００くらいある。だが、訴えられている国は国内法整備が不備の途上国が多い。

ＩＳＤ条項は投資家や企業が国際投資で相手国に不平等な扱いを受けないようにするためのものだから、日本のような先進国では有利に働くのだ。

ＩＳＤ条項は何でも訴えられるから危険との意見もあるが、訴えられても負けなければ問題ない。安保法の時、某左翼新聞は、「法律の明文の規定がないから自衛隊はアメリカの核兵器を搬送する」という荒唐無稽な意見を披露した。素人の自衛隊に頼むはずはないという「常識」が欠如しているのだ。

ＩＳＤ条項を役人時代に扱った経験がある者にとっては、ＩＳＤ条項に関する荒唐無稽な与太話は、自衛隊が核兵器を搬送するというのと同じくらいバカげた噂だということを、申し上げておこう。

20

「新三本の矢」は一本命中すれば全部うまくいく

（2015年10月26日）

「新三本の矢」の核心

安倍内閣が掲げた「新三本の矢」の評判がイマイチである。

「一億総活躍」社会というビジョンのもと、①「名目GDP600兆円」②「出生率1・8」③「介護離職ゼロ」の3つを目指すというものだが、国民からすると今ひとつ理解しにくいようだ。以前からの三本の矢「金融政策」「財政政策」「成長戦略」は放棄してしまうのか、という声もある。

だが安倍首相が言わんとするのは、従来の三本の矢は今後も継続しながら、その上で実現されるのが新三本の矢である、ということだろう。そして新三本の矢のうち、中心となるのは①「名目GDP600兆円」のはずだ。

名目GDP600兆円を達成するには、1億の国民全員に活躍してもらう必要がある。い

【81】アベノミクスの深化・進捗

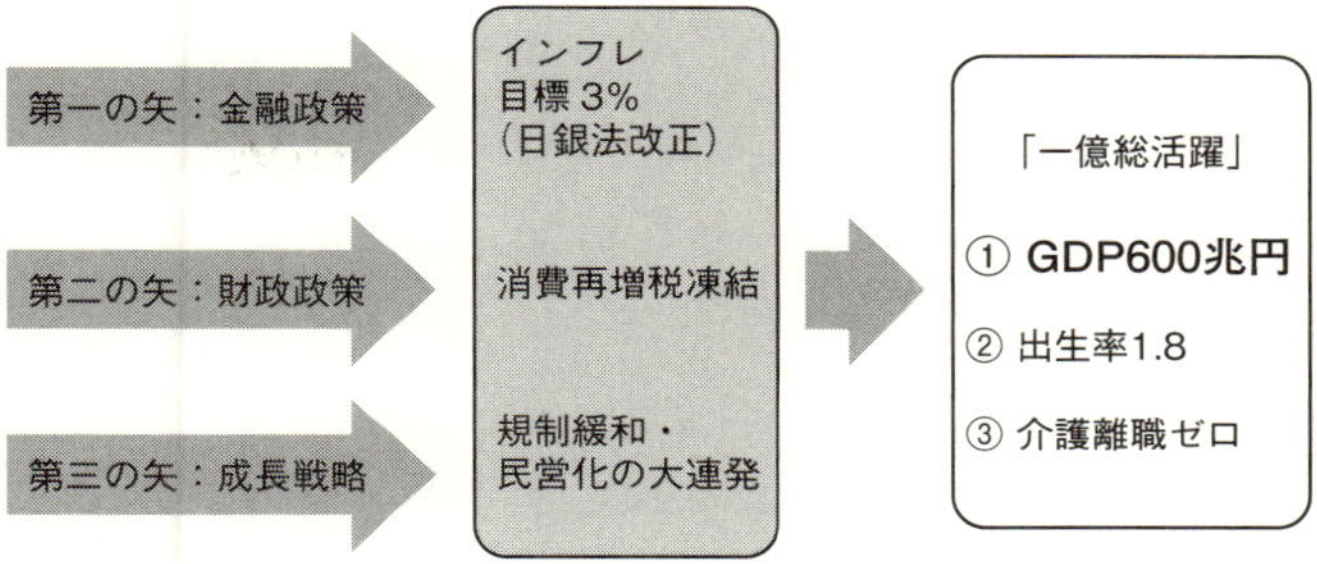

わば名目ＧＤＰ６００兆円の別表現が「一億総活躍」社会なのだろう。

②「出生率１・８」③「介護離職ゼロ」は、実現するための政策コストがかかるが、それも名目ＧＤＰ６００兆円があれば、より容易になるはずだ。その意味で、名目ＧＤＰ６００兆円が達成できない場合、新三本の矢はうまくいかなくなる。

こうした経済成長のわかりやすい政策目標を国民に示すのは、１９６０年の池田勇人《はやと》内閣の「所得倍増計画」以来のことで評価できるが、難点は達成時期が明示されていないことだ。

だが筆者は、安倍首相が自民党総裁の任期を終える２０１８年までに名目ＧＤＰ６００兆円を達成するのは決して不可能ではないと思っている。ただしこれは、(１)20兆円補正予算(２)消費再増税(10％に引き上げ)の凍結(３)インフレ目標３％(日銀法改正）という3つの条件が揃うことが絶対条件であり、1つでも欠けたら達成できない【81】。

これらをいかに達成すべきか、以下説明しよう。

「史上最低の内閣」になっていた？

（1）20兆円補正予算

これは、本書の17章（15年8月31日付）で「補正予算を今国会中に組むことがベスト」と書いたように、先の国会でやるべきだった。だが結果的にできなかった。

経済状況は待ってくれない。通常国会は「毎年一月中に召集するのを常例とする」（国会法2条）ので、新年早々に国会を開き、早く追加補正予算を通すべきだ。

（2）消費再増税（10％に引き上げ）の凍結

2014年度がマイナス成長だったのは、消費税を8％に上げた影響だ。戦後すぐの1955年度にGDP統計が整備されてから2014年度までの60年間で、マイナス成長になったのは14年度も含めて7回しかない。14年度のマイナス成長は、経済運営する側にしてみればかなり恥ずかしいことだったのだ。しかも仮に14年12月に解散総選挙をやらず、15年10月に10％への消費再増税に踏み切っていれば、15年度も確実にマイナス成長となり、2年連続のマイナス成長となるところだった。

ＧＤＰ統計が整備されてからの60年間で、２年連続のマイナス成長はリーマン・ショック後のただ1回のみである。15年10月に消費増税していたら、経済学の教科書に載るくらいの政策失敗例として語り継がれていたことだろう。

17年４月から10％への消費再増税を行えば、今の経済情勢ではマイナス成長になるのは確実だ。そのような「政策失敗」を安倍政権がわざわざやるとも考えにくいが、増税「命」の財務省は、たとえ政権を倒してでも増税したいと考えるので油断できない。

(3) インフレ目標3% (日銀法改正)

（３）に関しては「インフレ目標２％も達成できていないのに、３％は無理だ」との反論があるだろう。しかし17章でも説明したように、インフレ率は金融政策とＧＤＰギャップ率からかなり説明できるもの【73＝再掲】【74＝再掲】であり、消費増税なかりせば、今ごろのインフレ率は1～1・5％程度になっていたものと思われる。消費増税はＧＤＰを減少させ、ＧＤＰギャップ率を拡大させ、同時にインフレ率を低下させたようだ。

この分析からわかるのは、マネタリーベースを今のペースより増やせば、インフレ率３％も達成できる、ということだ。ざっくりと試算すると、今の年間60兆～80兆円のマネタリーベース増加を１００兆円程度に増やせばよいだろう。

なお、これを確実に行うためには、日銀法の改正が望ましい。

【73】 GDPギャップ率とインフレ率（6ヵ月後）

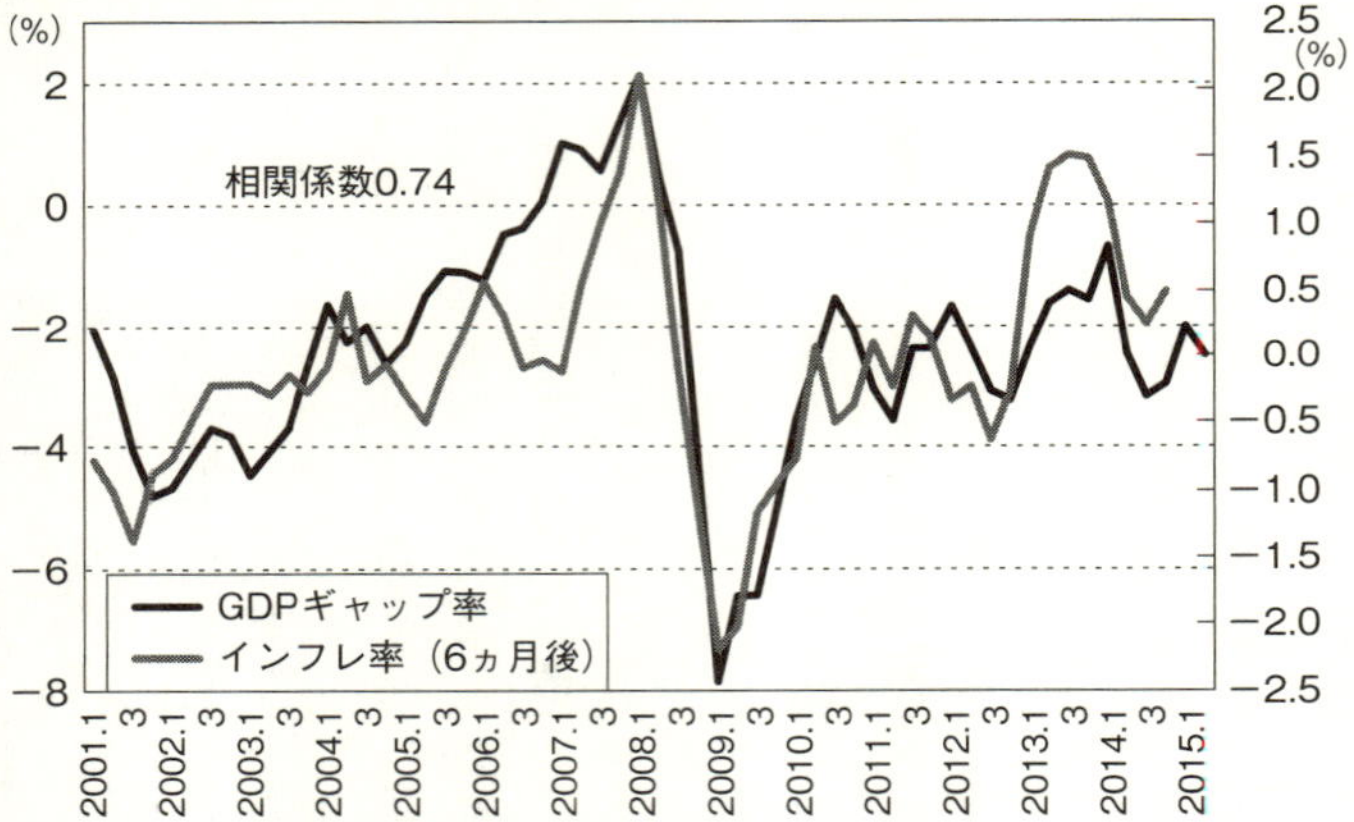

（資料）総務省「消費者物価指数（総合）」、内閣府「国民経済計算」、GDPギャップ率は筆者推計

【74】 インフレ率（現実と予測値）の推移

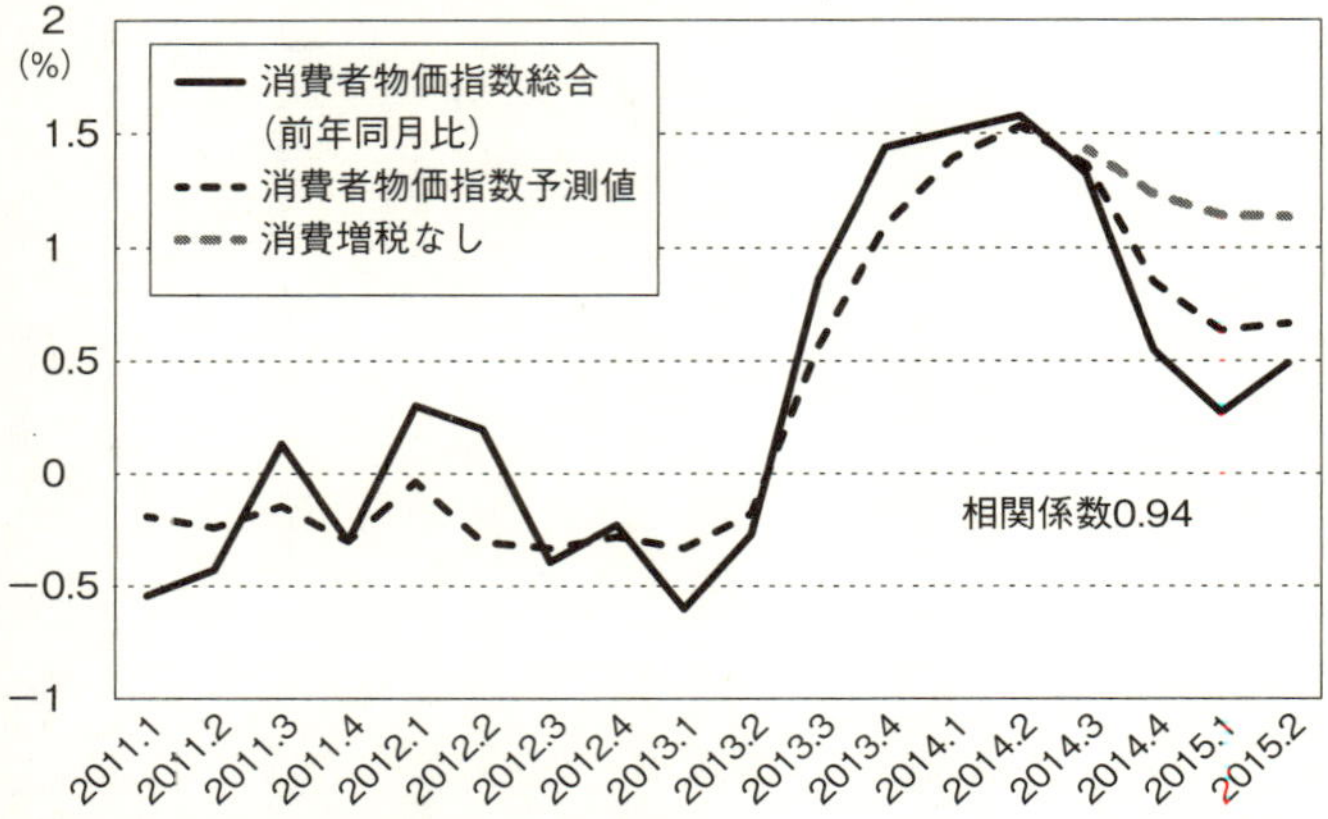

（資料）総務省「消費者物価統計」、予測値は、マネタリーベース伸び率、GDPギャップ率、消費増税から筆者試算

「インフレ率3%→名目成長率5%→名目GDP600兆円」の論理

――以上の3つ、(1) 20兆円補正予算、(2) 消費再増税10%の凍結、(3) インフレ目標3%(日銀法改正)を行えば、インフレ率3%は手が届く。「2%でも難しいのに」と思考停止するのではなく、2%ができない原因を分析しそれを取り除き、さらにパワーアップさせればいいのだ。

デフレマインドを払拭するためには、さらに高いインフレ目標でもいい。かつてポール・クルーグマン教授は「日本には4%のインフレが必要」と言った。また安倍首相も2012年の政権交代選挙では、3%インフレでもいいと言っている。

インフレ率が2〜3%になると実質成長率も2%ぐらいになるということが経験則から明らかになっている。経済環境がいいとそれなりに実質成長率も伸びるのだ。

インフレ率3%ならば、両者合わせて名目成長率(名目GDP成長率)5%を達成でき、名目成長率5%を3年程度実施すれば名目GDP600兆円も達成できる。名目成長率5%ならば、増税も歳出カットもなしに国の財政を黒字化できるだろう。

「3年程度での名目GDP600兆円の達成」は、海外のデータから見ても可能な目標だ。

IMF(国際通貨基金)のデータから、1980年代と2000年代以降について、名目

【82】先進国のインフレ率（横軸）と名目GDP成長率（縦軸）（1980年代）

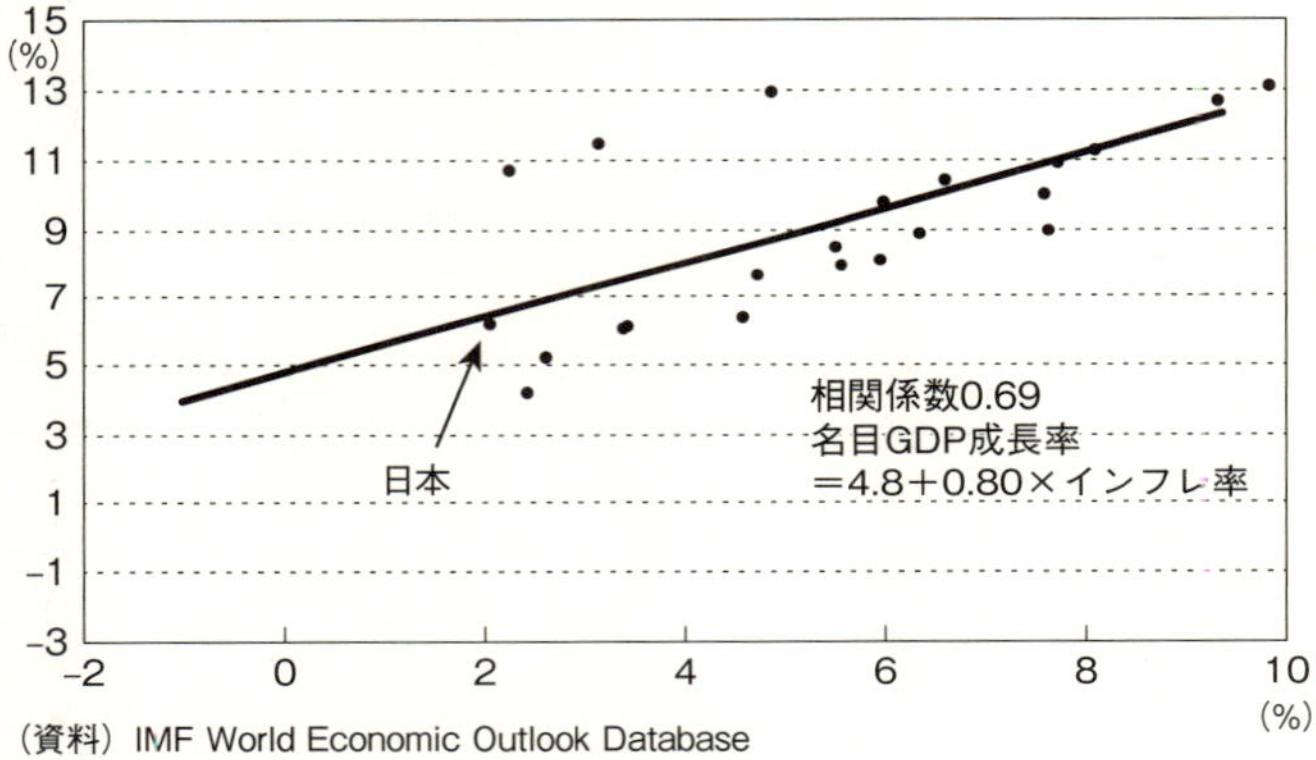

（資料）IMF World Economic Outlook Database

GDP成長率とインフレ率のデータが存在する28ヵ国でそれぞれの年代の平均値を取ってみた（ただし、2桁になるようなデータは除く）。80年代では、インフレ率は2％以上になっており、日本のインフレ率が一番低い。だが、それでも2％程度だ【82】。

名目成長率とインフレ率の間には、相関関係がある。もっとも、高いインフレ率になるほど、名目成長率はそれほど伸びない。日本は、先進国の中で、傾向線に沿った経済パフォーマンスで、名目成長率6％程度、インフレ率2％程度だった。

同じように、2000年代を見てみると、ほとんどの国でインフレ率2％の近くであるが、日本だけがデフレでマイナスになっている【83】。

【83】先進国のインフレ率（横軸）と名目GDP成長率（縦軸）（2000年代）

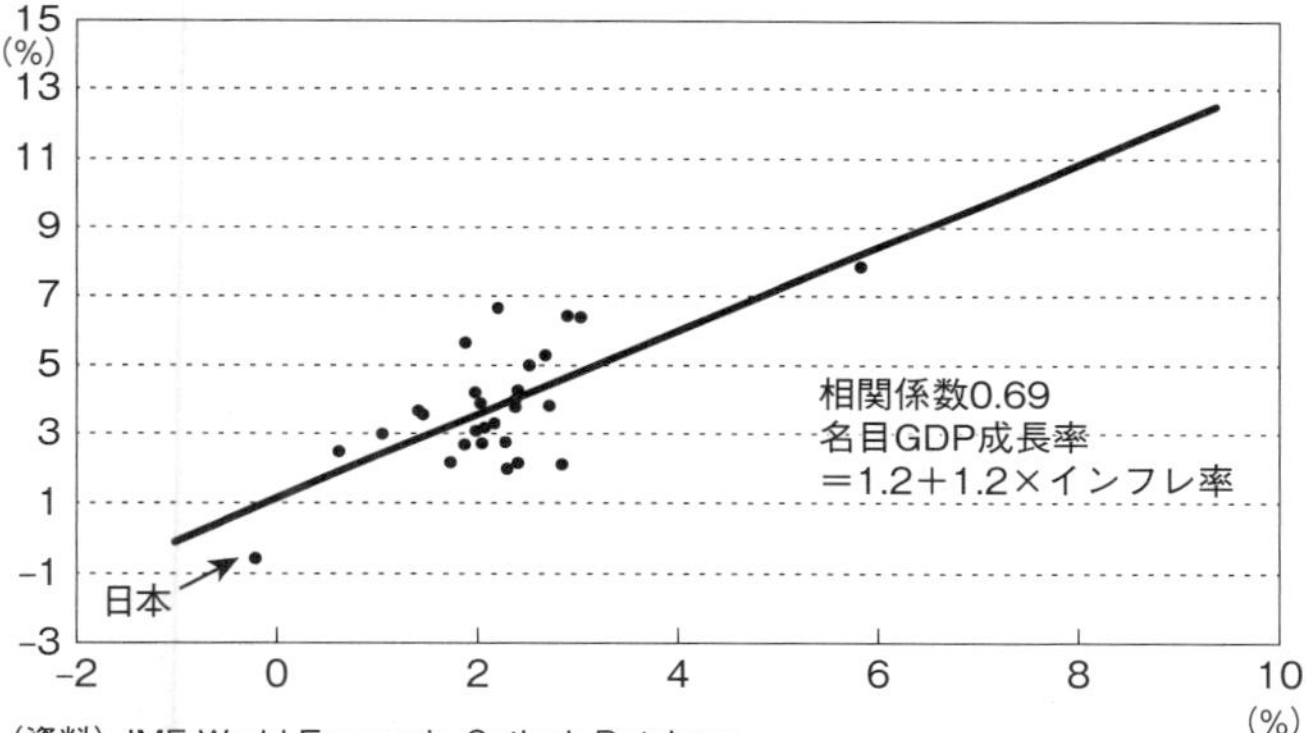

（資料）IMF World Economic Outlook Database

名目成長率とインフレ率の間には、やはり相関関係があり、2～3％近辺のインフレ率であれば、多少高いインフレ率になるほど、名目成長率は高くなる傾向がある。日本は、傾向線の経済パフォーマンスが出せず、インフレ率若干のマイナス、名目成長率も若干のマイナスである。

この傾向線に沿ったパフォーマンスが出せるとして、インフレ率3％を金融政策で達成できれば、それに対応する名目成長率は4・8％になる。つまり、3年程度で名目GDP600兆円に手が届くのである。

21 データで読み解く橋下府政、本当の「実績」

（2015年11月16日）

大阪ダブル選挙の投開票日が迫ってきた。事実上、府知事選は大阪維新の会公認の松井一郎知事と自民党推薦の栗原貴子氏、市長選は大阪維新の会の吉村洋文《ひろふみ》氏と自民党推薦・柳《やなぎ》本顕《もとあきら》氏の一騎打ち、大阪維新対非維新（自民、共産など）の対決である。

産経新聞社ほか5社の世論調査では、府知事選で松井氏が栗原氏を上回り、市長選で吉村氏が柳本氏をリードしているという（注記＝投開票の結果、府知事選は松井氏、市長選は吉村氏が当選し、維新の2連勝で終わった）。

この選挙では「大阪都構想」も争点の一つになろうとしている。5月の住民投票では「否決」という結論が一応出ているが、その際に都構想反対派が主張していた、都構想の対案としての「大阪会議」がまったく機能していないからだ。

筆者も、都構想の対案として大阪会議（大阪戦略調整会議）が何度も取り上げられたことを記憶しているが、実際にはほとんど機能しなかった。

選挙結果は、今後の大阪府市行政にどう影響するだろうか？

府市の双方を大阪維新がとれば都構想が再び現実化する。これは地方政治・行政にとって、二重行政の排除、地方分権で選択肢が広がるという意味で望ましい。ただし、これまでと同じ都構想ではなく、一定期間の検討の後に修正が加えられるだろう。

府市のいずれかを非維新がとれば、都構想はなくなる。それは、橋下氏が登場した以前の大阪に戻ることを意味する。両陣営ともに、大阪が東京に次ぐ第二極になることを目指すという点では同じだが、大阪維新が従来の方法を破ることで目標を達成しようとしているのに対し、非維新は従来のやり方を踏襲することでそれを目指している。

橋下・松井時代の前というと、横山ノック・太田房江両氏が大阪府知事を務めた時代だ。この際、橋下以前（横山・太田時代）と橋下以後（橋下・松井時代）の経済パフォーマンスを、客観的な数字を使って比較してみよう。

GDPは「橋下以後」がマシ

統計リテラシーの観点では、「現在の大阪に関する統計数字が低い／高い」だけでなく過去と比較する必要がある。しかも過去と比較して「上がった、下がった」を論じているだけでは意味がなく、全国と対比させる必要もある。

これは全国レベルで起こっている影響（例えばアベノミクスで雇用環境が良くなったな

ど）を捨象し、大阪固有の動きを抽出するためだ（マスコミ記事はまず批判の結論がありきなので、こうした統計リテラシーのないものが多く、ほとんど読むに堪えない）。

大阪府の全国シェアの推移を見て、橋下以前と以後でどう変化したかがポイントとなる。全国シェアの上昇（下降）は、大阪が全国より伸び率が高い（低い）ことを意味している。

そこでまずは、最も重要な大阪府のＧＤＰの全国シェア【84】を見てみよう。これは明らかに長期低落傾向が見られる。大阪の経済力が相対的にどんどん低下しているということだ。

全国シェアが前年度より増えれば「勝ち」、減れば「負け」とすると、橋下以前は２勝11敗であるが、橋下以後は２勝３敗と、やや負けグセが是正されてきたように見える。

これは、橋下以後に長期低落に歯止めがかかりだしたと見ていいだろう。なお、グラフでは橋下以前、以後で傾向線を付けて、傾向を見やすくしている。

失業率は橋下以後で大きく改善

ＧＤＰと並んで重要な失業率【85】ではどうか。橋下以前では全国の数値を40％近く上回っていたが、橋下以後は25％程度。まだ全国水準までは達していないが、はっきりと橋下以後の改善傾向を読み取れる。

【84】大阪府GDPの全国シェア

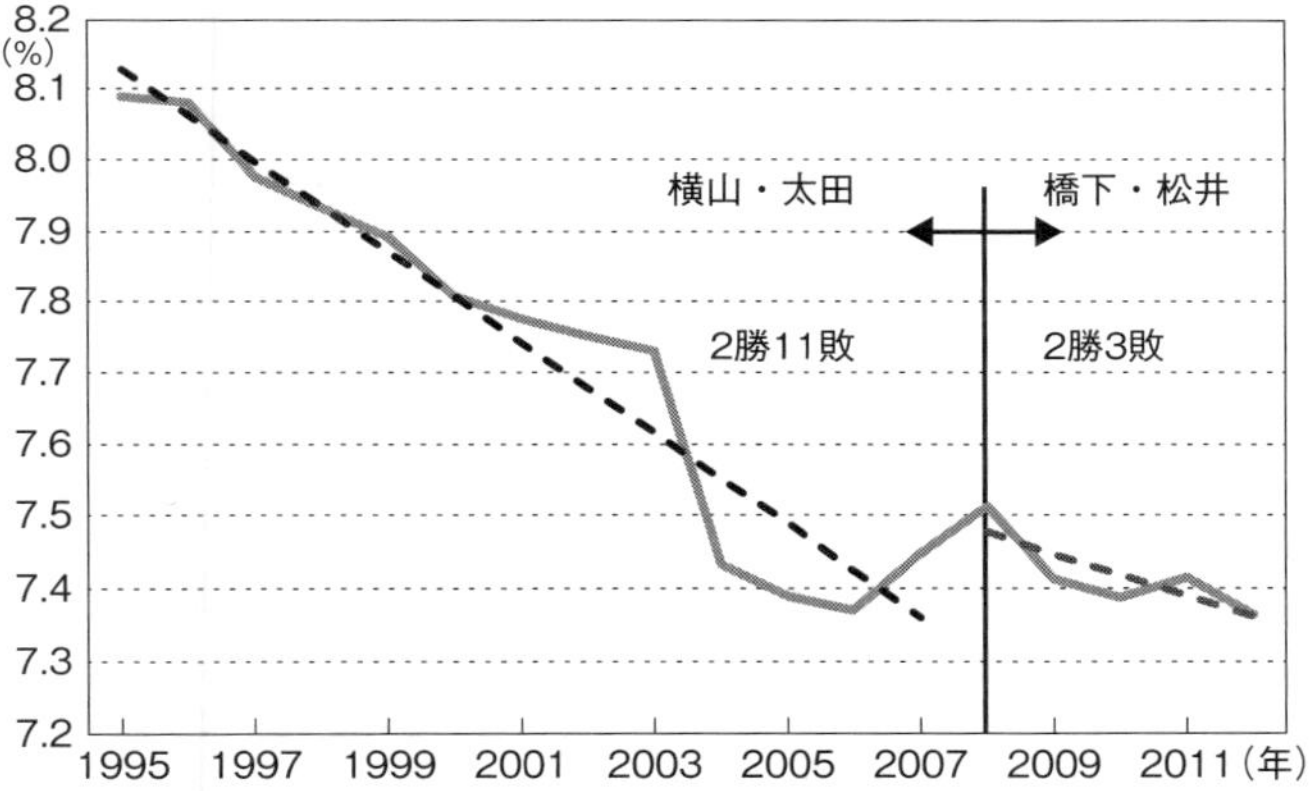

（資料）内閣府。シェアが前年度より増えれば勝ち、減れば負けとしてカウント

【85】大阪府失業率の全国に対する比率

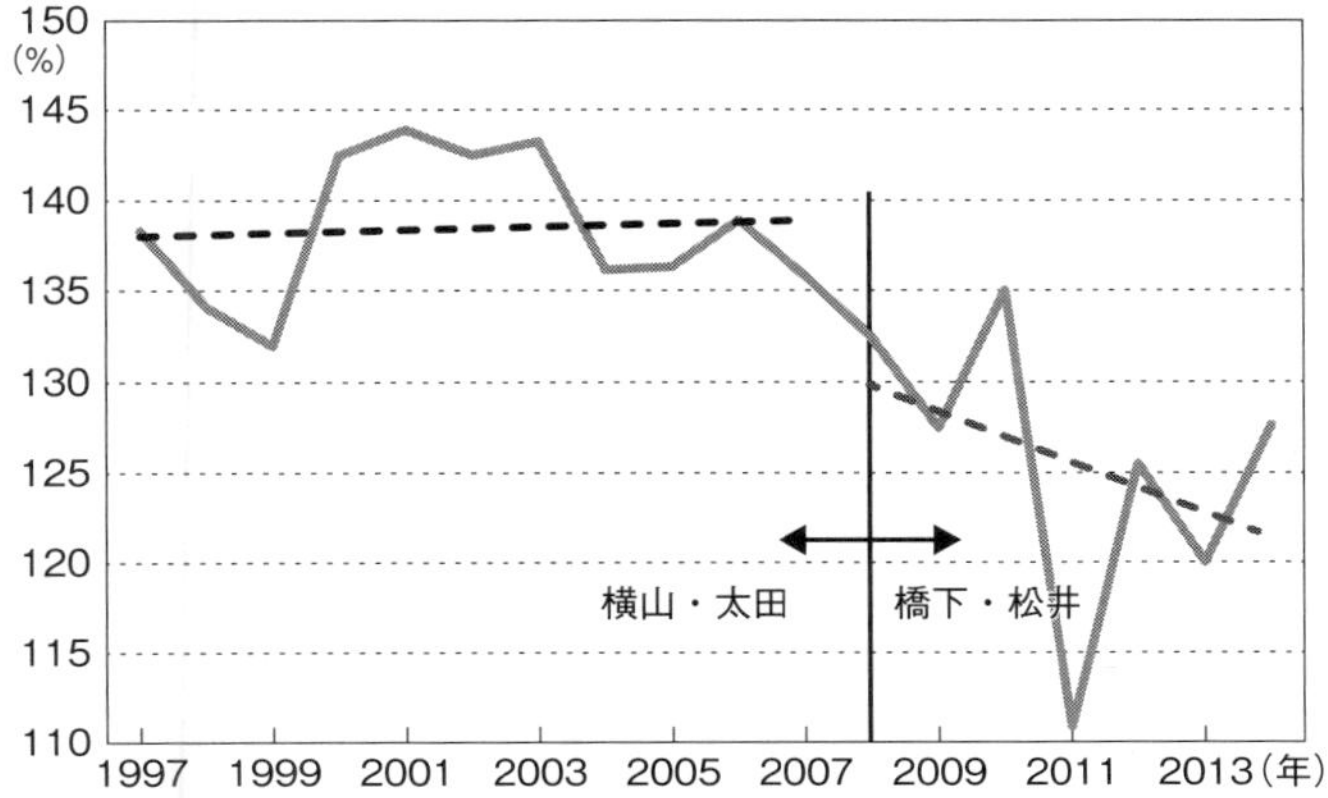

（資料）総務省

【86】大阪府財政力指数の全国に対する比率

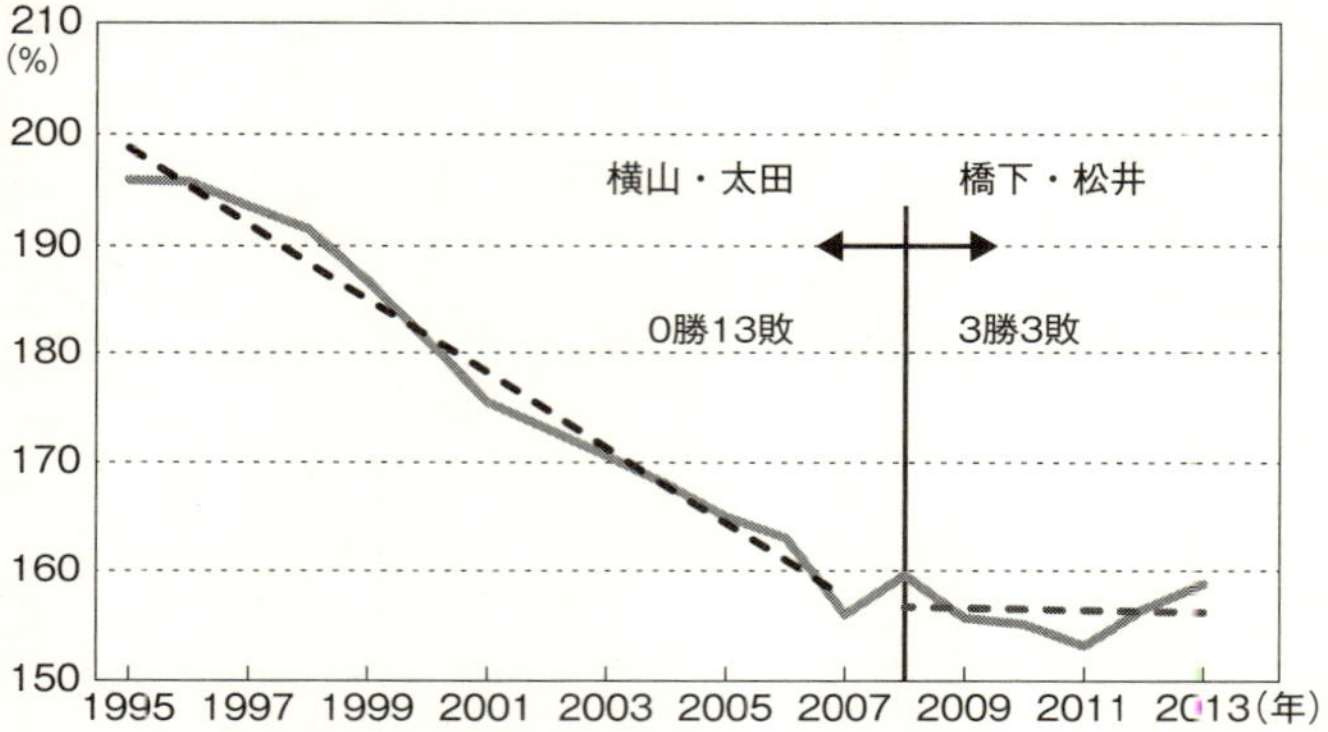

（資料）総務省。全国に対する比率が前年度より増えれば勝ち、減れば負けとしてカウント

また、橋下以後にGDPの長期低落傾向に歯止めがかかった結果、財政関連もその動きに連動している。というのは、財政の話は、基本的にはGDPの後についてくるからだ。

例として財政力指数【86】を見てみよう。これは地方公共団体の財政力を示す指標として用いられる指数であり、基準財政収入額を基準財政需要額で除した数値である。

財政力指数について、大阪府と全国の都道府県の平均との比率を見て、前年度より増えれば「勝ち」、減れば「負け」とすると、橋下以前は0勝13敗であるが、橋下以後は3勝3敗となる。つまり、財政についても橋下以前は全くダメで長期低落であるが、橋下以後ではなんとか全国平均の動きと互角で、長期低落に歯止めをかけていると言える。

失業率では、全国と比較して橋下以後に相対的に改善の動きがあるので、生活保護受給者数や自殺率でも、橋下以後はいい数字になっている。というのは、生活保護受給者数や自殺率は、失業率と密接な関係があることが知られているからだ。

生活保護受給者数にも明白な変化が

生活保護では、大阪府の生活保護受給者数の全国の生活保護受給者数に対する比率、つまり全国シェアを見てみよう【87】。

全国のどこでも高齢化などで生活保護受給者数は増加している。大阪府でも似たような事情であるが、全国のペースを上回っているかどうかで、大阪府の努力が測れる。それには全国シェアの数字は好都合である。

これは、橋下以前と橋下以後ではっきり分かれている。橋下以前では全国より大阪府の生活保護受給者の増加スピードは速かったが、橋下以後はその逆になっている。このため、大阪府の生活保護受給者の全国シェアは、橋下以前は上昇、橋下以後は低下になっている。生活保護は、明らかに橋下以後のほうが改善していることがわかる。

橋下氏は、生活保護に厳しく、闇雲に予算カットをしてきたイメージがある。ところが、現実には失業率の改善によって、生活保護はその結果に応じて改善されているのだ。

【87】大阪府の生活保護受給者数の全国シェア

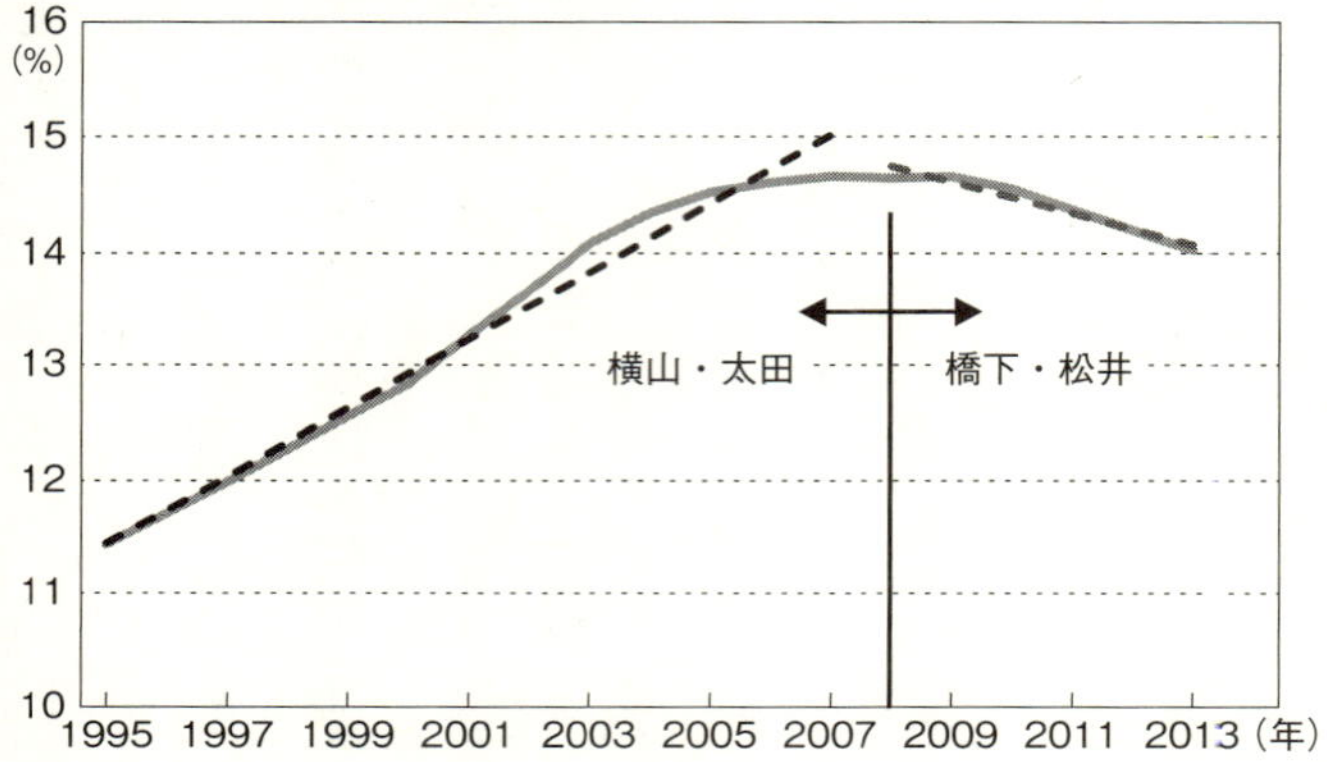

（資料）大阪府。データのないところは線形補間

失業率を改善せずに生活保護を切り捨てていればマズイが、失業率の改善とともに生活保護受給者数の増加に歯止めがかかっているので、まっとうな話である。

政界再編にも影響が

自殺率ではどうだろうか。ここでも、大阪府の自殺者数の全国シェア【88】を見ることとする。

橋下以後で失業率が改善している点からも予想できるが、自殺者数の全国シェアも橋下以前よりかなり低下している。命を守るのは政府に課せられた最低限度の義務だが、これも橋下以後のほうがいい。

大阪の経済活動が本格的に回復するにはまだ時間がかかるだろうが、横山・太田時代と

【88】大阪府自殺者数の全国シェア

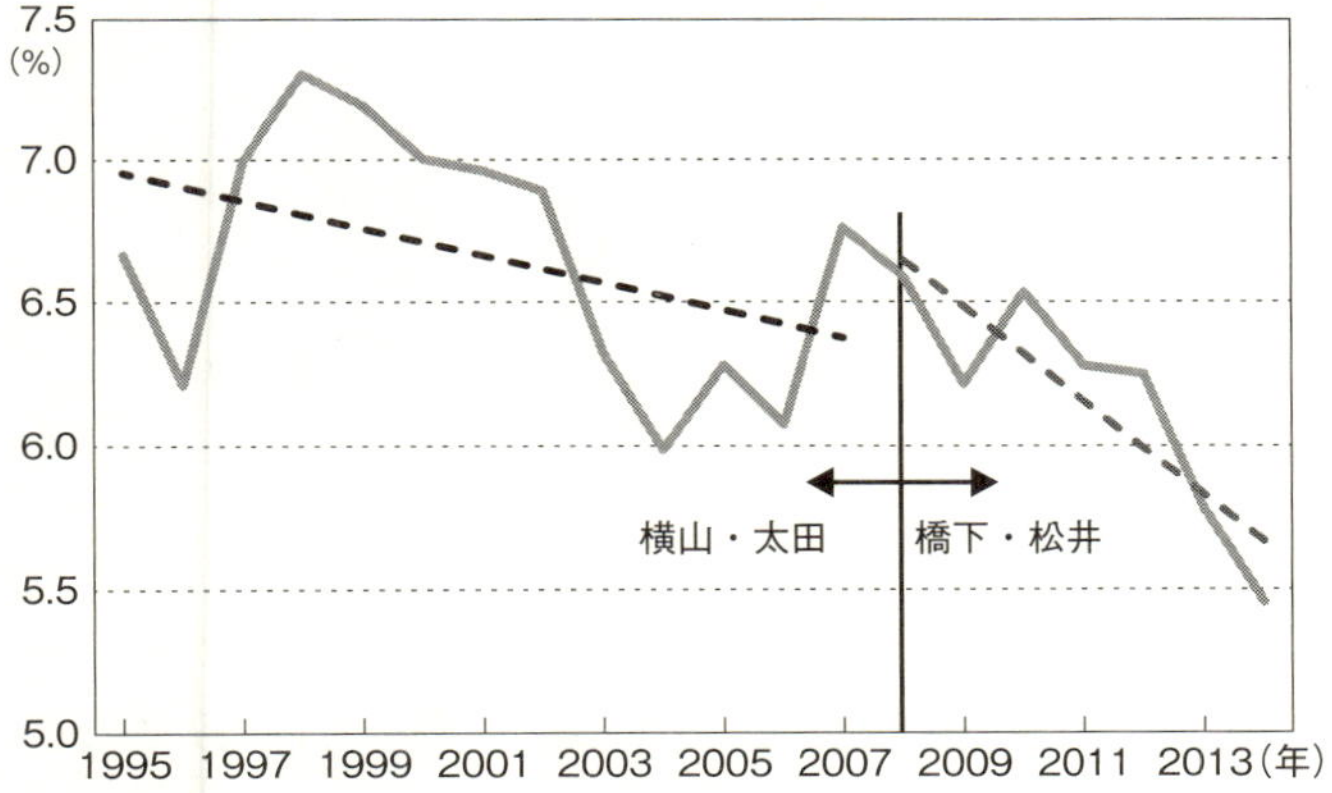

（資料）大阪府

橋下・松井時代を数字やデータで比較するかぎり、橋下・松井時代に分があるようだ。

なお、大阪ダブル選挙の行方は、国政での野党再編にも大きく影響する。ダブル選挙で大阪維新が勝てば、東京「維新」の居場所はなくなるので、必死になって民主党の前原誠司氏と細野豪志《ごうし》氏に民主党解党をけしかけて、野党再編を加速させてくるだろう。

一方、岡田民主党が解党を拒むのは、解党では党の結束力が緩むうえ、政党助成金が減少するからだろう。

カギを握るのは、前原氏と細野氏。両氏とも民主党解党を主張するが、選挙区事情で民主党を離党することはできないため、意見に迫力を欠く。一体どうなるか。

22 財務省と安倍官邸の「軽減税率」バトルで2016年を読み解く

（2015年12月14日）

「公明・官邸」vs.「自民税調・財務省」のタッグマッチ

軽減税率をめぐる問題がやっと一段落した。周知のとおり、軽減税率の対象は「外食を除く生鮮・加工食品」で合意した。

筆者にとって、この騒動は2016年夏の参院選（場合によっては衆参ダブル選挙）前、消費増税を延期するかどうかの前哨戦に見えた。言うまでもないが、公明党＋官邸vs.自民党税制調査会＋財務省の構図である。自民党税調と財務省がタッグを組むのはいつものことだ。こと税制においては、政府税調には何もパワーがなく、自民党の税調で税制改正が決まる。この点、他の政策ではあまりないが、政府ではなく党主導である。

ただし、財務省は、事実上党税調の事務方を務めているなど、かなりの影響力を持っている。党税調メンバーを見れば、現会長の宮沢洋一氏、前会長の野田毅《たけし》氏は財務省ＯＢであり財務省官僚と気心も知れている。

公明党と官邸のタッグは、2016年の参院選を見据えたものと説明されている。そうした思惑は否定しないが、それはこれまでも同じだ。実のところ、官邸は、公明党の意向を利用して、財務省の値踏みを行ったようである。

財務省の大失態

軽減税率をなんとしても阻止したい財務省はスタートから信じられないミスをしていた。2015年9月上旬、海外から麻生財務相に、「軽減税率の代わりに給付金で対応する」と言わせたのだ。大臣が発言するからには最終決着点でなければならない。

まだ予算編成が始まったばかりの時期に大臣発言とは驚いたが、やはり詰めが甘く、給付案は完全に頓挫してしまった。そもそも、制度が出来上がっておらず、うまくスタートできるかどうかわからないマイナンバーを前提とするのは、誰にでもわかる初歩的ミスである。

しかも大臣に恥をかかせたわけで、これは財務省官僚の失態だ。普通であれば、どこかの記者にリークして観測気球を上げるべきであったが、それすらもやらなかった。

それでも、軽減税率はできないと財務省は見ていた。なぜなら、軽減税率の導入には、商品ごとに税率や税額を明記した請求書（インボイス）が必要になるが、これに経済界は「事務が煩瑣《はんさ》になる」として反対すると読んでいたのだ。

ところが、普通の商取引では請求書は当たり前。しかも、貿易関連ではどこの国との取引でもインボイスを使っている。

だいたいインボイスがないのは日本の消費税だけだ。これが、消費税の脱税や益税（消費者が事業者へ支払った消費税のうち事業者から国庫に納入されず、事業者の手元に残る租税利益）の温床ともされ、問題視されていた。そうした声から、世界と同様にインボイス導入となって、軽減税率の技術的な障壁が取り除かれた。

それでも、財務省は、学者・エコノミストを使って、「高所得者に便益が及び、真の弱者対策にはならない」「弱者対策を行うのであれば給付金」という原則論から軽減税率に反対し続けた。

この意見は、消費税部分だけを見れば正しい。ただし、約6000万人いる日本の納税者のうち、申告納税と源泉徴収の比率は1対2くらいで、申告納税者は海外と比べて少ない。このため、給付金を申告と合わせてやりにくいのが実情であり、しかも今回救済すべきは非納税者なので、給付金措置が実際にはやりにくい。わかりやすさというのは、しばしば政治で求められることだ。

安倍官邸が考慮する「2つのシナリオ」

さらに、原則論を言う学者・エコノミストがそろって10％への消費増税に前のめりなのも、官邸では不信を抱いたに違いない。官邸は、公明党の意向を飲めと自民党税調や財務省に押し込んだ。すると彼らは財源論をタテに再び抵抗した。

財務省の用意した数字は４０００億円。５％から８％への消費増税の時には軽減税率ではなく給付金でお茶を濁したが、その時の財源が６０００億円。今度は２％増税なので、４０００億円という、いかにも財務省らしい話だ。

４０００億円では食品のうち生鮮食品までである。しかし、公明党・官邸側は、これは政治問題だとして1兆円に上乗せし、加工食品も加えよと応酬した。

今回の税制改正では法人税減税も決まったが、財源論など議論はまったくなされなかった。もともと財源論は官僚の手法であり、経済成長を前提とするならば財源論はまったく無意味となる。アベノミクス効果で税収は増加していることからも、財源論は説得力を持たなかった。結局、財源は1兆円となり、軽減税率対象は「外食を除く生鮮・加工食品」となった。

官邸が軽減税率対象を広くしたいのは、もし消費増税をやる羽目になっても、できるだけその悪影響を薄めたいという思惑があるからだ。おそらく官邸としては、14年4月から始まった8%への消費増税に懲りているから、できることなら、17年4月からの10%への消費増税も避けたいのが本音なのだろう。

ただし、安倍首相は、リーマン・ショックのようなことがないかぎり増税すると言っているので、回避6割、増税4割の2つのシナリオに対応したプランを考慮しているはずだ。増税回避への対応プランは、財務省やその関係者の押さえ込みである。一方、増税実施への対応プランは、1つにはダメージコントロールであり、軽減税率対象を広くとるのはそのためである。

ところで今回の税制改正、最後の局面では、自民党税調・財務省側から、1・3兆円、「生鮮・加工食品・外食」という攻守ところを代えた案も出てきた。最後になって外食まで含む案を出してきたのは、低所得者対策という公明党のウリを奪うとともに、加工食品と外食との境界を決める作業が難しいので、事務作業を優先し、何が何でも17年4月からの消費増税を成し遂げたい——という財務省事務方の希望の合作であろう。

新聞業界に与えられた「アメ玉」

ともあれ、軽減税率の規模は1兆円、対象は「外食を除く生鮮・加工食品」でおさまった。

ただし、この攻防で、新聞が軽減税率の対象かどうかは、ほとんど報道されていない。食品の中での話だから、まさか新聞は対象にはならないというのが常識だろうが、表向きは今後検討という。

ところが、実際には、新聞は軽減税率の対象になることで決着がついているという話で、積極的に報道されていないだけだという。「軽減税率によって財政健全化がさらに厳しくなる」などと報道しながら、ちゃっかりと自らは軽減税率を求める新聞には笑ってしまう。

筆者には、新聞を軽減税率の対象とするのも、官邸の「対策」のように見える。仮に新聞を軽減税率の対象から外した場合には、各新聞社が急に消費増税反対で足並みを揃えるかもしれない。すねて反官邸運動に走るかもしれない。一方、ここで新聞にアメ玉を与えれば、今後の官邸に不利はないという見方である。

これは、あえてリスクを冒さず、新聞を官邸に向ける作戦だ。官邸は、自民党税調・財務省の連合軍に完勝した。新聞はパワーのあるところにネタを求めてくるので、官邸は軽減税率のアメ玉を与えたと見るべきだろう。

税理論の原則を無視

今回、官邸は、財務省の財源論を完全に破った。財務省はなぜ財源論しか言えないのか。なぜ財源論にこだわるのか。それは、財務省が消費税を社会保障目的税化（社会保障財源化）しているからだ。これが財務省のアキレス腱になっている。

かいつまんで言うと、社会保障は、日本を含めて、給付と負担の関係が明確な社会保険方式で運営されている国が多い。もっとも保険料を払えない低所得者に対しては、税が投入されている。

消費税の社会保障目的税化は、「社会保障は保険方式によって運営する」という世界の流れにも逆行するもので、先進国では例がない。

消費税の社会保障目的税化が間違いというのは、90年代までは大蔵省の主張でもあった。しかし、99年の自自公連立時に、大蔵省が当時の小沢一郎自由党党首に話を持ちかけて、消費税を社会保障に使うと予算総則に書いた（なお、平成12年度の税制改正に関する答申〔政府税制調査会〕の中で、「諸外国においても消費税等を目的税としている例は見当たらない」との記述がある）。

消費税を社会保障目的税にすると、「増税に協力しない＝社会保障を削ることになる➡人でなしめ」などという阿漕《あこぎ》な恫喝が横行する。

ついでに言えば、消費税は地方税とすべきだ。

消費税は一般財源だが、国が取るか地方が取るかという問題になる。地方分権が進んだ国では、国でなく地方の税源とみなせることも多い。これは、国と地方の税金について、国は応能税（各人の能力に応じて払う税）、地方は応益税（各人の便益に応じて払う税）という税理論にも合致する。

ヨーロッパの国は一国の規模が小さく、GDPで見ても日本は欧州の国が7つか8つくらい集まった規模だ。ヨーロッパの場合にはサイズが小さく、日本から見れば地方単位であるので、EU（欧州連合）を1つの国として、その中に地方があり、それぞれで消費税を導入しているという見方もできる。

また、地方分権の進んだ国では、オーストラリアのように、国のみが消費税を課税し地方に税収を分与する方式、ドイツ、オーストリアのように国と地方が消費税を共同税として課税し、税収を国と地方で配分する方式、カナダの大部分の州のように国が消費税を課税し、その上に地方が課税する方式、アメリカのように国は消費税を課税せず、地方が消費税を課税する方式がある。このように世界を見ても、分権度が高い国ほど、国としての消費税のウエイトが低い。

財務省は、こうした税理論の原則を無視してきた。今やそのほころびが出ている。こうした財務省の弱点についても、官邸はしっかり把握したことだろう。

2016年夏の参院選前、消費増税の扱いについては、どっちに転ぶにせよ、自民党・財務省ではなく官邸主導であることがはっきりした。

果たして今の財務省に「外食を除く生鮮・加工食品」の線引きがうまくできるだろうか。それがうまくできなければ、それだけで消費増税スキップの口実になってしまう。

おまけに、17年4月から消費増税すれば、再び経済成長率がマイナスになるのは確実だ。ズバリ言っておこう。軽減税率の作業は消費増税スキップによって日の目を見ない公算が高い。

23 「日本の借金1000兆円」はやっぱりウソだった

（2015年12月28日）

鳥越俊太郎氏もダマされていた？

大阪のテレビ番組には、東京とは違ってまだ自由な面白さがある。先週土曜日にもＡＢＣ朝日放送のニュース情報番組『正義のミカタ』に出演し、「日本経済の諸悪の根源はＺ」というコーナーでコメントをした。「Ｚ」というのは財務省のことである。

ここで筆者は「借金1000兆円のウソ」について強調した。「日本国の借金が1000兆円もあるので、増税しないと財政破綻する」という、ほとんどのマスコミが信じているあの話が、間違いだと指摘したのだ。

借金1000兆円は国民1人当たりに換算すると800万円になる。こんな巨額の借金を自分の子や孫に背負わせてはいけない。借金を返すために増税が必要だ――誰でも一度は聞いたことがある主張だろう。財務省が1980年代から繰り返し発信してきたメッセージだ。

これがなぜ違っているのか？　放送では時間が少なくて詳しく話しきれなかったが、要点を言えば、「借金1000兆円と言っても、政府が持つ資産と相殺すれば500兆円。政府の関係会社も考慮して連結すれば200兆円に過ぎず、これは先進国と比較しても大した額ではない」ということである。

これに対し、番組ゲストの鳥越俊太郎氏から「資産と言っても処分できないものばかりでしょう？」との反論があった。財務省の言い分そのままなので苦笑してしまった。鳥越氏がレクチャーを受けたかどうかは知らないが、財務省はこれとまったく同じことを、日頃からメディアにレクチャーしている。鳥越氏に対して筆者は「多くの資産は金融資産なので換金できる」と説明した。

CM中断中には、鳥越氏から「金融資産とは具体的には何ですか？」と尋ねられたので、日本政策投資銀行（旧日本開発銀行）やUR都市機構（旧住都公団）などの特殊法人、独立行政法人に対する「貸付金」「出資金」であることをお答えした。さらに「それらを回収したらどうなるの？」とも聞かれたので、「これらの特殊法人などを民営化、または廃止すれば回収ということになるが、その代わり、官僚たちが特殊法人に天下りできなくなる」と答えた。

このやりとりを聞いていた他の出演者からは、「CM中のほうが勉強になる話が多い」と言われたが、私としても時間的に許されるのであれば、ぜひ、番組中で説明しておきたい部分だった。

バランスシートの左側を見てみれば……

「借金1000兆円」論は2つの観点から間違っている。

第1に、バランスシートの右半分である「負債」の部分しか見ていないことだ。

筆者は今から20年ほど前に大蔵（財務）省官僚として、国のバランスシートを初めて作成した人間だ。当時、財政投融資が抱えていた巨額の金利リスクを解消するために財政投融資のALM（資産負債管理）を行う必要があり、そのためにはバランスシートをどうしても作らなければならなかった。そこで、主計局から「余計なことをするな」と言われながらも担当したのである。

日本の財政が危ういという大蔵省の主張が大ウソであることは、この作業を通じて筆者にはすぐにわかった。とはいえ当時は現役の大蔵官僚であったので、対外的には沈黙を守らなければならなかった。

この時に筆者が作ったバランスシートはお蔵入りにされてしまったが、さすがの財務省も世界の趨勢には逆らえず、5年ほど経ってから試案として、約10年後には正式版として公表された。2015年1月には、国の13年度版の財務書類が公表されている。

この13年度末時点のバランスシート【89】を見ると、左側の資産は総計で653兆円ある。そのうち現金・預金19兆円、有価証券129兆円、貸付金138兆円、出資金66兆円、計352兆円が比較的換金しやすい金融資産である。

対して右側の負債は1143兆円。内訳は公債856兆円、政府短期証券102兆円、借入金28兆円で、これらがいわゆる国の借金で計986兆円である。負債総額から資産総額を引いた額を「ネット国債」と呼び、これは1143兆円－653兆円で490兆円となる。

日本政府のバランスシートを他の先進国のそれと比較した際の際立った特徴は、資産額が巨額（政府資産額としては世界一）で、その中身についても、換金しやすい金融資産の割合がきわめて大きいことだ。

なお、貸付金や出資金の明細【90】【91】は、国の財務書類に詳しく記されているが、そこが各省の天下り先になっている（紙幅の都合で出資金の明細は一部のみ。膨大な数である）。これを見れば、財務省所管の貸付先が他省庁に比べて突出して多いのがわかるだろう。このおかげで、財務省OBは各省庁の所管法人にも天下ることができ、天下りの範囲は他省庁より広い。要するに、「カネを付けるからオレたちの退官後の受け入れもよろしく」

【89】日本政府のバランスシート（2013年度末時点）

貸借対照表

（単位：百万円）

	前会計年度（平成25年3月31日）	本会計年度（平成26年3月31日）
＜資産の部＞		
現金・預金	21,987,644	18,618,962
有価証券	110,802,695	129,318,961
たな卸資産	2,657,387	3,927,617
未収金	6,559,978	6,227,384
未収収益	850,426	821,355
未収(再)保険料	4,956,280	4,851,356
前払費用	2,769,198	1,313,871
貸付金	139,539,542	137,940,309
運用寄託金	106,742,013	104,769,423
その他の債権等	3,093,777	2,949,829
貸倒引当金	△2,580,108	△2,331,897
有形固定資産	180,344,135	177,728,626
国有財産（公共用財産を除く）	32,747,543	29,059,626
土地	16,242,637	16,841,295
立木竹	7,025,749	2,913,672
建物	3,484,594	3,451,920
工作物	3,247,356	3,111,144
機械器具	0	0
船舶	1,404,113	1,403,849
航空機	662,999	617,135
建設仮勘定	680,092	720,607
公共用財産	145,314,079	146,356,836
公共用財産用地	38,559,357	38,897,073
公共用財産施設	106,430,371	107,082,242
建設仮勘定	324,351	377,520
物品	2,246,856	2,282,908
その他の固定資産	35,656	29,255
無形固定資産	236,197	226,720
出資金	62,216,449	66,318,184
資産合計	640,175,620	652,680,706

	前会計年度（平成25年3月31日）	本会計年度（平成26年3月31日）
＜負債の部＞		
未払金	9,647,377	9,476,839
支払備金	348,285	324,410
未払費用	1,336,431	1,357,425
保管金等	702,755	660,957
前受金	65,921	58,283
前受収益	3,872	1,861
未経過（再）保険料	92,125	99,788
賞与引当金	253,868	279,385
政府短期証券	101,696,923	101,597,195
公債	827,236,702	855,760,998
借入金	26,841,393	28,411,277
預託金	7,254,568	6,979,845
責任準備金	9,227,334	9,441,829
公的年金預り金	114,645,147	112,232,671
退職給付引当金	9,835,794	8,798,046
その他の債務等	7,965,364	7,575,612
負債合計	1,117,153,867	1,143,056,428
＜資産・負債差額の部＞		
資産・負債差額	△476,978,246	△490,375,722
負債及び資産・負債差額合計	640,175,620	652,680,706

【90】貸付金の明細

イ 貸付金の主な明細

（単位：百万円）

所管	貸付先	前年度末残高	本年度増加額	本年度減少額	本年度末残高	貸付事由等
財務省	地方公共団体	52,871,419	3,894,415	4,648,748	52,117,085	財政融資資金の運用による貸付
	株式会社日本政策金融公庫	16,639,313	3,653,062	4,153,579	16,138,795	財政融資資金の運用による貸付
	独立行政法人住宅金融支援機構	15,189,090	67,500	2,221,134	13,035,456	財政融資資金の運用による貸付
	独立行政法人都市再生機構	10,521,039	407,000	488,109	10,439,929	財政融資資金の運用による貸付
	日本銀行	9,146,608	190,605,692	190,984,308	8,767,992	運用による対日本銀行国債買現先
	独立行政法人日本学生支援機構	4,530,847	848,700	426,636	4,952,911	財政融資資金の運用による貸付
	株式会社日本政策投資銀行	4,295,461	300,000	535,985	4,059,476	財政融資資金の運用による貸付
	株式会社国際協力銀行	3,542,971	2,222,879	1,015,641	4,750,209	外国為替資金の運用によるもの
	株式会社国際協力銀行	3,490,408	555,100	340,756	3,704,752	財政融資資金の運用による貸付
	有価証券担保貸付金（現先取引）	3,300,849	48,566,870	47,271,005	4,596,713	財政融資資金の運用による貸付
	独立行政法人福祉医療機構	2,880,647	332,300	318,848	2,894,099	財政融資資金の運用による貸付
	独立行政法人国際協力機構	1,979,670	119,400	317,109	1,781,961	財政融資資金の運用による貸付
	国際通貨基金（IMF）	1,182,571	289,748	141,969	1,330,351	IMFに対する多国間の融資取極に基づくもの
	独立行政法人鉄道建設・運輸施設整備支援機構	977,368	56,100	203,391	830,076	財政融資資金の運用による貸付
	独立行政法人国立大学財務・経営センター	793,002	57,944	76,165	774,780	財政融資資金の運用による貸付
	沖縄振興開発金融公庫	577,408	33,700	80,184	530,923	財政融資資金の運用による貸付
	独立行政法人日本高速道路保有・債務返済機構	548,825	-	140,920	407,904	財政融資資金の運用による貸付
	独立行政法人水資源機構	495,921	7,400	52,336	450,984	財政融資資金の運用による貸付
	独立行政法人国立病院機構	445,331	11,600	40,778	416,152	財政融資資金の運用による貸付
	独立行政法人森林総合研究所	228,610	6,500	25,386	209,724	財政融資資金の運用による貸付
	信託受益権	221,625	-	-	221,625	
	日本私立学校振興・共済事業団	209,231	38,500	22,784	224,947	財政融資資金の運用による貸付
	東京地下鉄株式会社	136,302	-	13,052	123,250	財政融資資金の運用による貸付
	株式会社日本政策投資銀行　等	281,198	9,584	38,782	252,000	
文部科学省	独立行政法人日本学生支援機構	2,516,252	77,651	31,532	2,562,372	「独立行政法人日本学生支援機構法」第22条第一項の規定による貸付金
厚生労働省	地方公共団体等	202,085	2,723	48,992	155,816	「母子及び寡婦福祉法」に基づく貸付金等
農林水産省	株式会社日本政策金融公庫	62,167	-	10,331	51,836	農用地の改良等の貸付
	地方公共団体等	20,147	964	1,245	19,866	農地等保有合理化事業等の貸付等
経済産業省	株式会社日本政策金融公庫国民一般向け勘定	131,300	-	-	131,300	公庫が行う小企業等経営改善資金融資事業に要する資金の貸付
	地方公共団体	71,807	-	5,136	66,671	「小規模企業者等設備導入資金助成法」に基づく、小規模企業者等の創業及び経営基盤の強化に必要な設備導入資金等の無利子貸付事業
	民間企業等	63,359	236	630	62,965	石油公団から承継した貸付金等
国土交通省	地方道路公社	623,400	4,137	76,869	550,668	道路事業資金収益回収特別貸付等
	独立行政法人日本高速道路保有・債務返済機構	317,059	-	37,375	279,684	本州四国連絡道路事業資金貸付等
	地方公共団体	338,601	6,139	8,644	336,096	地方道路整備臨時貸付等
	財団法人民間都市開発推進機構	77,105	2,477	17,655	61,927	都市開発資金貸付金等
	関西国際空港土地保有株式会社	150,255	-	4,145	146,110	空港建設事業
	中部国際空港株式会社	118,168	-	2,629	115,539	空港建設事業
	成田国際空港株式会社	49,753	-	11,100	38,653	空港建設事業
	その他民間事業者等	296,055	5,034	15,565	285,525	道路開発資金貸付等
その他		16,298	57,469	10,598	63,169	
合計		139,539,542	252,240,830	253,840,064	137,940,309	

【91】出資金の明細

ア　所管別の出資金の増減の明細

（単位：百万円）

所管	前年度末残高	評価差額の戻入	本年度増加額	本年度減少額	評価差額（本年度発生分）	強制評価減	本年度末残高
内閣府	105,210	△29,826	600	264	27,363	-	103,081
総務省	4,600,582	△1,643,436	-	100	2,030,057	-	4,987,103
法務省	326	24	-	-	3,131	-	3,482
外務省	8,941,553	△1,081,532	50,600	656	1,215,213	-	9,125,177
財務省	18,961,585	△5,233,983	738,520	272,042	7,359,758	-	21,553,838
文部科学省	9,809,030	△771,359	-	28,811	847,455	397	9,855,917
厚生労働省	3,569,473	△802,511	460	238,869	1,194,032	-	3,722,585
農林水産省	2,801,019	△1,129,041	22,047	13,074	1,170,725	-	2,851,676
経済産業省	2,860,387	△172,967	217,669	61,229	103,730	-	2,947,589
国土交通省	10,462,600	△4,421,095	104,886	3,210	4,923,967	7,248	11,059,898
環境省	103,444	△48,734	-	89	51,856	-	106,477
防衛省	1,236	△387	-	-	507	-	1,356
合計	62,216,449	△15,334,852	1,134,783	618,350	18,927,799	7,645	66,318,184

イ　出資金の増減の明細

（単位：百万円）

法人名等	前年度末残高	評価差額の戻入	本年度増加額	本年度減少額	評価差額（本年度発生分）	強制評価減	本年度末残高
○事業団							
日本私立学校振興・共済事業団							
（助成勘定）	107,754	△7,425	-	-	7,929	-	108,258
○公庫							
沖縄振興開発金融公庫	75,184	△32,978	600	-	33,007	-	75,814
○特殊会社							
日本郵政株式会社	4,481,351	△1,613,399	-	-	1,951,962	-	4,819,914
株式会社日本政策金融公庫							
（国民一般向け業務勘定）	510,635	22,853	81,366	-	△14,990	-	599,864
（農林水産業者向け業務勘定）	365,777	△2,655	10,689	-	2,655	-	376,466
（中小企業者向け融資・証券化支援保証業務勘定）	767,769	112,573	125,400	-	△127,156	-	878,586
（中小企業者向け証券化支援買取業務勘定）	24,149	326	-	-	20	-	24,496
（信用保険等業務勘定）	1,765,508	231,423	104,700	231,423	△13,229	-	1,856,979
（危機対応円滑化業務勘定）	750,391	144,966	37,068	-	△161,295	-	771,130
（特定事業等促進円滑化業務勘定）	239	27	-	-	△32	-	234
株式会社国際協力銀行	2,346,738	△986,738	-	-	981,312	-	2,341,312
株式会社日本政策投資銀行	2,516,661	△1,062,757	-	-	1,156,177	-	2,610,081
株式会社商工組合中央金庫	151,326	△49,726	-	-	52,655	-	154,255
輸出入・港湾関連情報処理センター株式会社	5,115	△13	-	-	△10	-	5,091
日本たばこ産業株式会社	2,000,000	△1,966,667	-	-	2,126,667	-	2,160,000
日本電信電話株式会社	1,769,525	△1,558,198	-	12,744	2,077,427	-	2,276,008
株式会社産業革新機構	249,665	16,334	20,000	-	520,406	-	806,406
株式会社農林漁業成長産業化支援機構	29,887	112	-	-	△798	-	29,201
日本アルコール産業株式会社	9,055	△2,035	-	-	2,098	-	9,119
成田国際空港株式会社	229,727	△77,727	-	-	90,318	-	242,318
新関西国際空港株式会社	556,967	△7,484	3,557	-	7,415	-	560,456
中部国際空港株式会社	32,085	1,380	-	-	△113	-	33,352
東日本高速道路株式会社	143,200	△38,200	-	-	38,075	-	143,075
中日本高速道路株式会社	181,185	△51,185	-	-	48,090	-	178,090

（以下略）

ということだ。

財政再建は、実は完了している？

第2の問題点は、政府内の子会社を本来のやり方で連結していないことだ。

連結は全くされていないわけではなく、筆者がバランスシートを作成した当時から、単体ベースと連結ベースのものを作っている。現在も、13年度版連結財務書類として一応公表はされている。

それ【92】を見ると、連結ベースのネット国債は451兆円となっており、単体ベースの490兆円よりは少なくなっている。

ところがこの連結ベースには、日本銀行が含まれていないという大きな欠陥がある。政府の日銀への出資比率は5割を超え、様々な監督権限もある。日銀はまぎれもなく政府の子会社なのである。経済学でも、日銀と政府は「広い意味の政府」とまとめて一体のものとして分析している（これを「統合政府」と言う）。

会計的な観点から言えば、日銀を連結対象としない理由はない。筆者は、日銀を連結対象から除外した理由は知らないが、日銀も連結対象として含めた場合のバランスシートを作ることはできる。

【92】日本政府のバランスシート（2013年度末時点・連結版）

連結貸借対照表

（単位：百万円）

	前会計年度（平成25年3月31日）	本会計年度（平成26年3月31日）		前会計年度（平成25年3月31日）	本会計年度（平成26年3月31日）
＜資産の部＞			＜負債の部＞		
現金・預金	41,056,119	49,385,508	未払金	14,124,904	13,755,684
有価証券	272,364,840	309,294,936	未払費用	2,489,135	2,660,193
たな卸資産	4,501,430	5,560,809	保管金等	2,948,700	2,495,366
未収金	13,181,575	12,905,297	賞与引当金	522,457	555,458
未収収益	1,194,457	1,038,230	政府短期証券	94,646,440	99,071,315
貸付金	186,016,229	183,336,466	公債	619,544,479	661,757,300
破産更生債権等	1,142,586	971,050	独立行政法人等債券	45,952,598	48,470,139
割賦債権	4,833,221	4,289,931	借入金	35,509,369	36,631,088
その他の債権等	17,017,563	15,744,859	預託金	4,166,828	4,121,305
貸倒引当金等	△4,989,116	△4,577,273	郵便貯金	174,857,740	175,293,825
有形固定資産	268,489,888	266,040,943	責任準備金	108,991,499	105,424,105
国有財産等（公共用財産を除く）	72,415,168	69,015,685	公的年金預り金	118,067,521	115,779,003
土地	37,711,098	38,247,429	退職給付引当金	16,328,995	14,807,692
立木竹	7,977,728	3,893,611	その他の引当金	1,443,012	1,246,740
建物	12,013,198	11,901,082	支払承諾等	2,770,092	2,706,066
工作物	8,568,210	8,371,660	その他の債務等	26,782,521	29,378,919
機械器具	1,285	1,252			
船舶	1,676,464	1,695,277			
航空機	665,932	621,127			
建設仮勘定	3,801,249	4,284,243			
公共用財産	190,055,215	190,893,762			
公共用財産用地	47,639,694	48,028,925			
公共用財産施設	139,422,663	139,767,315			
建設仮勘定	2,992,857	3,097,521			
物品等	5,983,848	6,102,239			
その他の固定資産	35,656	29,255			A
無形固定資産	1,176,388	1,189,066	負債合計	1,269,146,296	1,314,154,206
出資金	12,725,160	14,583,206	＜資産・負債差額の部＞		
支払承諾見返等	2,770,092	2,706,066	資産・負債差額	△446,972,234	△451,017,615
その他の投資等	693,622	667,490	（うち国以外からの出資）	(1,590,233)	(1,635,210)
		B			
資産合計	822,174,061	863,136,590	負債及び資産・負債差額合計	822,174,061	863,136,590

（注）国が保有する資産には、公共用財産のように、行政サービスを提供する目的で保有しており、売却して現金化することを基本的に予定していない資産が相当程度含まれている。このため、資産・負債差額が必ずしも将来の国民負担となる額を示すものではない点に留意する必要がある。

1314兆円（Aの負債合計）－863兆円（Bの資産合計）＝451兆円（ネット国債）

単体ベースの490兆円より少ないが……

13年度末の日銀のバランスシート【93】を見ると、資産は総計242兆円、そのうち国債が198兆円である。負債も238兆円で、そのうち発行銀行券87兆円、当座預金129兆円である。

日銀も含めた連結ベースでは、2014年3月末時点のネット国債は（国の連結負債の）451兆円－（日銀の資産としての国債）198兆円＝253兆円とぐっと少なくなる。

直近ではどうなるだろうか？　直近の日銀の営業毎旬報告【94】を見ると、資産として国債328兆円、負債として日銀券96兆円、当座預金248兆円が計上されている。

政府の直近のバランスシートがわからないので正確なところは言えないが、あえて概数で言えば、日銀も含めた連結ベースのネット国債は150兆～200兆円程度まで圧縮されるだろうし、近い将来には、インフレ目標の範囲内であるかぎりネット国債はゼロに近くなるだろう。それに加えて、市中の国債は少なく、資産の裏付けのあるものばかりになるので、ある意味で財政再建が完了したとも言えてしまうのだ。

これには、「日銀券や当座預金も債務ではないか」との反論も出るだろう。無論これらは債務ではあるが、国債と違うのはこれらがほぼ無利子で、しかも償還期限もない、ということである。この点は、広い意味での政府の負担を考える際に重要である。

【93】日本銀行の貸借対照表（2013年度末時点）

2.貸借対照表

第129回事業年度末 (平成26年3月31日現在)

（単位:円）

科目	金額	科目	金額
(資産の部)		(負債の部)	
金地金	441,253,409,037	発行銀行券	86,630,810,178,427
現金	289,848,532,257	預金	132,347,720,198,864
国債	198,337,031,240,604	当座預金	128,667,873,654,832
コマーシャル・ペーパー等	1,874,901,616,064	その他預金	3,679,846,544,032
社債	3,204,134,652,692	政府預金	1,677,803,694,047
金銭の信託(信託財産株式)	1,372,809,053,507	当座預金	149,998,722,256
金銭の信託（信託財産指数連動型上場投資信託）	2,851,175,926,577	国内指定預金	1,170,217,267,220
金銭の信託（信託財産不動産投資信託）	148,828,559,477	その他政府預金	357,587,704,571
貸出金	26,313,833,000,000	売現先勘定	13,375,580,245,208
電子貸付	26,313,833,000,000	その他負債	233,744,524,353
外国為替	6,158,293,721,818	未払送金為替	5,473,070,579
外貨預け金	775,121,686,196	未経過割引料利息その他	25,479
外貨債券	4,426,572,243,822	未払法人税等	198,012,000,000
外貨投資信託	50,506,196,800	リース債務	7,468,470,626
外貨貸付金	906,093,595,000	その他の負債	22,790,957,669
代理店勘定	25,384,176,928	退職給付引当金	199,025,115,009
その他資産	358,968,074,467	債券取引損失引当金	2,243,348,993,013
取立未済切手手形	1,626,442,156	外国為替等取引損失引当金	1,406,025,000,000
預貯金保険機構出資金	225,000,000	負債の部合計	238,114,057,948,921
国際金融機関出資	15,278,374,364	(純資産の部)	
政府勘定保管金	65,898,388,030	資本金	100,000,000
未収利息	245,667,044,542	法定準備金	2,741,425,223,071
その他の資産	30,272,825,375	特別準備金	13,196,452
有形固定資産	203,257,330,049	当期剰余金	724,249,447,466
建物	100,767,249,031	純資産の部合計	3,465,787,866,989
土地	82,830,507,504		
リース資産	7,108,497,193		
建設仮勘定	1,398,166,350		
その他の有形固定資産	11,152,909,971		
無形固定資産	126,522,433		
権利金	126,522,433		
資産の部合計	241,579,845,815,910	負債および純資産の部合計	241,579,845,815,910

【94】日銀の直近の営業毎旬報告

営業毎旬報告（平成27年12月20日現在）

2015年12月22日
日本銀行

（単位：千円）

資産		負債および純資産	
金地金	441,253,409	発行銀行券	95,980,443,099
現金	175,918,637	当座預金	247,972,619,772
国債	327,959,866,034	その他預金	5,241,505,650
コマーシャル・ペーパー等	2,765,200,687	政府預金	28,418,864,446
社債	3,105,670,997	売現先勘定	1,111,861,337
金銭の信託（信託財産株式）	1,349,037,354	雑勘定	433,430,067
金銭の信託（信託財産指数連動型上場投資信託）	6,741,477,989	引当金勘定	4,227,931,345
金銭の信託（信託財産不動産投資信託）	269,554,628	資本金	100,000
貸付金	36,430,646,000	準備金	3,138,544,407
外国為替	6,500,731,619	合計	386,525,300,127
代理店勘定	145,887,068		
雑勘定	640,055,700		
合計	386,525,300,127		

滑稽すぎる「日本財政破綻論」

このようにバランスシートから分析すると、日銀の量的緩和の意味は明確になる。

政府と日銀の連結バランスシートを見ると、資産側は変化がない一方で負債側は国債減、日銀券（当座預金を含む）増となる。つまり、政府と日銀を統合政府で見た場合の量的緩和は、負債構成の変化であり、有利子の国債から無利子の日銀券への転換という形になる。

このため、毎年転換分の利子相当の差益が発生する（これをシニョレッジ〔通貨発行益〕と言う。毎年の差益を現在価値で合算すると量的緩和額になる）。

また、政府からの日銀への利払いは直ちに

納付金となるので、政府にとって日銀保有分の国債は債務でないのも同然になる。これで、連結ベースの国債額は減少するわけだ。

量的緩和には、政府と日銀の連結バランスシートにおける負債構成の変化で、シニョレッジを稼げるメリットがあると同時に、シニョレッジを大きくすればするほど、インフレになるというデメリットもある。だからデフレの時にはシニョレッジを増やせるが、インフレの時には限界がある。

その限界を決めるのがインフレ目標である。インフレ目標の範囲内であればデメリットはないが、超えるとデメリットになる。

幸いなことに、今のところデメリットはなく、実質的な国債が減少している状態だ。

こう考えてみると、財務省が「借金1000兆円」を根拠にして国民に消費増税を迫るのは、前提が間違っていると言うほかない。実質的な借金は150兆～200兆円程度、GDP比で30～40%程度だろう。

ちなみに、アメリカ、イギリスで、連結ベースのネット国債をGDP比で見てみると、アメリカで80%～65%、イギリスは80%～60%程度である（それぞれ上の数値が通常の国家レベルでの連結ベース、下が中央銀行も含めた場合の連結ベースとなる）。これを見れば日本の財政が危機的だという論がいかに滑稽か、よくわかるだろう。

【95】2016年度の国債発行計画

〈消化方式別発行額〉

区　分		27年度（当初）	27年度（補正後）	28年度（当初）
市中発行分		157.3兆円	154.2兆円	152.2兆円
	カレンダーベース市中発行額	152.6兆円	152.2兆円	147.0兆円
個人向け販売分		2.3兆円	2.1兆円	2.0兆円
日銀乗換		10.4兆円	10.4兆円	8.0兆円
合計		170.0兆円	166.7兆円	162.2兆円

（資料）財務省「平成28年度国債管理政策の概要」

以上は、バランスシートというストックから見た財政状況であるが、フローから見ても、日本の財政状況はそれほど心配することはないというデータもある。

本コラムの読者であれば、筆者が名目経済成長率を高めればプライマリー収支を改善できるし、名目経済成長率を高めるのはそれほど難しくないこと、財政再建には増税ではなく経済成長が必要と書いてきたことを覚えているだろう。

実際に、小泉政権と第1次安倍政権では増税はしなかったが、プライマリー収支がほぼゼロとなって財政を改善できた。これは、増税を主張する財務省にとって触れられたくない事実である。実際、マスコミは財務省の言いなりなので、この事実を指摘する人はまずいない。

さらに、２０１６年度の国債発行計画【95】を見ると、総発行額１６２・２兆円のうち市中消化分１５２・２兆円、個人向け販売分２兆円、日銀乗換８兆円とあるように、新規に市中に出回る国債はほぼなくなることがわかる。これは、財政再建ができたのとほぼ同じ状況だ。こうした状態で、少しでも国債が市中に出たらどうなるのか。金融機関も一定量の国債投資が必要なので、国債は発行されるやいなや蒸発し、市中に出回る分はほとんどなくなる。「国債暴落」という状況には到底ならないということだ。

「日本は財政破綻する」「国債が暴落する」と主張してきた、デタラメな元ディーラー評論家たち（「元」というのは「使い物にならなかった人々」ということ）には、２０１６年はさぞ厳しい年になるだろう。

今の国債市場は「品薄」状態

余談だが、16年度国債発行計画【95】の最後にある「日銀乗換」とは、多くの識者が禁じ手としている「日銀引受」のことである。しかしこれは筆者が役人時代に国債発行計画を担当していた頃にもあったし、今でも行われている。これは、日銀の保有長期国債の償還分40兆円程度（短期国債を含めれば80兆円程度）まで引受可能であるが、市中枠が減少するぶん民間金融機関が国債を欲しがるはずということで、日銀乗換分を少なめにしているはずだ。

要するに今の国債市場にあっては、国債は品薄なのだ。16年度のカレンダーベース市中発行額（通常の入札による市中への発行額）は１４７兆円であるが、短期国債25兆円を除くと、１２２兆円しかない【96】。ここで、日銀の買いオペは新規80兆円、償還分40兆円なの

【96】カレンダーベース市中発行額の推移

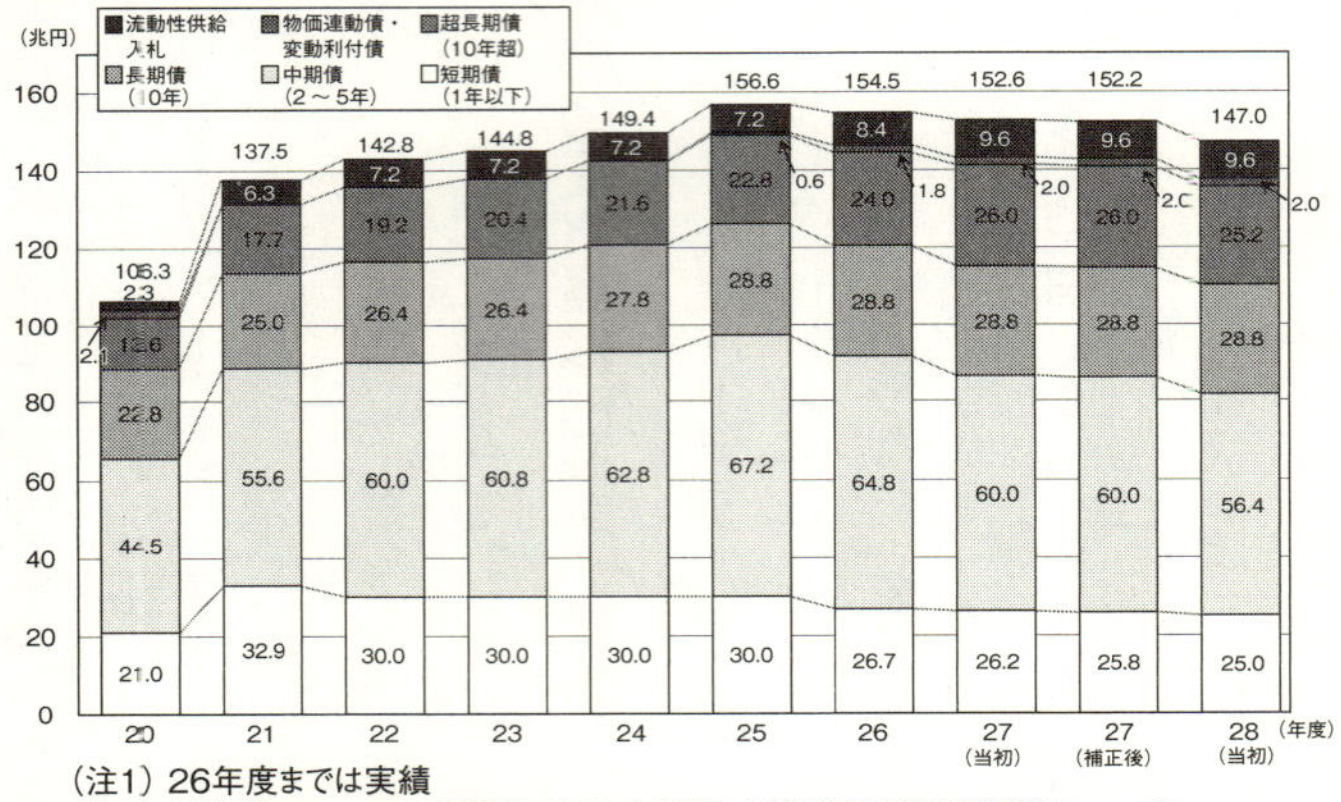

(注1) 26年度までは実績
(注2) 短期債については割引債であり、中期債、長期債及び超長期債については固定利付債である

で、合計で120兆円。となると、市中消化分は、最終的にはほぼ日銀が買い尽くすことになる。

すると民間金融機関は、国債投資から貸付に向かわざるを得ない。これは日本経済にとっては望ましいことだ。と同時に、市中には実質的に国債が出回らないので、これは財政再建ができたのと同じ効果になる。日銀が国債を保有した場合、その利払いは直ちに政府の納付金となって財政負担なしになる。償還も乗換をすればいいので、償還負担もない。それが、政府と日銀を連結してみれば、国債はないに等しいという根拠だ。

こういう状態で国債金利はどうなるだろうか。市中に出回れば瞬間蒸発状態で、国債暴落などあり得ない。なにしろ必ず日銀が買う

【97】2016年度一般会計歳出の構成

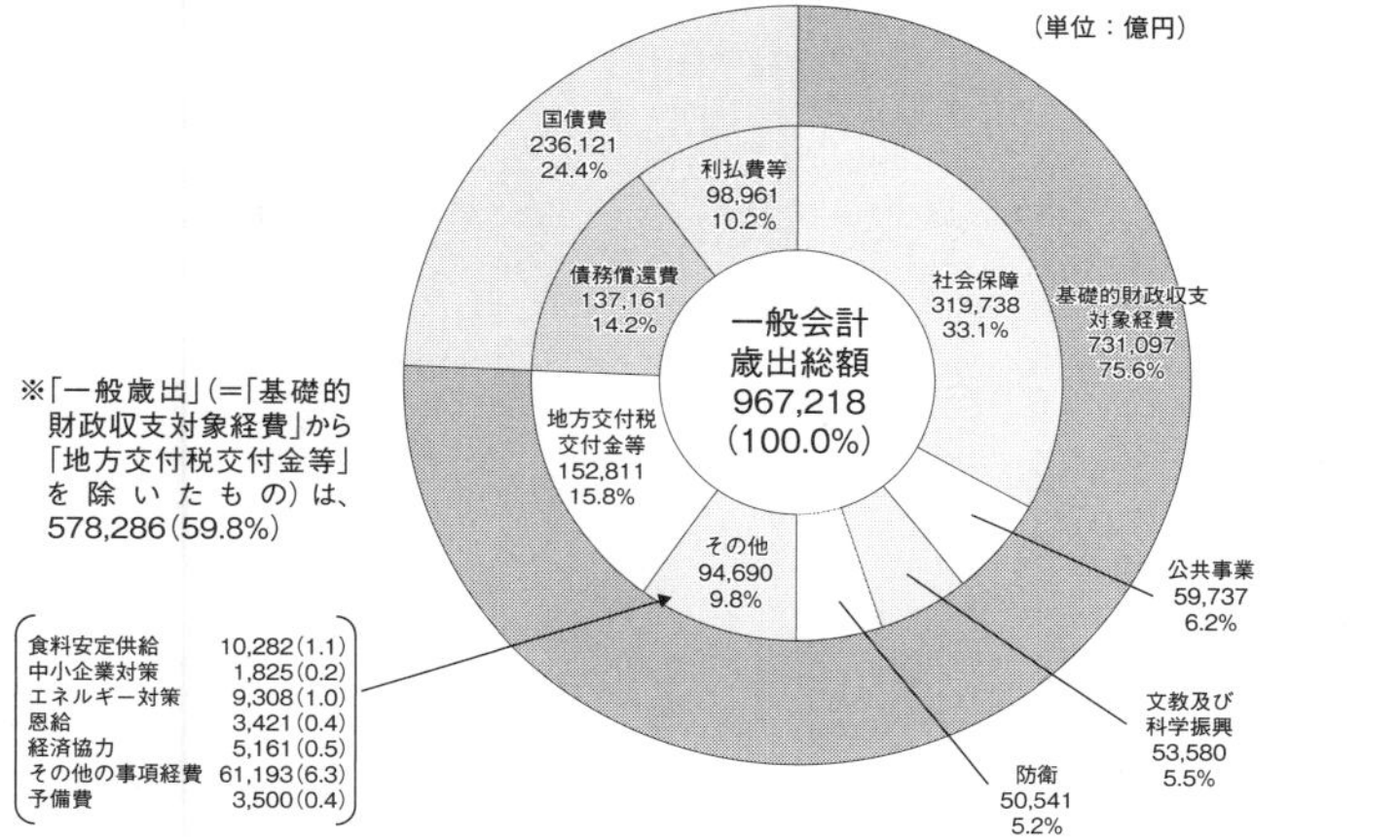

※「一般歳出」(=「基礎的財政収支対象経費」から「地方交付税交付金等」を除いたもの)は、578,286(59.8%)

のだから。

こうした見方をすれば、16年度予算【97】の国債費23・6兆円の計上には笑えてしまう。23・6兆円は、債務償還費13・7兆円、利払費等9・9兆円に分けられる。

諸外国では減債基金は存在しない。借金するのに、その償還のために基金を設けてさらに借金するのは不合理だからだ。なので、先進国では債務償還費は計上しない。この分は、国債発行額を膨らませるだけで無意味となり、償還分は借換債を発行すればいいからだ。

利払費等9・9兆円で、その積算金利は1・6%という。市中分がほぼ皆無で国債が品薄なのに、そんなに高い金利になるはずはない。実は、この高い積算金利は、予算の空《から》積《づ》み（架空計上）であり、年度の後半になると、そんなに金利が高くならないので、不用となる。それを補正予算の財源にしているのだ。

このような空積みは以前から行われていた。国債発行額を膨らませることになるため、財政危機を煽りたい財務省にとって好都合だったのだ。債務償還費約13・7兆円と利払費の空積み2〜3兆円で、国債発行額は少なくみても15兆円程度過大になっている。

こうしたカラクリは、予算資料をもらって、それを記事にするので手一杯のマスコミには決してわからないだろう。

いずれにしても、政府と日銀を連結したバランスシートというストック面、16年度の国債発行計画から見たフロー面で、ともに日本の財政は、財務省やそのポチになっているマスコミや学者が言うほどには悪くないことがわかるはずだ。

にもかかわらず、日本の財政は大変だ、財政再建が急務だ、増税だというワンパターン報道ばかりである。軽減税率のアメをもらったからといって、新聞諸紙も財務省のポチになるのはいい加減にやめにしてほしい。

24 2016年、日本の景気が悪くなる要素が見当たらない

（2016年1月4日）

財務省の呆れた二枚舌

前回のコラム（12月28日付）が、現代ビジネス史上最高のＰＶ（ページビュー）を達成したという。読者の方々に厚く御礼申し上げたい。

このコラムのポイントは３つあった。

第1に、財政論から見て国債の負担は財務省の言うほどではないこと。

第2に、金融政策論の観点から、量的緩和によるシニョレッジ（通貨発行益）は国債負担を解消するとともに物価上昇圧力になること（結果として実質金利を低めて需要創出になる）。

そして第3に、統合政府のバランスシートを見れば、政府資産の大きさをはかれること、そしてその資産明細から官僚の天下り先を浮き彫りにすることができる、ということだ。

思えば、これまで国債はいいように財務省に利用されてきた。「消費増税しないと国債が暴落する」「量的緩和すると国債が暴落する」「国際公約を守らないと国債が暴落する」「円ドルレートが120円になると国債が暴落する」「あと3年で国債が暴落する」などなどだ。

これらはすべて財務省発信の国内向けの「脅し」だ。実は財務省は、海外向けには「日本国債は安心です」と宣伝している。呆れた二枚舌なのだ。

そこで今回は、2016年の国債金利がどうなるのかを中心に、日本経済や金融・資本市場で起こることを占ってみることにしよう。

国債市場はやっぱり品不足

まず、国債を誰が保有しているのかを確認しておこう。最新の日銀の資金循環統計を見ると、グロス1040兆円の所有者シェア【98】がわかる。

銀行等256兆円、保険・年金234兆円、その他金融機関36兆円、一般政府・公的金融機関70兆円、中央銀行315兆円、海外102兆円、家計14兆円、その他13兆円である。

16年度の新規国債発行額は34・4兆円であるが、前回コラムで述べたとおり、借換債を含めた長期国債発行額120兆円はほぼ日銀が買い尽くす（日銀の国債買いオペは新規80兆円、償還分40兆円なので、合計で120兆となる）。

【98】国債保有者シェア（兆円、2015年9月末）

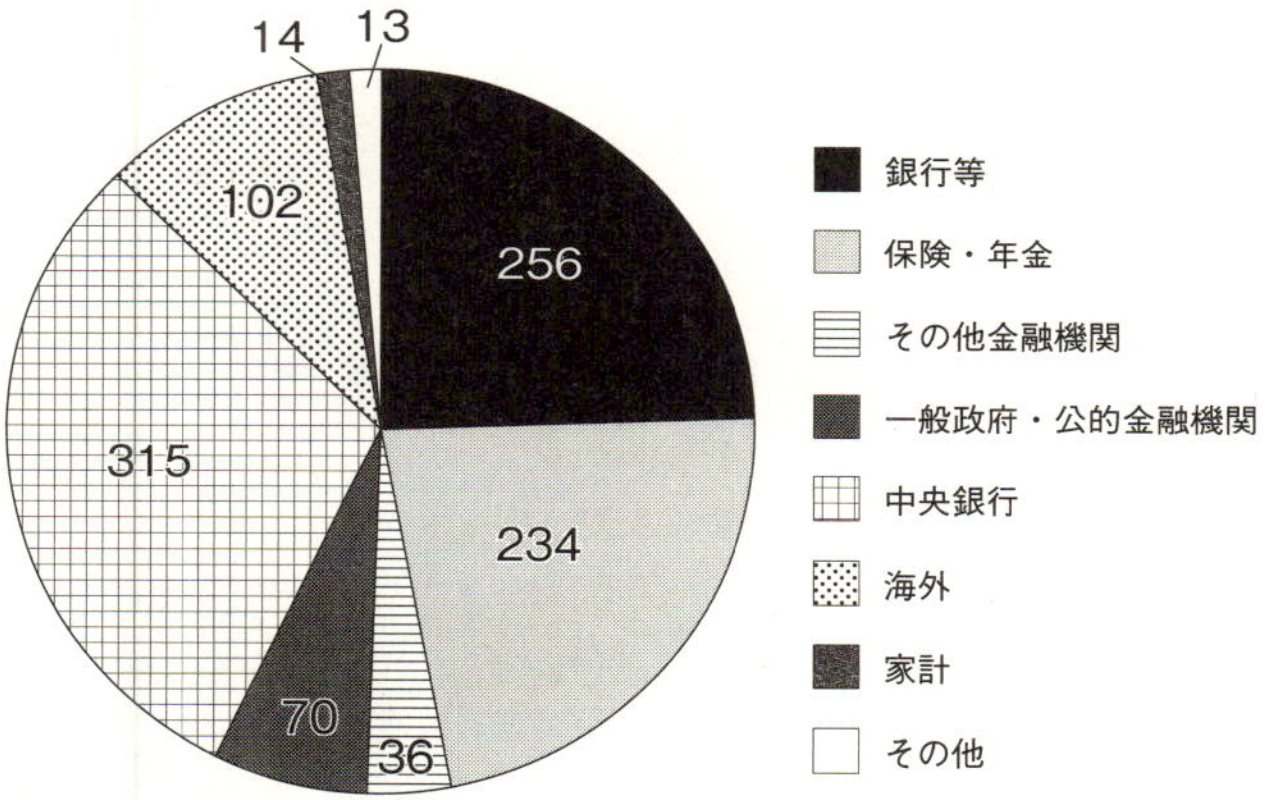

（資料）日本銀行「資金循環統計」

もちろん、日銀が直接引き受けるのは、日銀乗換の8兆円【95＝再掲】だけであり、その他は民間金融機関を通じての買い入れである。国債入札する民間金融機関は、最終的には日銀が買い入れるという前提で入札するので、とりあえず入札シェアを確保しようとして、過熱入札になるだろう。

なにしろ、国債市場は「品薄」なので、こぞって入札に参加するからだ。このため、長期金利も低位のまま推移する公算が高い。

量的緩和を行っているので、予想インフレ率は大きく崩れない。その中で、名目長期金利も低位なので、実質金利（＝名目金利－予想インフレ率）は低く、マイナスのままであろう。これは、設備投資を押し上げるはずだ。

【95】2016年度の国債発行計画

〈消化方式別発行額〉

区　分		27年度（当初）	27年度（補正後）	28年度（当初）
市中発行分		157.3兆円	154.2兆円	152.2兆円
	カレンダーベース市中発行額	152.6兆円	152.2兆円	147.0兆円
個人向け販売分		2.3兆円	2.1兆円	2.0兆円
日銀乗換		10.4兆円	10.4兆円	8.0兆円
合計		170.0兆円	166.7兆円	162.2兆円

（資料）財務省「平成28年度国債管理政策の概要」

余った金が向かう先

金融機関のポートフォリオを見ても、設備投資にはもってこいの環境だ。資金循環統計は金融機関のバランスシートの情報もあるので、今度はそれを見てみよう。

金融機関は、預金取扱機関、保険・年金基金、その他に分けられるが、重要な役割を担う預金取扱機関と保険・年金基金のそれぞれについて、資産項目を現預金、貸出、国債、その他有価証券等、対外投資等、その他に分けてみよう。

預金取扱機関では、現預金４０３兆円、貸出７１８兆円、国債２５６兆円、その他有価証券等２６５兆円、対外投資等１６３兆円、その他21兆円の計１８２６兆円。保険・年金基金では、現預金23兆円、貸出54兆円、国債２３４兆円、その他有価証券等１４１兆円、対外投資等１１２兆円、その他30兆円の計５９４兆円となっている【99】。

ここで、市中に出る国債はすべて最終的に日銀が買うこと

【99】金融機関のポートフォリオ

（単位：兆円）

	預金取扱機関	保険・年金基金	合計
現預金	403	23	426
貸出	718	54	772
国債	256	234	490
その他有価証券等	265	141	406
対外投資等	163	112	275
その他	21	30	51
合計	1826	594	2420

（資料）日本銀行「資金循環統計」

を思い出してみよう。前回も述べたが、日銀の国債買いオペは新規80兆円なので、日銀保有国債残高は80兆円程度増える。

一方、全体の国債残高はせいぜい34兆円程度しか増えない（前述のとおり、16年度の新規国債発行額は34兆円程度）。となると、少なくとも、日銀以外の金融機関の保有国債残高は「80－34＝46」で、46兆円程度減少するはずだ。つまり、預金取扱金融機関と保険・年金基金の保有国債490兆円の1割程度は減少せざるを得ないわけだ。これは、それらの金融機関の保有する国債の償還分について ロールオーバー（借り換え）ができないので、このカネは他に投資せざるを得ないことになる。資金の出し手の金融機関側の事情で、企業融資などに向かわざるを得ないわけだ。

もちろん、外債などに流れることもある。短期的にフローでの円安要因にもなり、アメリカの利上げなど日米金融政策の差による基本的な円安傾向を押す。もっとも、短期的にはいろいろなストーリーで為替相場は上下するだろうが。

こう考えると、国債が品薄になるほどの量的緩和の効果が効いてくるので、経済の基調は悪くない。国債のロールオーバーからあぶれた資金は、株式市場にも向かうので、株式市場も需給関係は悪くない。もし、日銀が追加金融緩和などすれば、設備投資増の援軍になるはずだ。

さらに、金融機関のポートフォリオをみると、預金取扱機関の現預金が４０３兆円と大きいのに気がつく。これは、日銀当座預金のかなりの部分に０・１％の金利がついているためだ。

これをゼロまたはマイナス金利にすれば、一気に設備投資の後押しになるはずだ。本来懲罰的な意味をもっていた超低金利だが、今では単に金融機関への支援になっている。日銀にはまだこの奥の手――当座預金の金利をゼロまたはマイナスにする――が残されているのを忘れてはいけない。

２０１６年７月、「埋蔵金バズーカ」が放たれる？

さらに、７月にある参院選も景気に悪くない影響を与えそうだ。本コラムでは、アベノミクスの円安や失業率低下による成果として、外国為替資産特別会計20兆円、労働保険特別会計7兆円の「埋蔵金」があることを指摘してきた。労働保険特会については、雇用保険料の引き下げを政府は検討しているので、とりあえず、何らかの手が打たれるのだろう。一方で、外為特会に関しては相変わらず梨のつぶてだ。

筆者は過去に出した著書で埋蔵金の話を何度もしているし、ネット世論を中心に大きな反響も返ってきているが、マスコミは話題になっていることさえ記事にしない。いや、できないと言うべきだろう。記事にすると、財務省からイヤミを言われて、日常の小ネタをもらえなくなるからだ。そうしたマスコミの事情は、筆者が小泉政権にいたときからまったく変わらない。

ただ最近、日本経済新聞に掲載されたある個人コラムで、この外為特会＝埋蔵金に触れているものを見た。財務省に気兼ねした腰の引けた書き方なうえ、筆者への取材もないのは笑止であるが、消費増税志向が強く、財務省ヨイショのあの新聞が埋蔵金の話を載せるあたり、財務省のパワーが衰えていることの表れとも思える。いよいよ埋蔵金の「公開」も実現間近なのか？　と筆者は見ている。

特に、補正予算が3・3兆円とショボいので、5月末の伊勢志摩サミット後は国会を延長して、参院選前に埋蔵金を活用した大型景気対策をぶち上げるような気がする。もちろん、民主党の弱さを背景にして、衆院とのダブル選挙に踏み切る可能性も十分にある。

そしてその頃には、消費増税の先送りは与野党ともに既定路線になっている可能性が高い。もし17年4月から消費増税すれば、景気は再びマイナス成長になるのが必至だからだ。

そもそも軽減税率について、あと半年というわずかな時間で、国民すべてが納得するような線を外食と加工食品の間に引くのは至難の業だ。であれば、国民の混乱を無視してまで消費税を国政の争点にするはずはない。これも、消費増税スキップの根拠である。

この点でお笑いなのは、軽減税率のアメをもらった新聞各紙が「線引きの不可解さ」を指摘しないことだ。財務省のポチ学者も軽減税率の不合理さを口にしなくなった。両者ともに〝おこぼれ〟を失うのを恐れているのだろう。

こう見てくると、2016年前半、多少景気がもたついても、後半には、追加金融緩和(またはマイナス金利)、埋蔵金活用の大型景気対策、それに消費増税スキップが予想されるので、景気が悪くなるとはなかなか考えにくい。さらに国債の品薄で、低金利状況が継続して、株式市場への好影響もあるとなれば、経済での死角は余計に見いだせない。

もっとも好事魔多しということもある。5月末のサミットでテロなどが起きれば、好調さは一気に吹っ飛ぶだろう。しかし、こうした突発事故がない限り、参院選(もしくはダブル選)での自民優位は動かないに違いない。

髙橋洋一

1955年東京生まれ。東京大学理学部数学科・経済学部経済学科卒業。博士(政策研究)。1980年、大蔵省(現・財務省)入省。理財局資金企画室長、内閣府参事官(経済財政諮問会議特命室)などを歴任したあと、2006年から内閣参事官。2007年、財務省が隠す国民の富「埋蔵金」を公表し、一躍、脚光を浴びる。2008年退官。現在、嘉悦大学教授。

主な著書に『さらば財務省!』(山本七平賞受賞)『財務省が隠す650兆円の国民資産』『日本は世界1位の政府資産大国』(以上講談社)、近著に『世界のニュースがわかる!【図解】地政学入門』(あさ出版)ほか。

講談社＋α新書 **634-2 C**

数字《すうじ》・データ・統計的《とうけいてき》に正《ただ》しい日本《にほん》の針路《しんろ》

髙橋洋一《たかはしよういち》 ©Yoichi Takahashi 2016

2016年2月18日第1刷発行
2016年3月18日第4刷発行

発行者——— 鈴木 哲
発行所——— 株式会社 講談社
東京都文京区音羽2-12-21 〒112-8001
電話 編集(03)5395-3522
販売(03)5395-4415
業務(03)5395-3615

デザイン——— 鈴木成一デザイン室
カバー印刷——— 共同印刷株式会社
印刷——— 慶昌堂印刷株式会社
製本——— 株式会社若林製本工場
本文データ制作・図版——— 朝日メディアインターナショナル株式会社

定価はカバーに表示してあります。

落丁本・乱丁本は購入書店名を明記のうえ、小社業務あてにお送りください。

送料は小社負担にてお取り替えします。

なお、この本の内容についてのお問い合わせは第一事業局企画部「＋α新書」あてにお願いいたします。

本書のコピー、スキャン、デジタル化等の無断複製は著作権法上での例外を除き禁じられています。本書を代行業者等の第三者に依頼してスキャンやデジタル化することは、たとえ個人や家庭内の利用でも著作権法違反です。

Printed in Japan
ISBN978-4-06-272927-7

講談社＋α新書

10歳若返る！　トウガラシを食べて体をねじるダイエット健康法
松井　薫
美魔女も実践して若返り、血流が大幅に向上!! 脂肪を燃やしながら体の内側から健康になる!!
840円 708-1 B

「絶対ダマされない人」ほどダマされる
多田文明
「こちらは消費生活センターです」「郵便局です」……ウッカリ信じたらあなたもすぐエジキに！
840円 705-1 C

熟成・希少部位・塊焼き　日本の宝・和牛の真髄を食らい尽くす
千葉祐士
牛と育ち、肉フェス連覇を果たした著者が明かす、和牛の美味しさの本当の基準とランキング
880円 706-1 B

金魚はすごい
吉田信行
かわいくて綺麗なだけが金魚じゃない。金魚が「面白深く分かる本」金魚ってこんなにすごい！
840円 707-1 D

なぜヒラリー・クリントンを大統領にしないのか？
佐藤則男
グローバルパワー低下、内なる分断、ジェンダー対立。NY発、大混戦の米大統領選挙の真相。
880円 709-1 C

ネオ韓方　女性の病気が治るキレイになる「子宮ケア」実践メソッド
キム・ソヒョン
元ミス・コリアの韓方医が「美人長命」習慣を。韓流女優たちの美肌と美スタイルの秘密とは!?
840円 710-1 B

中国経済「1100兆円破綻」の衝撃
近藤大介
7000万人が総額560兆円を失ったと言われる今回の中国株バブル崩壊の実態に迫る！
760円 711-1 C

会社という病
江上　剛
人事、出世、派閥、上司、残業、査定、成果主義……。諸悪の根源＝会社の病理を一刀両断！
850円 712-1 C

GDP4％の日本農業は自動車産業を超える
窪田新之助
2025年には、1戸あたり10ヘクタールに!! 超大規模化する農地で、農業は輸出産業になる！
890円 713-1 C

中国が喰いモノにするアフリカを日本が救う　200兆円市場のラストフロンティアで儲ける
ムウェテ・ムルアカ
世界の嫌われ者・中国から〝ラストフロンティア〟を取り戻せ！　日本の成長を約束する本!!
840円 714-1 C

インドと日本は最強コンビ
サンジーヴ・スィンハ
天才コンサルタントが見た、日本企業と人々の「何コレ!?」——日本とインドは最強のコンビ
840円 715-1 C

表示価格はすべて本体価格（税別）です。本体価格は変更することがあります